Batuque is a privilege - Percussion in the music of Rio de Janeiro

BATUQUE É UM
PRIVILÉGIO

OSCAR BOLÃO

A percussão na música do Rio de Janeiro
Para músicos, arranjadores e compositores

For musicians, arrangers and composers

Nº Cat.: BTQEP

Irmãos Vitale Editores Ltda.
vitale.com.br
Rua Raposo Tavares, 85 São Paulo SP
CEP: 04704-110 editora@vitale.com.br Tel.: 11 5081-9499

© Copyright 2009 by Irmãos Vitale Editores Ltda. - São Paulo - Rio de Janeiro - Brasil.
Todos os direitos autorais reservados para todos os países. *All rights reserved.*

CIP-BRASIL. CATALOGAÇÃO NA FONTE
SINDICATO NACIONAL DOS EDITORES DE LIVROS, RJ

B672b

Bolão, Oscar, 1954-
Batuque é um privilégio : a percussão na música do Rio de Janeiro para músicos, arranjadores e compositores = Batuque is a privilege : percussion in the music of Rio de Janeiro for musicians, arrangers and composers / Oscar Bolão ; [tradução do texto: Larry Crook]. - São Paulo : Irmãos Vitale, 2010.
168p.

Texto em português com tradução paralela em inglês
ISBN 978-85-7407-275-3

1. Instrumentos de percussão - Métodos.
I. Título.

10-0329.

CDD: 786.4
CDU: 780.6.07

26.01.10   28.01.10   017281

Capa / *Cover*:
Bruno Liberati / Egeu Laus
A ilustração foi inspirada na pintura de Neil Fujita para o LP *Time out* de David Brubeck
The illustration was inspired on Neil Fujita's painting for Dave Brubeck's Time out *LP*

Projeto gráfico, composição e diagramação / *Design, typesetting and layout*:
Júlio César P. de Oliveira

Revisão musical / *Musical revision*:
Rodolfo Cardoso

Copidesque e revisão / *Copyediting and proofreading*:
Nerval M. Gonçalves

Tradução do texto / *English version*:
Larry Crook

Fotografia / *Photographer*:
Rodrigo Lopes

Fotos de pesquisa / *Research photos*:
Biblioteca Nacional – Divisão de Música e Arquivo Sonoro
Biblioteca Nacional – Division of Music and Sound Archives

Mixagem e masterização / *mixed and mastered by*:
Carlos Fuchs – Estúdio Tenda da Raposa – RJ

Coordenação de produção / *Production coordination*:
Anna Paula Lemos / Márcia Bortolotto

Ao meu pai Annibal, à minha mãe Marily, ao meu irmão Amilcar e à minha babá Elvira, que suportaram o meu aprendizado. Ao meu amigo Dazinho, que me ensinou muito na arte e na vida. Sinto a falta deles.

To my father Annibal, to my mother Marily, to my brother Amilcar, and to my nanny Elvira who helped me learn. To my friend Dazinho, who taught me much about art and life. I miss them.

PARECERES

O Brasil é um país imensamente rico em ritmos e, ao mesmo tempo, extremamente pobre em literatura especializada. O meu querido amigo Oscar Bolão, através deste trabalho, contribui para que tenhamos uma informação clara e atualizada desses ritmos.

Nenê

Tive a alegria de conhecer Oscar Bolão quando, juntos, estudamos percussão sinfônica com Luis Anunciação. Muitas experiências colhemos daí. Carioca de nascimento, Bolão incorpora na alma o próprio espírito do Rio e, como conseqüência natural disso, é um profundo conhecedor da música e dos ritmos de sua cidade. Este é um dos trabalhos mais completos sobre o assunto: é muito interessante a maneira como Bolão faz a transposição desses ritmos para a bateria. Chamo a atenção para o trabalho do bumbo, onde ele traduz a marcação do surdo com muita propriedade, uma idéia brilhante. Parabéns, Bolão! Tenho certeza de que seu método será fundamental para todos os interessados em conhecer melhor a música do Rio de Janeiro.

Tutty Moreno

Realmente existe uma dificuldade em transportar a forma acadêmica para a realidade profissional da execução dos ritmos e instrumentos brasileiros. Oscar Bolão conseguiu, com maestria, essa ponte entre a música escrita e a execução natural. É, indubitavelmente, um trabalho imperdível.

Pascoal Meirelles

Está tudo certinho. Só merece louvores. Que apareçam mais outros métodos iguais a este, que sejam elucidativos e fáceis de entender. Eu recomendo. Todo mundo deve dar uma olhadinha. Gostei, particularmente, da menção aos tamborins de Luna, Marçal e Eliseu. Uma jóia!

Wilson das Neves

OPINIONS

Brazil is a country immensely rich in rhythms and, at the same time, extremely poor in specialized literature. My dear friend Oscar Bolão, with this book, has given us clear and up-to-date information on these rhythms.

Nenê

I had the good fortune to know Oscar Bolão when we studied symphonic percussion together with Luis Anunciação. We had many experiences together there. A native of Rio by birth, Bolão has the spirit of Rio in his soul, and as a natural consequence of this, he is an expert in the music and rhythms of his city. This is one of the most complete works about the subject: it is very interesting the way Bolão has taken these rhythms and applied them to the drum set. I call you attention to the bass drum, where he translates the marking of the surdo with expertness. This is brilliant. Congratulations Bolão! I am certain that his method will be fundamental for all of those interested in better knowing the music of Rio de Janeiro.

Tutty Moreno

In truth there exists a difficulty in linking academic work to professional reality in the area of executing Brazilian rhythms and instruments. Oscar Bolão has achieved, with command, the point of connection between the written music and the natural execution. It is, undoubtedly, a must work.

Pascoal Meirelles

Everything is right. The only thing missing is the praise. Let there be more method books as illuminating and easy to understand as this one. I recommend it. Everyone should take a look. I enjoyed, particularly, the mention of the tamborins of Luna, Marçal, and Eliseu. A joy!

Wilson das Neves

Oscar Bolão é um grande pilar percussivo brasileiro! Ele pertence à nossa história, particularmente da MPB, seja através de suas *performances*, aulas, clínicas e agora também através do seu trabalho: *Batuque é um privilégio*. O "privilégio" de fato é nosso – um trabalho sério que ajudará nossos futuros músicos a conhecer um pouco mais da nossa rica história percussiva brasileira, particularmente do Rio de Janeiro. Obrigado por dedicar seu tempo para dividir estas observações com um público maior. Parabéns!

John Boudler, professor de percussão da Unesp

Oscar Bolão nos oferece um trabalho útil e bem elaborado, enfocando uma das principais escolas rítmicas de nosso país, que serve tanto a estudantes quanto a professores e músicos de um modo geral. Diante disso, e no início do novo milênio, só me resta redefinir a frase de Noel: batuque ainda é um privilégio, agora se aprende samba no colégio!

José Eduardo Nazário

Batuque é privilégio dos que travarem contato com esta obra carinhosamente organizada por este autêntico ritmista carioca que é Oscar Bolão. Apresentando os principais gêneros de música do Rio de Janeiro, ele nos dá informações históricas sobre suas origens, falando de compositores, instrumentos e músicos de destaque. Trabalho objetivo e sério, é literatura fundamental para aqueles que desejam mergulhar no mundo do ritmo.

Marcos Suzano

Finalmente uma publicação que trata da batida do samba com a seriedade e o respeito merecidos. Discípulo do grande Luciano Perrone, Oscar bate um bolão!

João Barone

Oscar Bolão is a great pillar of Brazilian percussion! He belongs to our history, particularly to the history of MPB, no matter whether it's through his performances, classes, clinics, or now also through his work: Batuque is a privilege. *The "privilege" in fact, is ours – a serious work that will help our future musicians to know a little more about the rich history of Brazilian percussion, particularly from Rio de Janeiro. Thank you for devoting your time to sharing these observations with a larger public. Congratulations!*

John Boudler, professor of percussion, Unesp

Oscar Bolão offers us a useful and well elaborated work, focusing on the main schools of rhythm of our country, that will serve students as well as teachers and musicians in general. From now on, at the start of the new millennium, the only thing left is to redefine Noel's phrase: batuque is still a privilege, now you can learn it in school!

José Eduardo Nazário

Batuque is a privilege *for those who come into contact with this caringly organized book by this genuinely authentic Rio rhythmatist that is Oscar Bolão. Presenting the main genres of Rio de Janeiro's music, he gives us historical information about its origins, speaking of its composers, instruments and famous musicians. A serious and objective work, it is fundamental literature for those who wish to dive into the world of rhythm.*

Marcos Suzano

Finally a publication that deals with the samba beat seriously and with respect. A disciple of the great Luciano Perrone, Oscar beats a large ball!

João Barone

Oscar Bolão é um dos meus mais constantes colaboradores. Tanto no Coreto Urbano quanto no Pife Muderno estão presentes seu espírito coletivo e sua personalidade musical brasileiríssima, sempre aliados à sua inventiva e seu virtuosismo. Neste livro, Bolão revela com generosidade o resultado de uma vida de pesquisas, trazendo informações colhidas nas mesas de bar e transformadas em assunto para as salas de aula. É publicação indispensável não somente para bateristas e percussionistas, mas também para arranjadores e compositores que desejam conhecer a intimidade dos ritmos e da percussão do Rio de Janeiro. Sem medo de ser feliz, Bolão mostra o pulo do gato e divide tudo isso com todos nós. Parabéns, meu amigo!

Carlos Malta

Oscar Bolão is one of my most constant collaborators. Just as much in Coreto Urbano as in Pife Muderno, his collective spirit and extremely Brazilian musical personality shine through, always allied to his virtuosity and inventiveness. In this book, Bolão reveals with generosity the result of a live of research, bringing information collected at tables in bars and transforming them into lessons for the classroom. It is an indispensable publication, not only for drummers and percussionists but also for arrangers and composers who wish to intimately understand the rhythms of Rio de Janeiro's percussion. Without fear of being happy, Bolão demonstrates the "pulo do gato" and shares it with us. Congratulations my friend!

Carlos Malta

Foi Oscar Bolão, há quase 25 anos, quem me ensinou os primeiros toques do pandeiro. É mole? Ninguém melhor do que ele para escrever um método de percussão e bateria sobre o mais brasileiro dos ritmos: o samba. Bolão une a informação acadêmica dos anos de estudo com Luis Anunciação aos ensinamentos do mestre Luciano Perrone e soma a experiência em orquestras à malandragem do ritmista do Bloco Baba do Quiabo, da Cruzada São Sebastião. Tudo isto misturado com a boemia de Noel Rosa, vivida com o conjunto Coisas Nossas, onde começamos como músicos profissionais. Portanto, este é um trabalho completo para quem se interessa pela cultura musical carioca. Campeão!

Beto Cazes

It was Oscar Bolão, almost 25 years ago, who taught me my first rhythms on pandeiro. It's easy? There is one better to write a percussion and drum set method about the most Brazilian of rhythms: the samba. Bolão unites academic information from years of study with Luis Anunciação with the training of master drummer Luciano Perrone and adds his experiences in orchestras with the street savvy of the drummer from the Bloco Baba do Quiabo da Cruzada São Sebastião. All of this is mixed with the bohemianness of Noel Rosa, his experiences with the group Coisas Nossas, where we began as professional musicians. Thus, this is a complete work for whomever is interested in Rio's musical culture. Champion!

Beto Cazes

A perfeita adequação de uma levada de bateria ou percussão a um determinado estilo da música brasileira é algo mais complexo do que se imagina. São necessários conhecimentos técnicos, apurada sensibilidade e cultura musical. Oscar Bolão é um mestre dessa adequação. Ao longo de sua experiência profissional, Bolão desenvolveu um arsenal de possibilidades que dá o perfeito sabor a cada música. Com ele maxixe é maxixe,

The perfect marriage of a percussion or drum pattern to a specific style of Brazilian music is something more complex than can be imagined. Technique, refined sensibility, and knowledge of musical culture are all necessary ingredients. Oscar Bolão is a master of this marriage. In his lengthy professional experience, Bolão developed an arsenal of possibilities to give the perfect flavor to each type of music. With him a maxixe is

samba é samba e por aí vai. *Batuque é um privilégio* é um livro importante para bateristas e percussionistas, mas quem sairá ganhando é a música do Brasil.

Henrique Cazes

O músico Oscar Bolão nos presenteia com todo o seu conhecimento sobre os ritmos da música popular brasileira. *Batuque é um privilégio* é um trabalho de pesquisa maravilhoso da música desenvolvida no Rio de Janeiro desde o fim do século XIX até os dias de hoje. Um livro fundamental para quem deseja estudar e tocar nossa música.

Guello

Assim como o dicionário é o fiel companheiro do escritor, um tratado de orquestração costuma ser o amigo de sempre do compositor. E, estando interessado em conhecer mais profundamente a linguagem da percussão brasileira, esse compositor terá no presente livro um amigo inseparável. Com o seu amparo, entenderá e se fará entender melhor ao lidar com a rítmica da música popular carioca. Batuque é um privilégio, como diz o poeta, é o auxílio luxuoso que nos dá o pandeiro. Mas, neste caso, é Oscar Bolão, um especialista no gênero, quem melhor pode e vai nos auxiliar.

Tim Rescala

Com este método, Oscar Bolão contribui de forma inquestionável para o desenvolvimento do estudo de bateria, pois apresenta um caminho sólido para a pesquisa dos ritmos e suas origens de forma extremamente didática e organizada. Os exercícios de bumbo aqui apresentados abrem caminho para uma nova mentalidade na execução da "bateria brasileira", e seus exercícios e propostas para o pedal duplo se tornam referência de estudo obrigatório para bateristas de qualquer estilo.

Mauricio Leite

---

really a maxixe, a samba is a samba, and so forth. Batuque is a privilege *is an important book for drummers and percussionists, but the real winner is the music of Brazil.*

Henrique Cazes

The musician Oscar Bolão presents us with all of his knowledge about the rhythms of popular Brazilian music. Batuque is a privilege *is a work of marvelous research into the music that has developed in Rio de Janeiro since the end of the 19th century to present. A book of fundamental importance for those who wish to study and play our music.*

Guello

In the same way that a dictionary is a faithful companion of the writer, a treatise on orchestration is usually the constant friend of the composer. And being interested in a deeper knowledge of the language of Brazilian percussion, this composer will have the present book as his inseparable companion. With its help, he will understand better how to work with the rhythms of popular Brazilian music. Batuque is a privilege, as the poet says, is the luxurious aid that the pandeiro gives to us. But, in this case, it is Oscar Bolão, a specialist in the genre, that can best give us aid.

Tim Rescala

With this method, Oscar Bolão makes an unquestionable contribution to the development of drum study. He introduces a solid path towards the research of rhythms and their origin in an extremely didactic and organized manner. The bumbo exercises herein included open the way to a new mentality in the performance of "Brazilian drumming" and his exercises and suggestions for the double pedal are an obligatory reference for drummers of any genre.

Mauricio Leite

AGRADECIMENTOS

Algumas pessoas foram fundamentais na elaboração deste projeto e a elas devo manifestar meu reconhecimento. Agradeço a Carlos Didier, que, com suas orientações, sugerindo formas, revisando dados e situando-os corretamente dentro da história, conferiu uma dimensão mais ampla à minha idéia inicial. Fico feliz de continuarmos parceiros no samba.

A Josimar Gomes Carneiro, por suas opiniões, conselhos teóricos e pela paciência com as infindáveis e torturantes lições de informática.

A Roberto Gnattali, cujas correções evitaram equívocos de minha parte. Obrigado, maestro. Obrigado, professor Larry Crook, pelo interesse e esmero na tradução deste livro.

Agradeço a Rodolfo Cardoso, pela meticulosidade na revisão do conteúdo musical, e aproveito para agradecer agora aos meus companheiros Tutty Moreno, Maurício Carrilho, Jayme Vignoli e ao meu compadre Henrique Cazes, consultores e incentivadores desta pequena obra.

Sou grato ao percussionista Trambique (José Belmiro Lima) e aos bateristas Wilson das Neves e Jorge Gomes, pelas oportunas elucidações. Sou grato também a Miguel Fasanelli e à Contemporânea, pelo empenho na fabricação de instrumentos de qualidade e pelo apoio inestimável que deram a este trabalho. Meu muito obrigado ao produtor João Carlos Botezelli, nosso Pelão, e a Aluisio Didier, pelo estímulo ao meu desenvolvimento artístico e profissional.

Serei eternamente grato a Luciano Perrone e Luis Anunciação, professores que me honraram com o seu conhecimento e sua dedicação.

E, finalmente, preciso agradecer à minha companheira Maria Rosário, que, com sabedoria e humildade, suportou momentos de solidão.

A todos, minha gratidão.

ACKNOWLEDGEMENTS

A number people were fundamental in the elaboration of this work. I thank Carlos Didier, who, by giving me guidance, suggestions, and helping me revise data and placing them historically, conferred on this work more that it was initially. I am happy that we continue to be partners in samba.

To Josimar Gomes Carneiro, for his opinions, theoretical advice, and patience with the torturous and never-ending lessons of computer skills.

To Roberto Gnattali, who corrected many of my errors. Thank you, master. Thanks to professor Larry Crook, for your interest and diligence in translating this work.

I thank Rodolfo Cardoso for his meticulous revision of the musical content. I also will take advantage of this moment to thank my friends Tutty Moreno, Maurício Carrilho, Jayme Vignoli and Henrique Cazes for consulting and giving support for this small work.

I am grateful to the percussionist Trambique and the drummers Wilson das Neves and Jorge Gomes, for their opportune elucidations. I am also grateful to Miguel Fasanelli and to Contemporânea who gave to this work a precious help and by their engagement in producing excelent percussion instruments. My very special thanks to the artistic producer João Carlos Botezelli, our dear Pelão, and to Aluisio Didier for the incentive of my artistical and professional development.

I am eternally grateful to Luciano Perrone and Luis Anunciação, professors who honor me with their knowledge and dedication.

And finally, I must thank my companion Maria Rosário, who, with understanding and humility, supported me with moments of solitude.

To all, many thanks.

"Batuque é um privilégio, ninguém aprende samba no colégio..."
"Batuque is a privilege, no one learns samba in school..."
(*Feitio de oração*, Noel Rosa e/*and* Vadico, 1932)

Antes de mais nada...

Quando tomei a decisão de me tornar músico profissional – e lá se vão quase trinta anos –, esbarrei na enorme dificuldade em conseguir material didático que possibilitasse o meu aprimoramento. O que se via nas prateleiras especializadas eram métodos e mais métodos vindos de fora. Eram trabalhos voltados para o *rock* ou para o *jazz* e que davam ênfase à aplicação dos rudimentos de caixa da escola americana. Para um músico jovem interessado nos ritmos brasileiros, pouco ou nada havia. Nas escolas oficiais, o ensino da percussão era dirigido quase que exclusivamente para a música sinfônica. As melhores fontes para o aprendizado eram, então, os discos, os espetáculos e os redutos de samba e choro. Gafieiras, biroscas, bares e quadras de ensaio eram as minhas salas de aula. E isso foi maravilhoso porque pude ter contato com os músicos e com a forma mais autêntica de se tocar a música do Rio de Janeiro. Foi assim que conheci Luciano Perrone. Desses encontros, fossem na minha casa no Leblon ou na casa dele em São Cristóvão, é que brotou em mim a idéia de juntar toda essa experiência num trabalho que transmitisse, com exatidão, a bossa das nossas coisas. Era preciso exprimir no papel, clara e fielmente, a maneira correta de executar nossos ritmos e seus instrumentos de percussão, e percebi a importância de adaptar tudo isso à bateria com o intuito de aprimorar um estilo absolutamente brasileiro.

Professor exigente, Luis Anunciação me ensinou o valor essencial da disciplina no estudo. Com ele entendi a diferença entre bater e tocar, e passei a me preocupar com a musicalidade do ritmo e suas sutilezas. Pesquisador atento, desenvolveu uma escrita na qual a clave é substituída pela denominação dos elementos

Before anything else...

When I first decided to become a professional musician – almost thirty years ago – I ran into the enormous difficulty of finding didactic material to improve my playing. What I found were method books from outside Brazil that dealt with rock and jazz and emphasized the application of North American snare drum rudiments. For a young musician interested in Brazilian rhythms, little or nothing was available. In formal music school, the teaching of percussion was focused almost exclusively on symphonic music. The best sources for learning Brazilian music were recordings and live performances of samba and choro. Gafieira clubs, small shops, bars, and rehearsal locations were my school rooms. This was fantastic because I was able to interact directly with musicians and learn in actual contexts where the music of Rio de Janeiro is performed. This was how I met Luciano Perrone. From encounters with Luciano at my house in Leblon and at his house in São Cristóvão, I developed the idea of collecting all of my experiences into a written work that would pass on the essence of our music. To accomplish this, it was necessary to put down on paper, clearly and accurately, the correct manner of playing our rhythms on our percussion instruments. I also thought it would be important to adapt all of this to the drum set with the idea of developing a truly Brazilian style.

Luis Anunciação, a true task master, taught me the value of discipline and study. With him I learned the difference between beating and playing, and I came to be preoccupied in the musicality and subtleties of rhythms. An astute researcher, he developed a written method in which the key signature is substituted with a names of the percussive elements and where the

percussores e a pauta "deve ser compatível com o conteúdo sonoro". Ou seja: "o som é identificado pela maneira como é produzido", de acordo com as suas próprias palavras.

Baseado em todos esses ensinamentos, pude, enfim, dar feição a este projeto. Aqui registrei tudo que ouvi, aprendi e desenvolvi nestes anos de atividade. Sem me preocupar em estabelecer cronologicamente a evolução dos ritmos, tento fundir, de uma maneira geral, o antigo e o moderno numa nova forma de tocar. Espero, com este livro, estar contribuindo de algum modo para a preservação da nossa cultura musical e aproveito para lembrar o que dizia o grande cantor Ciro Monteiro: "O samba é bom e é nosso!"

o autor

staff "should be compatible with the sounds." In other words, "the sound is identified with the manner in which it is produced."

Based on all of these lessons, I was finally able to give form to this project. In this work I register everything that I heard, learned, and developed in these years of activity. Without trying to establish the chronological evolution of various rhythms, I try to fuse in a general way, the old and modern in a new form of playing. I hope, with this book, to contribute to the preservation of our musical culture and will take advantage of this moment to remember what the great singer Ciro Monteiro said: "The samba is good and is ours!"

the author

Contatos para oficinas de percussão / *To workshops contacts:*
e-mail: oscar.bolao@terra.com.br

ÍNDICE / *TABLE OF CONTENTS*

PREFÁCIOS / *PREFACES* 16

PARTE I – OS GÊNEROS CARIOCAS E OS SEUS RITMOS
PART I – CARIOCA GENRES AND THEIR RHYTHMS

1 SAMBA 21

1.1 A percussão tradicional do samba / *The traditional percussion of samba* 22
- Pandeiro / *Brazilian tambourine* 22
- Surdo 28
- Tamborim 34
- Cuíca 36
- Agogô 40
- Reco-reco 42

1.2 O repique de anel / *The ring repique* 45

1.3 Pagode: uma nova instrumentação / *Pagode: a new instrumentation* 48
- Tantã 48
- Repique de mão / *Hand repique* 51

1.4 A percussão das escolas de samba / *Samba schools percussion* 54
- Surdos 55
- Caixa / *Snare* 59
- Tarol 60
- Repique 62
- Tamborim 64
- Chocalho 65
- Preparações / *Beginnings* 67
- Finalização / *Ending* 69
- O ritmo básico das escolas de samba / *The basic rhythm of the samba schools* 70

1.5 A bateria no samba / *Drum set in samba* 71
- Bumbo / *Bass drum* 71
- Pedal duplo / *Double pedal* 80
- Samba cruzado 1 / *Crossed samba 1* 83
- Samba cruzado 2 / *Crossed samba 2* 85
- Samba cruzado 3 / *Crossed samba 3* 87
- Surdo e bumbo / *Low tom and bass drum* 89
- Surdo e caixa / *Low tom and snare* 90
- Frases combinadas / *Combined phrases* 92

1.6 Partido-alto   93
- Pandeiro / *Brazilian tambourine*   93
- Adaptação à bateria / *Adaptation to the drum set*   94

1.7 Samba-canção   96
- Bumbo e pratos de choque / *Bass drum and high-hat*   96
- Tocando com escovas / *Playing with brushes*   97

1.8 A batida da bossa nova / *The bossa nova beat*   99
- Condução / *Basic cymbal grooves*   99
- Tocando com escovas / *Playing with brushes*   101

2 CHORO   103

2.1 A acentuação do choro / *The accentuation of choro*   104
- Pandeiro / *Brazilian tambourine*   104
- Caixeta / *Wood-block*   105

2.2 A bateria no choro / *Drum set in choro*   106
- Bumbo e pratos de choque / *Bass drum and high-hat*   106
- Tocando com escovas / *Playing with brushes*   107
- Tocando com baquetas / *Playing with sticks*   108

3 MAXIXE   110
- Bumbo e pratos de choque / *Bass drum and high-hat*   111
- Tocando com baquetas / *Playing with sticks*   113
- Tocando com escovas / *Playing with brushes*   114
- Pandeiro / *Brazilian tambourine*   115

4 MARCHINHA   117
- Bumbo e pratos de choque / *Bass drum and high-hat*   118
- Caixa / *Snare*   119
- Condução / *Basic cymbal grooves*   120
- Pandeiro / *Brazilian tambourine*   122

5 POLCA / *POLKA*   123
- Bumbo e pratos de choque / *Bass drum and high-hat*   124
- Caixa / *Snare*   125
- Pandeiro / *Brazilian tambourine*   126

6 VALSA BRASILEIRA / *BRAZILIAN WALTZ* 128

- Tocando com escovas / *Playing with brushes* 129
- Tocando com baquetas / *Playing with sticks* 130
- Pandeiro / *Brazilian tambourine* 131

PARTE II – O SAMBA DE LUCIANO PERRONE
PART II – LUCIANO PERRONE'S SAMBA

1 BREVE BIOGRAFIA / *BRIEF BIOGRAPHY* 135
2 O TOQUE DO MESTRE / *THE BEAT OF THE MASTER* 137

PARTE III – BIOGRAFIA, BIBLIOGRAFIA E DISCOGRAFIA
PART III – BIOGRAPHY, BIBLIOGRAPHY AND DISCOGRAPHY

OSCAR BOLÃO, DOUTOR EM SAMBA / *OSCAR BOLÃO, DOCTOR OF SAMBA* 145

DADOS BIOGRÁFICOS / *BIOGRAPHICAL FACTS* 151

BIBLIOGRAFIA / *BIBLIOGRAPHY* 155

DISCOGRAFIA / *DISCOGRAPHY* 156

ÍNDICE FONOGRÁFICO / *TABLE OF TRACKS* 159

PREFÁCIO 1

Este magnífico trabalho de Oscar Bolão enaltece, com muita clareza, a arte de tocar música brasileira e serve como um novo referencial para músicos, arranjadores e compositores que as escolas de percussão poderão adotar tranqüilamente. Jovens percussionistas, e mesmo os mais experientes, encontrarão nesta obra excelente material de estudo. O grande momento que vive a música brasileira no exterior atrairá a atenção de músicos de diversos continentes. É mais uma porta que se abre. Os gêneros cariocas, minuciosamente observados por Bolão durante sua vida, são expostos de maneira plena. A nova instrumentação do pagode e os elementos do samba tradicional são apresentados, aqui, com riqueza de detalhes. Curiosidades como o repique de anel e o delicioso trio de tamborins de Luna, Marçal e Eliseu são pela primeira vez registradas em livro. Também as escolas de samba recebem atenção especial. O ritmo de seus instrumentos exprimem toda a magia irresistível do samba.

Percussionista eclético, Oscar Bolão é um grande baterista. Sua admiração por Luciano Perrone o inspirou a escrever, com muita sabedoria, sobre a bateria no samba, capítulo importantíssimo neste método. Ao sugerir que sejam aplicados à bateria os elementos rítmicos dos instrumentos de percussão, Bolão mostra o caminho que descobriu ao se juntar com os batuqueiros da cidade. Espraiando brasilidade, deságua no samba cruzado rico em acentuações e ornamentos. Poucos bateristas brasileiros dominam este estilo. É o samba com Luciano...

Como arranjador, considero este trabalho imprescindível. Bolão foi muito feliz e mostrou que conhece bem todas as nuances da percussão. Eu sempre digo que o samba tem braços muito grandes para poder nos abraçar. *Batuque é um privilégio* formará novos grupos de amigos porque tem a alma carioca. A percussão brasileira deu um grande passo. Oscar Bolão está de parabéns!

Rildo Hora
Músico, arranjador, compositor e produtor musical

PREFACE 1

Oscar Bolão's magnificent work elevates, with clarity, the art of performing Brazilian music. Percussion schools can adopt this book with confidence and it will serve as a new reference for musicians, arrangers, and composers. Young and even the most experienced percussionists, will find excellent material in this book. The international success of Brazilian music is now attracting the attention of musicians from all over the world. This is one more door that is being opened. The musical genres from Rio de Janeiro, observed in detail by Oscar Bolão, are revealed in a clear manner. The instruments used in the new pagode style as well as those of traditional samba are all presented in rich detail. Rare instruments like the repique de anel and the wonderful trio of tamborins played by Luna, Marçal, and Eliseu are discussed for the first time in a book. Samba schools and the irresistible magic of their rhythms receive special attention.

An eclectic percussionist, Oscar Bolão is a great drum set drummer. His admiration for Luciano Perrone inspired him to write about the drum set in samba, an important chapter in this method book. Suggesting that the rhythmic elements of various percussion instruments may be applied to the drum set, Bolão demonstrates the path he discovered together with the percussionists of the city. Overflowing with Brazilianness, he taps the crossed samba for all of its richness of accents and ornaments. Few Brazilian drummers dominate this style. It's the samba with Luciano...

As an arranger, I consider this work indispensable. Bolão demonstrates all of the nuances of percussion. I always say that the samba has great big arms so that it can embrace us all. Batuque is a privilege will create new groups of friends because it has a carioca soul. Brazilian percussion has taken a giant step forward. Oscar Bolão is to be congratulated!

Rildo Hora
Music arranger, composer, and producer

PREFÁCIO 2

Batuque é um privilégio é uma aquisição verdadeiramente importante para a literatura da percussão brasileira. Focalizando a música popular que se vem desenvolvendo nos últimos cem anos no Rio de Janeiro, sua cidade natal, Oscar Bolão detalhou com habilidade as técnicas de execução, os típicos padrões de ritmo e as características dos estilos para os principais instrumentos de percussão da região. Aqui, os músicos vão encontrar exemplos apresentados com clareza e explicações sobre a mais conhecida tradição de conjunto de percussão do Brasil, a escola de samba. O tratamento dado ao tema por Oscar Bolão inclui exercícios para desenvolver a técnica apropriada e a precisão estilística sem restringir a natureza criativa e dinâmica, tão importantes para a percussão brasileira.

Mas o livro é muito mais do que isso. Percussionista eclético, que reúne experiências da linguagem da percussão brasileira tanto comercial como não-comercial, Oscar Bolão fornece um mapeamento virtual de um grande número de ritmos cariocas relacionados ao samba (samba-canção, partido-alto, pagode, escola de samba, bossa nova) assim como o de outros tantos respeitáveis estilos (choro, maxixe, marchinha, polca, valsa brasileira). Além disso, Bolão não foge dos caminhos pelos quais percussionistas profissionais cariocas adaptaram e desenvolveram estilos característicos de tocar música brasileira na bateria. Para mim, o destaque do livro é o capítulo sobre Luciano Perrone, pai da bateria brasileira, que participou da clássica gravação de *Aquarela do Brasil*, de Ary Barroso, em 1939.

Bem documentado e de prática leitura para músicos, arranjadores e compositores, *Batuque é um privilégio* se destaca entre os outros textos didáticos de percussão brasileira. Como percussionista "não-brasileiro", especialista em etnologia da música e apaixonado há mais de trinta anos pela música brasileira, é realmente um privilégio a oportunidade de agradecer a Oscar Bolão nas páginas deste livro.

Larry Crook
Universidade da Flórida

PREFACE 2

Batuque is a privilege is a truly outstanding addition to the literature on Brazilian percussion. Focusing on the popular music that has developed in his native city of Rio de Janeiro over the past 100 years, Oscar Bolão expertly details the performance techniques, typical rhythmic patterns, and stylistic characteristics for the area's primary percussion instruments. Here, musicians will find clearly written examples and explanations of Brazil's best known percussion ensemble tradition, that of the samba school. Oscar Bolão's treatment includes exercises for developing proper technique and stylistic accuracy without restricting the criative and dynamic nature so important to Brazilian percussion.

But the book is much more than this. An eclectic percussionist who is experienced in both commercial and non-commercial worlds of Brazilian percussion, Oscar Bolão provides a virtual road map to a host of Rio de Janeiro's samba-related varieties (samba-canção, partido-alto, pagode, samba school, bossa nova) as well as to many other venerable styles (choro, maxixe, marchinha, polka, Brazilian waltz). Additionally, Bolão does not shy away from the ways in which professional percussionists in Rio have adapted and developed characteristic styles of playing Brazilian music on the drum set. For me, the highlight of the book is the chapter on Luciano Perrone, father of the Brazilian drum set who performed on the classic 1939 recording of Ary Barroso's Aquarela do Brasil.

Well documented and practical for performers, arrangers and composers, Batuque is a privilege stands out among the available method books on Brazilian percussion. As a non-brazilian percussionist and an ethnomusicologist who has maintained a love affair with Brazilian music for over 30 years, it is indeed a privilege to say "thank you" to Oscar Bolão within the pages of this book.

*Larry Crook
University of Florida*

PARTE I / OS GÊNEROS CARIOCAS E OS SEUS RITMOS

PART I / CARIOCA GENRES AND THEIR RHYTHMS

1 SAMBA

O samba carioca nasceu nos primeiros anos da década de 1910, na Cidade Nova, embalando as festas de tia Ciata e outras "tias" baianas. Tocado ao piano ou acompanhado por instrumentos de cordas e metais, ele foi bastante executado em salas de espera de cinemas, coretos e gafieiras até que, em meados da década de 1920, surgiu na cidade um outro tipo de samba, o samba batucado, nascido no Estácio de Sá sob a influência do partido-alto, com predominância dos instrumentos de percussão, e que tinha em Ismael Silva, autor de *Se você jurar*, um de seus mais ilustres representantes. De início apenas um refrão, aos poucos ele foi se transformando, trocando os improvisos por segundas partes fixadas poética e melodicamente. Assim se definiu o samba urbano do Rio de Janeiro. Anterior ao samba batucado, o samba-maxixe, gênero híbrido, mistura de samba e maxixe, era tocado como se maxixe fosse ou como se fosse um samba ao jeito de Luciano Perrone (ver "O samba de Luciano Perrone"). Podemos citar como exemplos *Jura* e *Gosto que me enrosco*, de Sinhô, e *Cristo nasceu na Bahia*, de Sebastião Cirino e Duque.

1 *SAMBA*

The carioca samba (samba from the city of Rio de Janeiro) originated in the first years of the decade of 1910, in the Cidade Nova, rocking the parties of "Aunt Ciata" and other Bahian matrons. Played on the piano or accompanied by string instruments and horns, it was commonly played in the waiting rooms of movie theaters, on band shells, and in dancing halls until, in the mid-1920s, another type of samba emerged in the city. The new style was the samba batucada, born in the area known as the Estácio de Sá and influenced by the partido-alto. It was dominated by percussion instruments and had as one of its most illustrious composers, Ismael Silva, author of Se você jurar. *At first, it contained only a refrain but soon developed a second section with fixed poetry and melody in place of the improvisations. This was the development of the urban samba of Rio de Janeiro. Before the samba batucada, a hybrid genre known as the samba-maxixe was already being played. It could be performed as a maxixe or as a samba in the style of Luciano Perrone (see "Luciano Perrone's samba"). We might also cite the examples of* Jura *and* Gosto que me enrosco *by Sinhô and* Cristo nasceu na Bahia *by Sebastião Cirino and Duque.*

Sinhô

Ismael Silva

1.1 A percussão tradicional do samba
- Pandeiro

1.1 *The traditional percussion of samba*
- *Brazilian tambourine*

O pandeiro é o instrumento de percussão mais presente na música popular brasileira. Ele é feito de um aro de madeira (fuste), onde são presas as soalhas (ou platinelas). Estas, colocadas duas a duas, quando articuladas, chocam-se entre si, produzindo seu som característico. Sobre o fuste é estendida uma pele de couro ou náilon, também chamada de membrana. Para afiná-la (apertar ou afrouxar), dispomos de algumas tarraxas presas ao aro.

Para percurtir o pandeiro, usamos o polegar, o bloco de dedos e a base da mão.

The pandeiro is the most common percussion instrument in Brazilian popular music. It is constructed of a wooden frame with small metal discs. These metal discs, found in pairs around the wooden frame, strike each other, producing the instrument's characteristic sound. Over the rim of the frame is stretched an animal or nylon membrane. Metal lugs are used to tighten the skin and tune the instrument.

The thumb, fingers, and the palm of the hand are used to play the pandeiro.

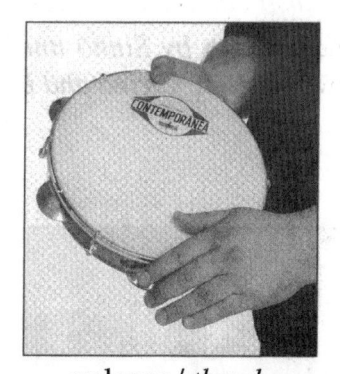

polegar / *thumb* 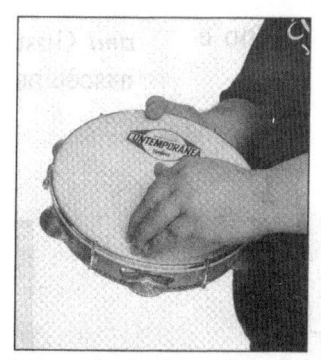   bloco de dedos / *fingers* 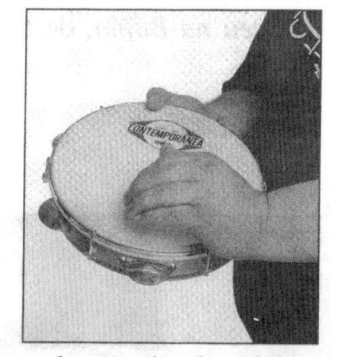   base da mão / *palm of the hand*

O bloco de dedos, que designaremos DEDOS, é formado pelos 2º, 3º, 4º e 5º, pelos 2º, 3º e 4º ou apenas pelos 2º e 3º dedos. A base da mão, designada apenas BASE, é a parte desta junto ao pulso.

The group of fingers (which will be designated simply as FINGERS) can employ the first two, three, or four fingers of the hand. The palm of the hand (designated PALM), is the part next to the wrist.

Mecanismos básicos

O exercício 1 mostra a seqüência de movimentos da mão que resultam na fórmula rítmica básica para a execução do samba.

Basic mechanics

Exercise 1 demonstrates the sequence of hand movements utilized in the basic samba pattern.

base ─● dedos ●
       ─── polegar ●

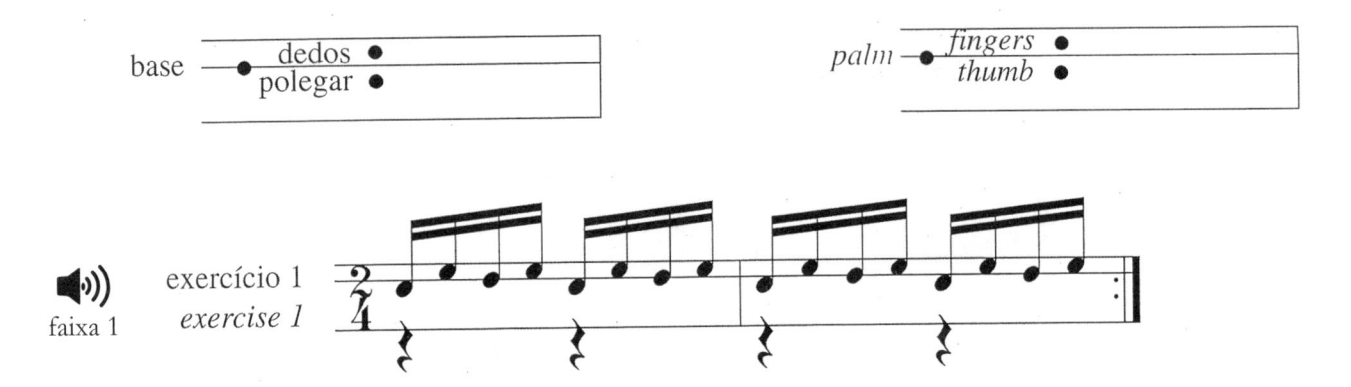

palm ─● fingers ●
       ─── thumb ●

🔊 faixa 1 exercício 1 / exercise 1

O som extraído pelo dedo polegar na membrana nos dá o apoio rítmico fundamental. Para tanto, deve ser executado próximo à borda – o executante deve procurar o ponto exato de ataque para conseguir um timbre grave bem definido. O toque de dedos produz um som fechado e projeta as soalhas, a mesma coisa acontecendo quando a base da mão percute o instrumento. Os exercícios 2 e 3 apresentam variações na função do polegar.

The sound produced by the thumb striking the skin is of fundamental rhythmic importance. It should be played close to the rim—the performer should experiment and find the exact place to produce a low and well defined tone. The striking of the fingers and the palm should both produce a dry or closed sound that emphasizes the metal disks. Exercises 2 and 3 present variations on the rhythmic role of the thumb.

exercício 2 / exercise 2

exercício 3 / exercise 3

Distinção de tempos

A linha inferior é destinada ao dedo indicador da mão que segura o instrumento. Encostando o dedo na pele no mesmo instante do toque do polegar, produzimos um som fechado, que determina o primeiro tempo do compasso. O toque executado sem o dedo, indicado pela pausa, extrai um som aberto, que caracteriza o apoio no segundo tempo, fundamental à linguagem do samba. Esse mecanismo recebe a designação de MEMBRANA.

Time distinctions

The lower line is used for the index finger of the hand that holds the instrument. Pressing this finger into the skin at the same time that the thumb of the other hand strikes the skin produces a closed sound. This stroke defines the first beat of the measure. When there is a rest on the lower line, this indicates an open stroke with the thumb and characterizes the second beat of the measure, fundamental for the samba. The lower line will be called SKIN.

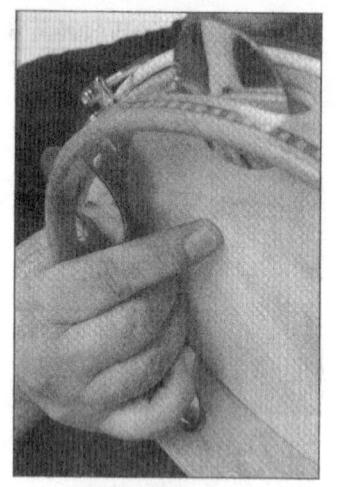

primeiro tempo
first beat

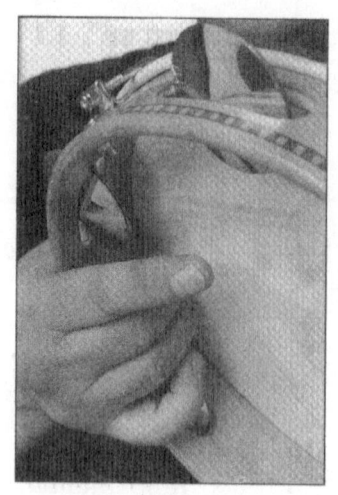

segundo tempo
second beat

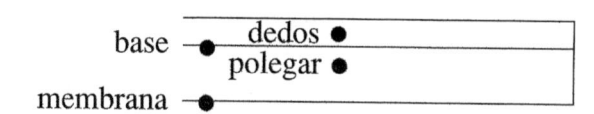

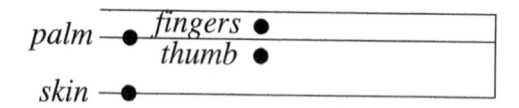

base — dedos •
polegar •
membrana —

palm — *fingers* •
thumb •
skin —

faixa 2 · exercício 4
exercise 4

Movimento da mão

Os símbolos escritos sobre as segunda e terceira semicolcheias indicam a direção da mão para baixo e para cima, ou seja, a mão que segura o pandeiro executa um leve movimento circular, fazendo mexer as soalhas.

Hand movement

The written symbols over the second and third sixteenth-notes below indicate the down and up movement of the hand that holds the pandeiro. This is a subtle circular movement that also causes the metal disks to sound.

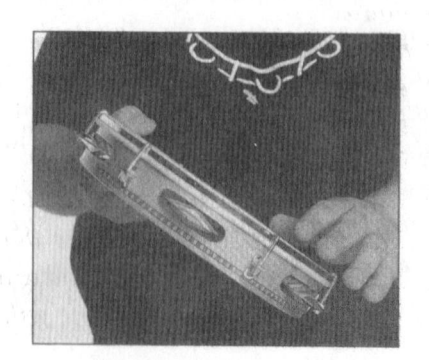

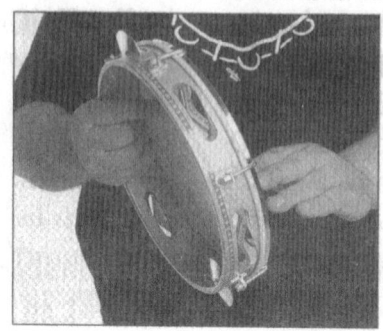

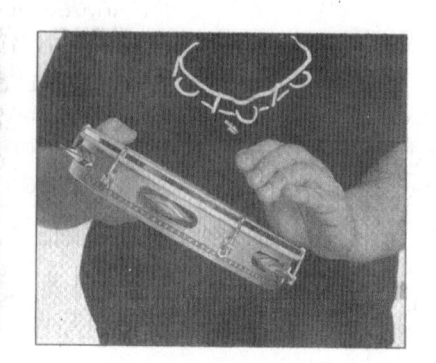

♩ = movimentos para baixo   ♩ = *downward motion*
V = movimentos para cima   V = *upward motion*

exercício 5 / exercise 5

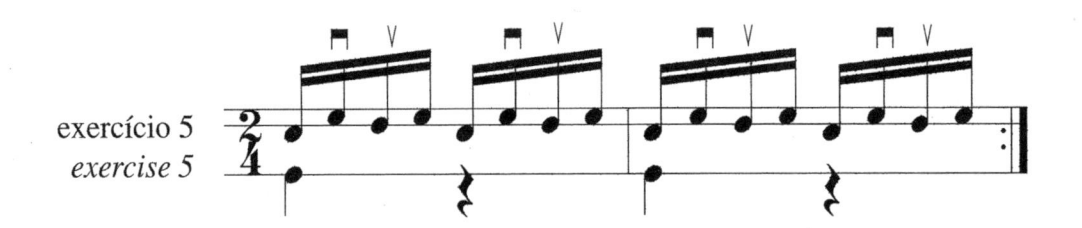

Toque com a mão

A linha superior é destinada ao toque com a mão aberta. Nos exercícios seguintes, a nota deve ser executada como um estalo, com a mão espalmada no centro da pele.

Hand stroke

The upper line designates a stroke with an open hand. In the exercises that follow, this stroke should be performed with an sharp attack, with the hand spread over the center of the skin.

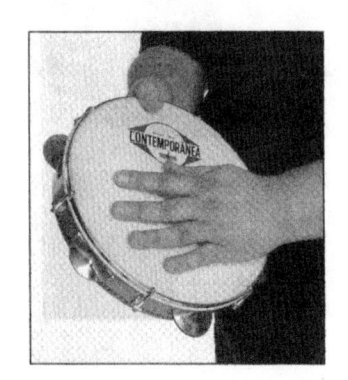

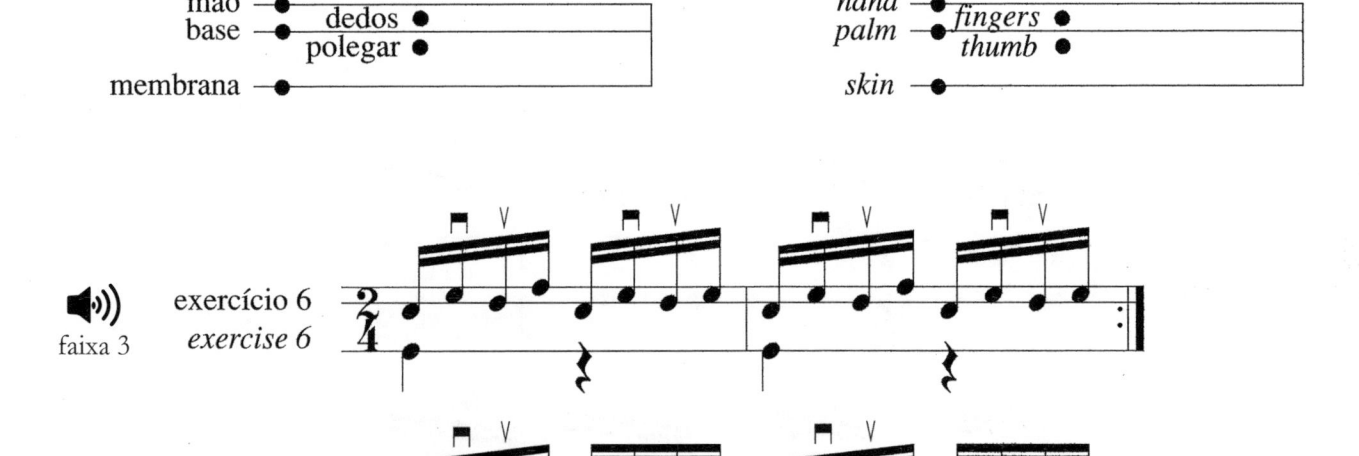

mão / base — dedos ●, polegar ●
membrana

hand / palm — *fingers* ●, *thumb* ●
skin

faixa 3

exercício 6 / exercise 6

exercício 7 / exercise 7

25

exercício 8
exercise 8

Rulo

Um efeito comumente empregado é o rulo. Friccionando a pele com o bloco de dedos, provocamos a trepidação das soalhas, produzindo um som semelhante ao trêmulo. A membrana deve ser preparada previamente com cera de vela ou parafina. O espaço acima da linha superior pode ser usado para designar outros efeitos.

Roll

A common effect is the roll. Rubbing the skin with the fingers causes the disks to shake and produces a sound similar to a tremolo. The skin should be prepared with candle wax or paraffin prior to playing. The space above the upper line can be used to designate others effects.

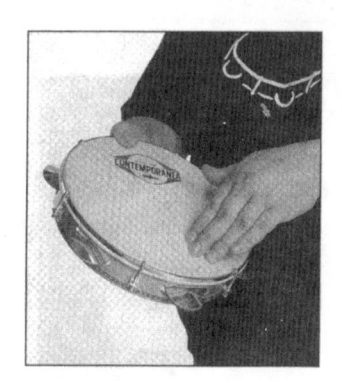

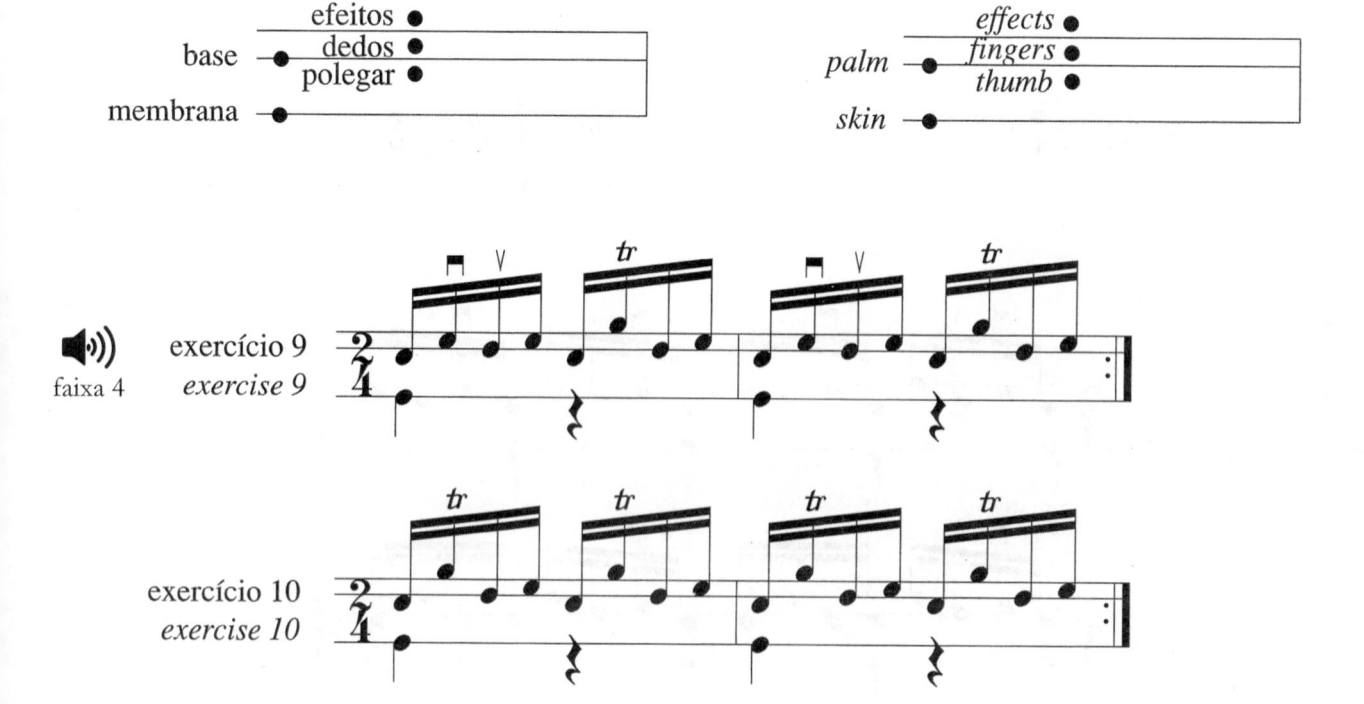

base — efeitos • / dedos • / polegar •
membrana —

palm — effects • / fingers • / thumb •
skin —

faixa 4
exercício 9
exercise 9

exercício 10
exercise 10

Os módulos abaixo apresentam fórmulas rítmicas variadas encontradas no samba. Como todos os exercícios contidos neste livro, pratique-os individualmente primeiro e depois misture uns aos outros.

The modules below present various rhythmic formulas found in the samba. Practice all of the exercises found in this book individually first, and then try combining them together.

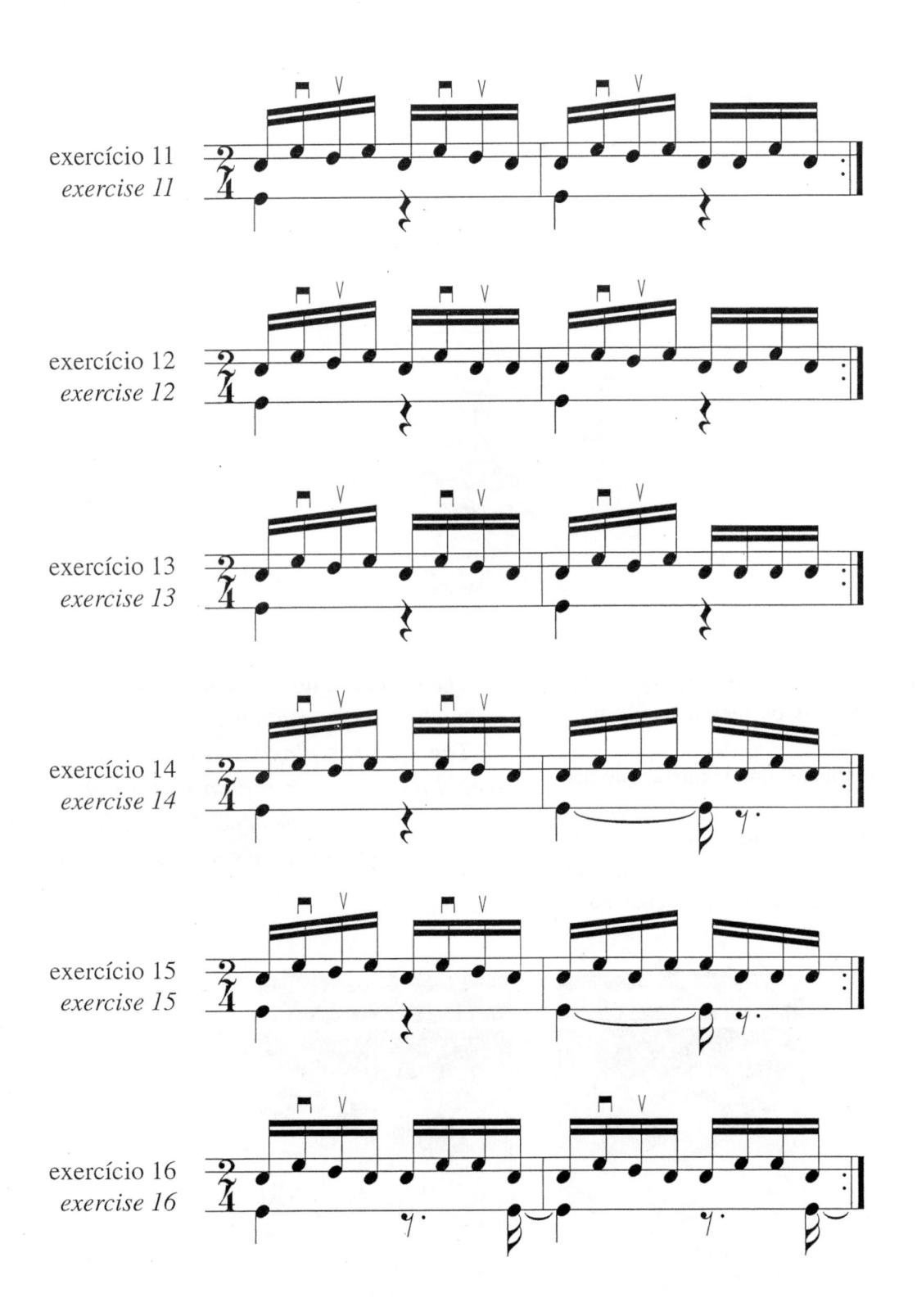

exercício 11 / *exercise 11*

exercício 12 / *exercise 12*

exercício 13 / *exercise 13*

exercício 14 / *exercise 14*

exercício 15 / *exercise 15*

exercício 16 / *exercise 16*

exercício 17
exercise 17

exercício 18
exercise 18

▪ Surdo

O surdo é um instrumento de som grave, com pele de couro em ambos os lados, usado para marcar o ritmo do samba.

É percutido com apenas uma baqueta, que não deve ser muito macia pois, deste modo, não conseguimos boa definição do som na hora do ataque. A mão, levemente encostada sobre a pele, serve para abafar o som produzido pela baqueta.

The surdo is a double-headed drum with a low sound. It is used to mark the samba's rhythm.

The surdo is played with one mallet, that should not be overly soft so that a well defined attack is obtained. The hand, lightly placed on the skin, is used to muffle the stroke of the mallet.

mão ●	hand ●
baqueta ●	mallet ●

🔊 faixa 5 — exercício 1 / exercise 1

exercício 2 / exercise 2

🔊 faixa 6 — exercício 3 / exercise 3

exercício 4 / exercise 4

exercício 5 / exercise 5

exercício 6 / exercise 6

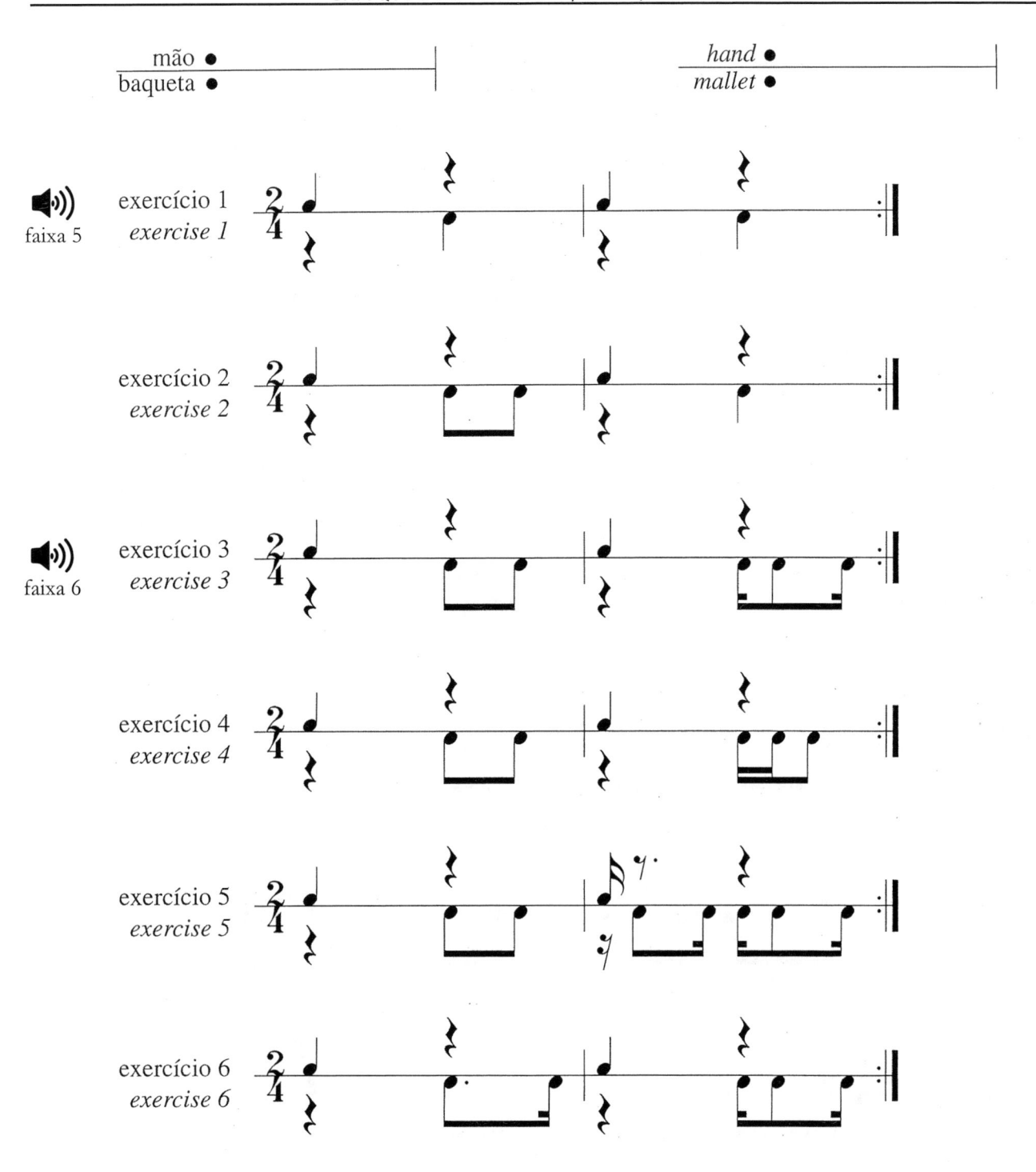

O símbolo escrito acima das notas indica que devemos exercer pressão sobre a membrana na hora do toque. Assim procedendo, conseguimos um som preso mais agudo.

The written symbol used above the notes indicates that they should be played with pressure on the skin at the moment of the stroke. This causes a higher pitch.

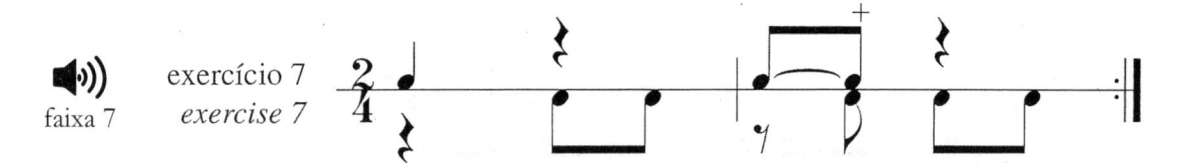

🔊 faixa 7 — exercício 7 / exercise 7

exercício 8 / exercise 8

exercício 9 / exercise 9

Os exercícios seguintes mostram uma maneira de tocar o surdo usada, provavelmente, a partir da década de 1950. Os grupos de colcheias pontuadas e semicolcheias (ex. 10) certamente influenciaram bateristas da época, que passaram a empregá-las no bumbo.

The following exercises show the style of playing that probably developed around the 1950s. The groups of dotted eighth notes and sixteenth notes (ex. 10) certainly influenced the drum set drummers of the time who transferred these parts to the bass drum.

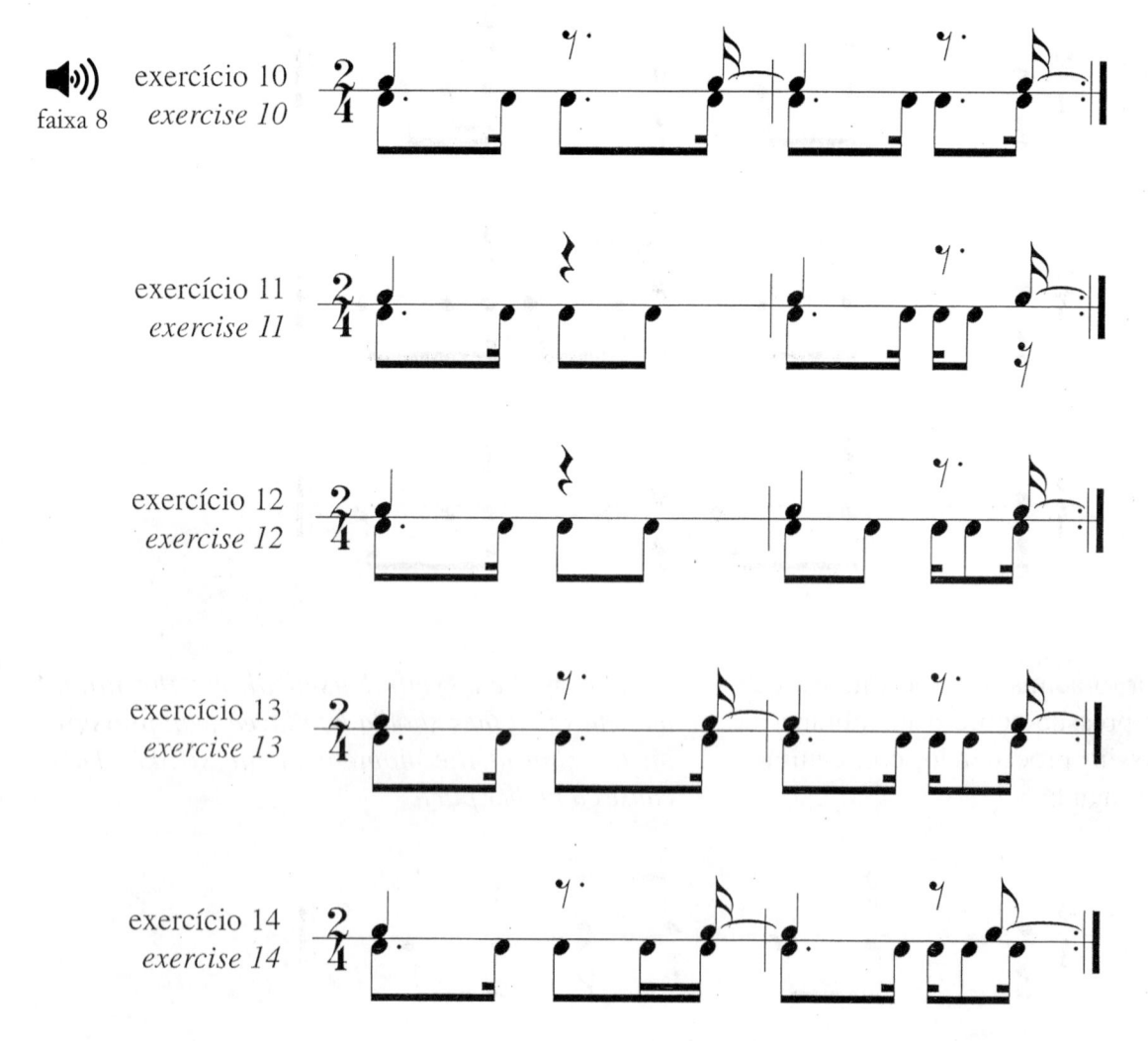

faixa 8 — exercício 10 / exercise 10

exercício 11 / exercise 11

exercício 12 / exercise 12

exercício 13 / exercise 13

exercício 14 / exercise 14

exercício 15 / *exercise 15*

exercício 16 / *exercise 16*

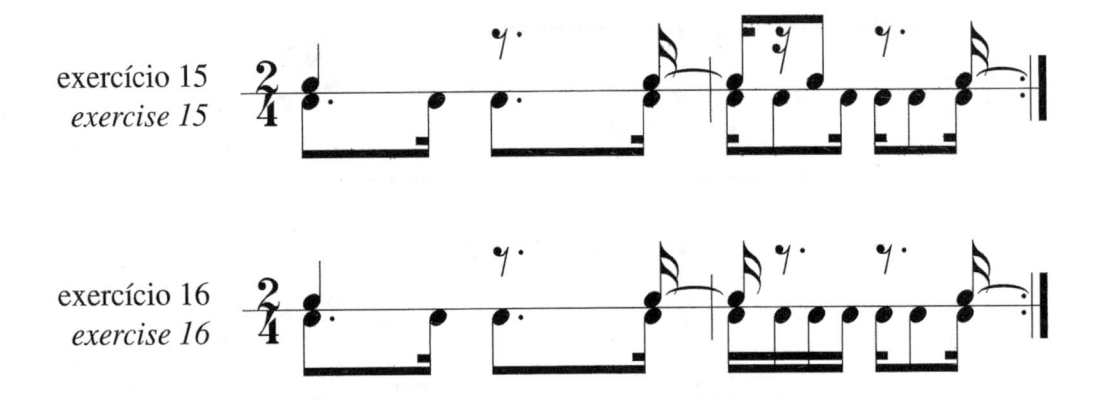

Usando a mão

A mão é também usada para percutir a membrana, respondendo aos ataques da baqueta. Com a palma da mão nas colcheias pontuadas, tocamos a pele, deixando-a encostada à mesma para conseguir um som fechado. Nas semicolcheias, a mão percute a membrana e volta ao seu ponto de partida. A estes mecanismos chamaremos MÃO.

Using the hand

The hand is also used to strike the skin, answering the strokes of the mallet. With the open palm of the hand, on the dotted eighth notes, hit and leave the hand in contact with the skin to achieve a dry, closed sound. On the sixteenth notes, the hand strikes the skin and is immediately lifted. These techniques will be designated in the examples as HAND.

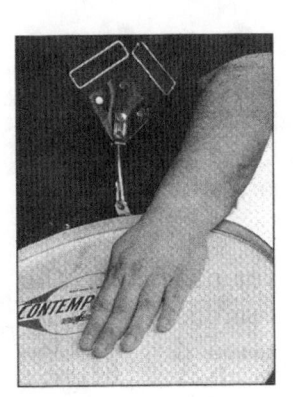

mão ●
baqueta ●

hand ●
mallet ●

faixa 9 exercício 17 / *exercise 17*

exercício 18 / exercise 18

exercício 19 / exercise 19

exercício 20 / exercise 20

exercício 21 / exercise 21

exercício 22 / exercise 22

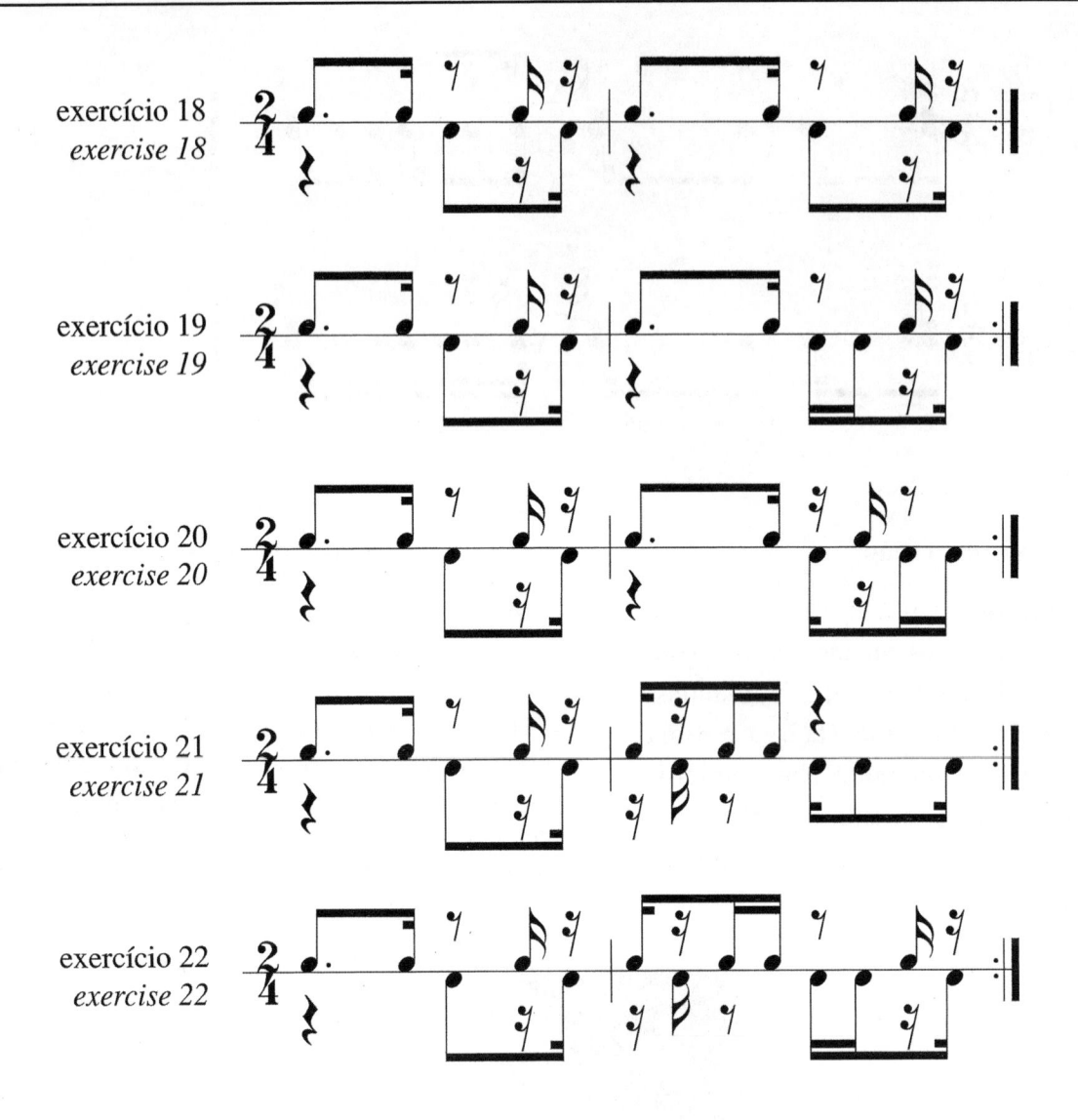

Usando dois surdos

Nos bailes de carnaval, é comum ver nas orquestras um percussionista tocando dois surdos com pés adaptados. O mais agudo marca o primeiro tempo, enquanto o grave corta o ritmo como o surdo de corte das escolas de samba. Em gravações da década de 1960 esta afinação aparece invertida, com o surdo grave tocando no primeiro tempo.

Using two surdos

During the carnival balls it was common to see one percussionist in the orchestra playing two surdos. The higher surdo marked the first beat while the lower one played rhythmic variations like the surdo de corte (cutting surdo) of the samba schools. In recordings from the 1960s this tuning relationship was frequently inverted, with the lower surdo playing on the first beat.

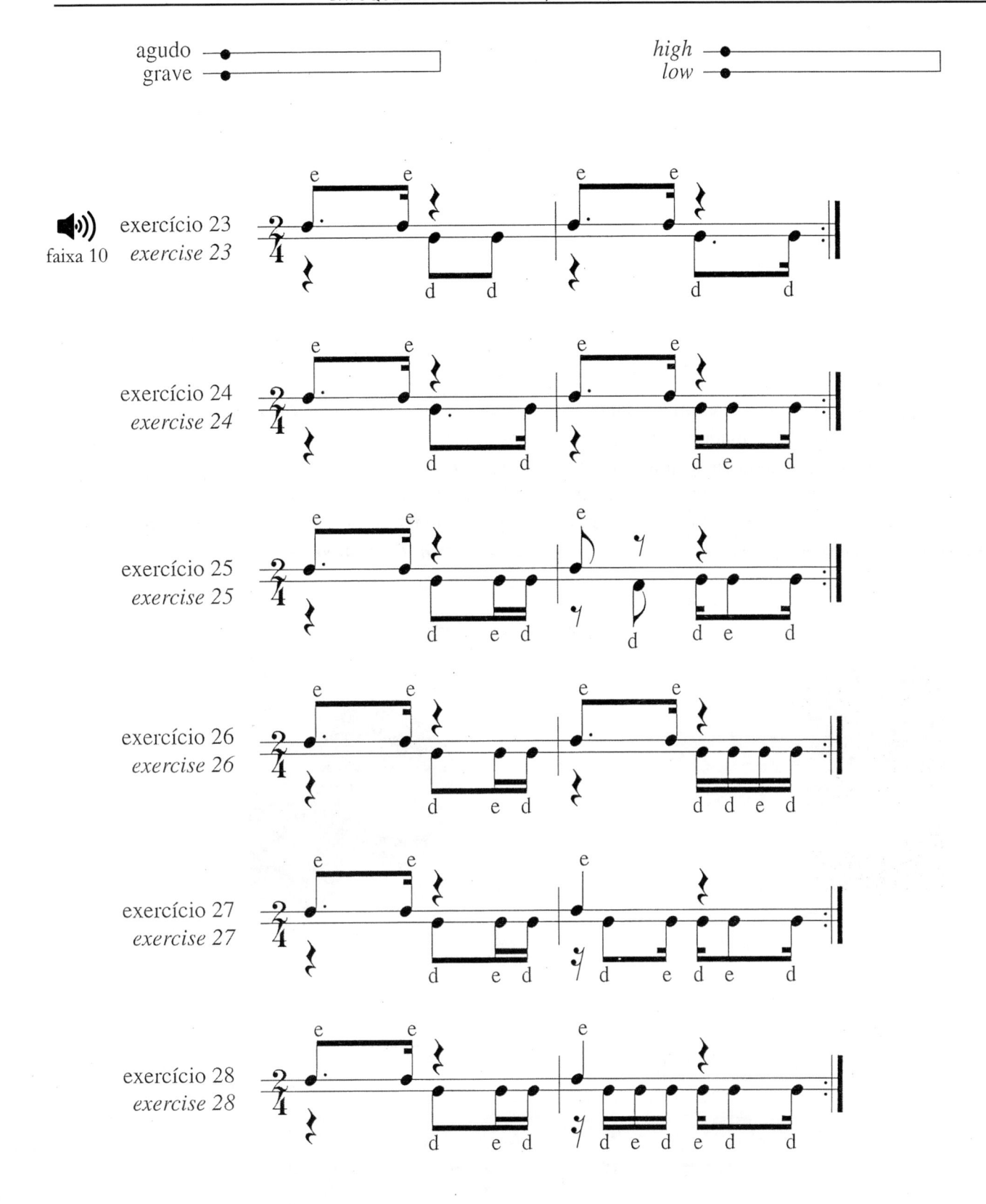

exercício 23 / exercise 23

faixa 10

exercício 24 / exercise 24

exercício 25 / exercise 25

exercício 26 / exercise 26

exercício 27 / exercise 27

exercício 28 / exercise 28

Tamborim

O tamborim – pequeno aro de madeira ou metal, com uma pele esticada sobre um dos lados – é tocado com uma baqueta de madeira semelhante às da caixa. O dedo indicador ou qualquer outro dedo da mão que segura o instrumento também percute a pele, por baixo, produzindo notas que completam o fraseado do samba.

The tamborim – a small metal or wooden frame drum with a membrane stretched over one side – is played with a wooden stick similar to a snare drum stick. The index finger or any finger of the hand that holds the instrument also plays on the underside of the skin, producing notes that complement the samba rhythm.

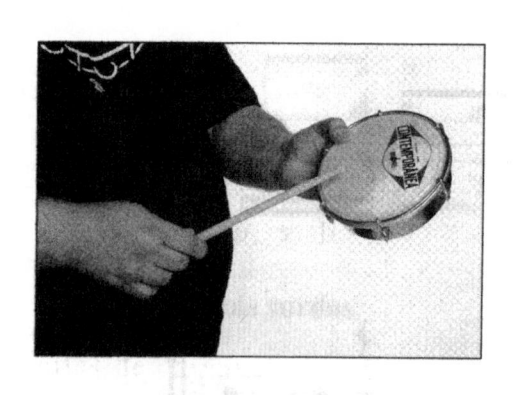

baqueta ●
dedo ●

stick ●
finger ●

faixa 11 — exercício 1 / *exercise 1*

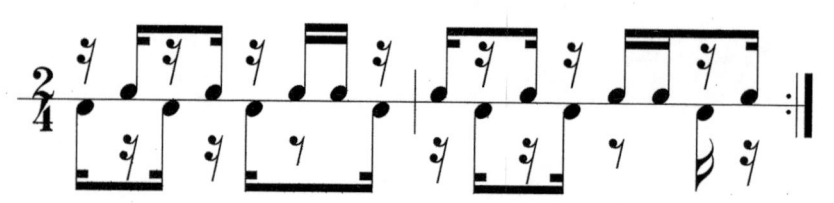

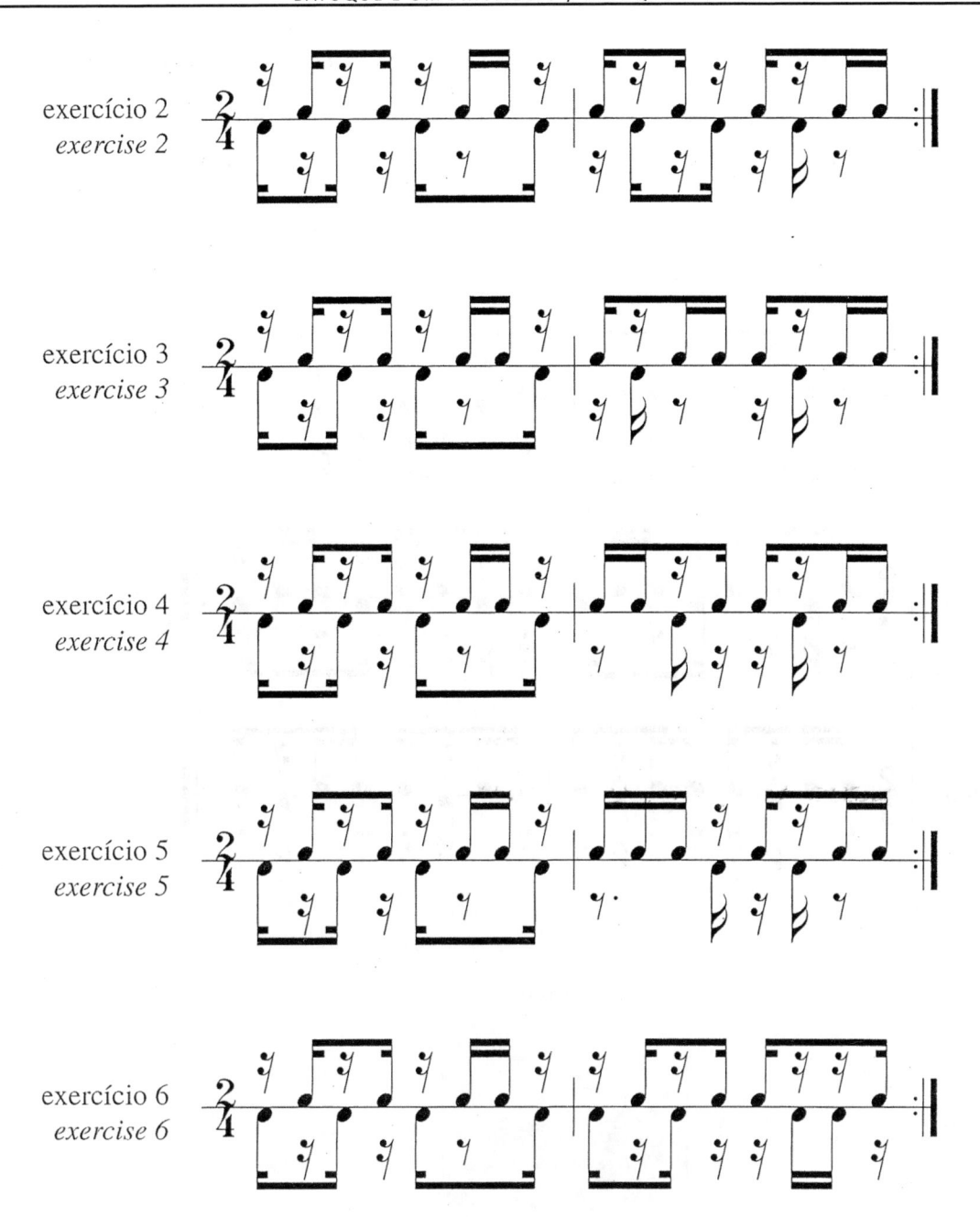

exercício 2 / exercise 2

exercício 3 / exercise 3

exercício 4 / exercise 4

exercício 5 / exercise 5

exercício 6 / exercise 6

Três tamborins

Este trio de tamborins apresenta uma combinação de ritmos muito utilizada em gravações de samba pelos percussionistas Luna, Marçal e Eliseu.

Three tamborins

This trio of tamborins presents a combination of common rhythms that were used in samba recordings by the famous percussionists Luna, Marçal, and Eliseu.

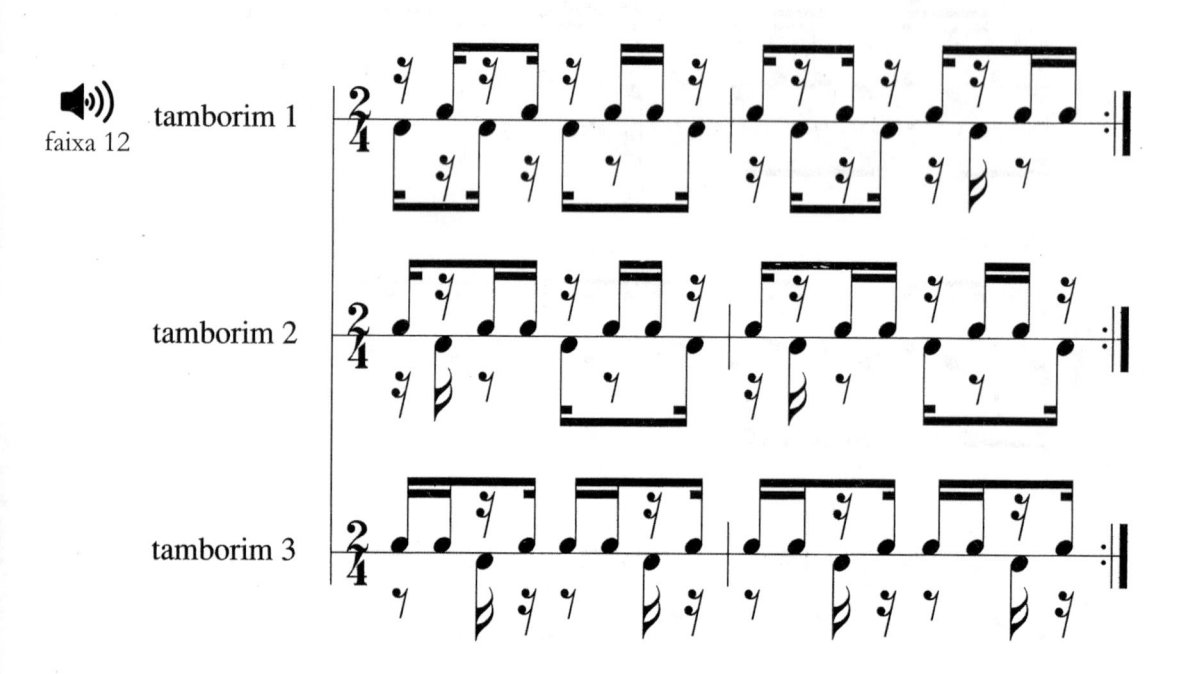

faixa 12

tamborim 1

tamborim 2

tamborim 3

- Cuíca

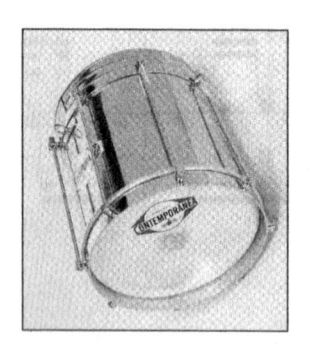

A cuíca é feita de um cilindro de metal ou madeira com uma pele de couro num dos lados. No centro desta é presa uma vareta fina de bambu, que, friccionada com um pano úmido, produz seu som característico. Com o dedo médio da mão, fazemos pressão sobre a membrana, extraindo sons de alturas diferentes. Conforme a região do país, a cuíca recebe outros nomes, como puíta ou roncador.

The cuíca is a metal or wooden cylinder with a skin over one side. In the center of the skin is secured a thin bamboo stick, which is rubbed with a wet cloth producing the instrument's characteristic sound. With the middle finger, pressing into the skin, different tones are produced. Depending on the region of Brazil, this type of instrument also is known as puíta or roncador.

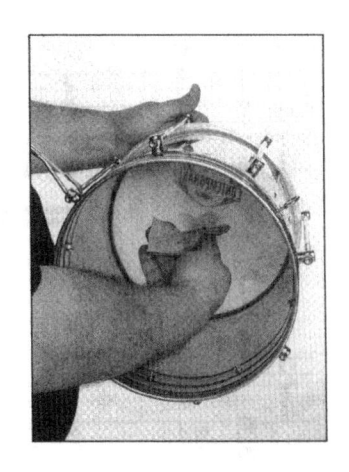

As linhas superiores da pauta representam a pressão exercida sobre a pele – para este procedimento, usaremos a designação de MEMBRANA; a pausa determina que o dedo não pressiona o couro, o que gera um som grave; as notas escritas na segunda linha indicam que o dedo deve exercer uma leve pressão sobre a membrana, produzindo um som médio; e a linha superior indica uma pressão ainda maior, extraindo-se, assim, um som agudo. A linha inferior é destinada à mão que fricciona a vareta e que designaremos MÃO. Sob as notas nela escritas, encontramos símbolos que representam a articulação dos movimentos. O movimento de dentro para fora é feito a partir do corpo do executante e o movimento contrário é feito em direção ao seu corpo. Não havendo indicação, repetem-se os movimentos anteriores.

The upper lines of the staff represent the pressing of the skin and will be designated as SKIN: when there is a rest on these parts this means that the middle finger is not pressing on the skin (this produces a low tone); **notes written** *on the second line* **indicate** *that light* **pressure** *should be applied to the* **skin** *producing a medium high note; notes written on the upper line indicate that greater pressure should be applied to the skin producing a high note. The lower line is for the hand that rubs the stick and is designated HAND. Notes written on this lower line have symbols below the note stems indicating the correct movement of the hand. "Inside-out" is a movement starting close the players body and moving away from the body; "outside-in" is a movement starting away from the player's body and moving toward it. Whenever there is no indication, you should repeat the pattern of the previous movements.*

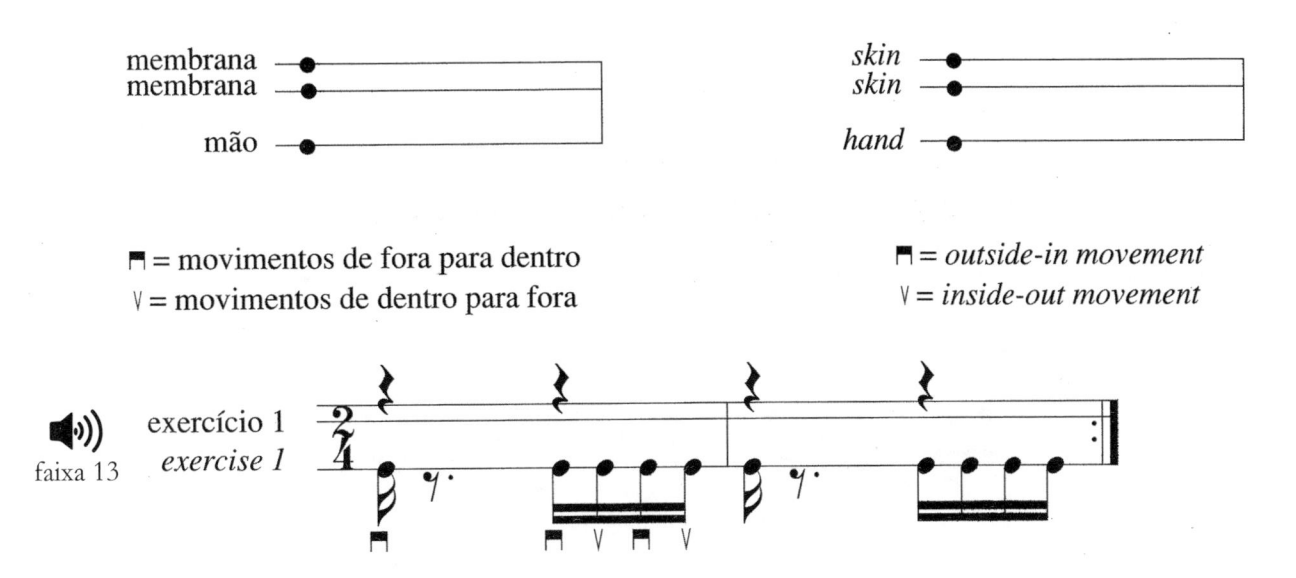

membrana
membrana

mão

skin
skin

hand

⊓ = movimentos de fora para dentro
V = movimentos de dentro para fora

⊓ = *outside-in movement*
V = *inside-out movement*

🔊 faixa 13   exercício 1
              exercise 1

37

exercício 2
exercise 2

exercício 3
exercise 3

exercício 4
exercise 4

exercício 5
exercise 5

faixa 14 exercício 6
exercise 6

exercício 7
exercise 7

exercício 8
exercise 8

BATUQUE É UM PRIVILÉGIO / *BATUQUE IS A PRIVILEGE*

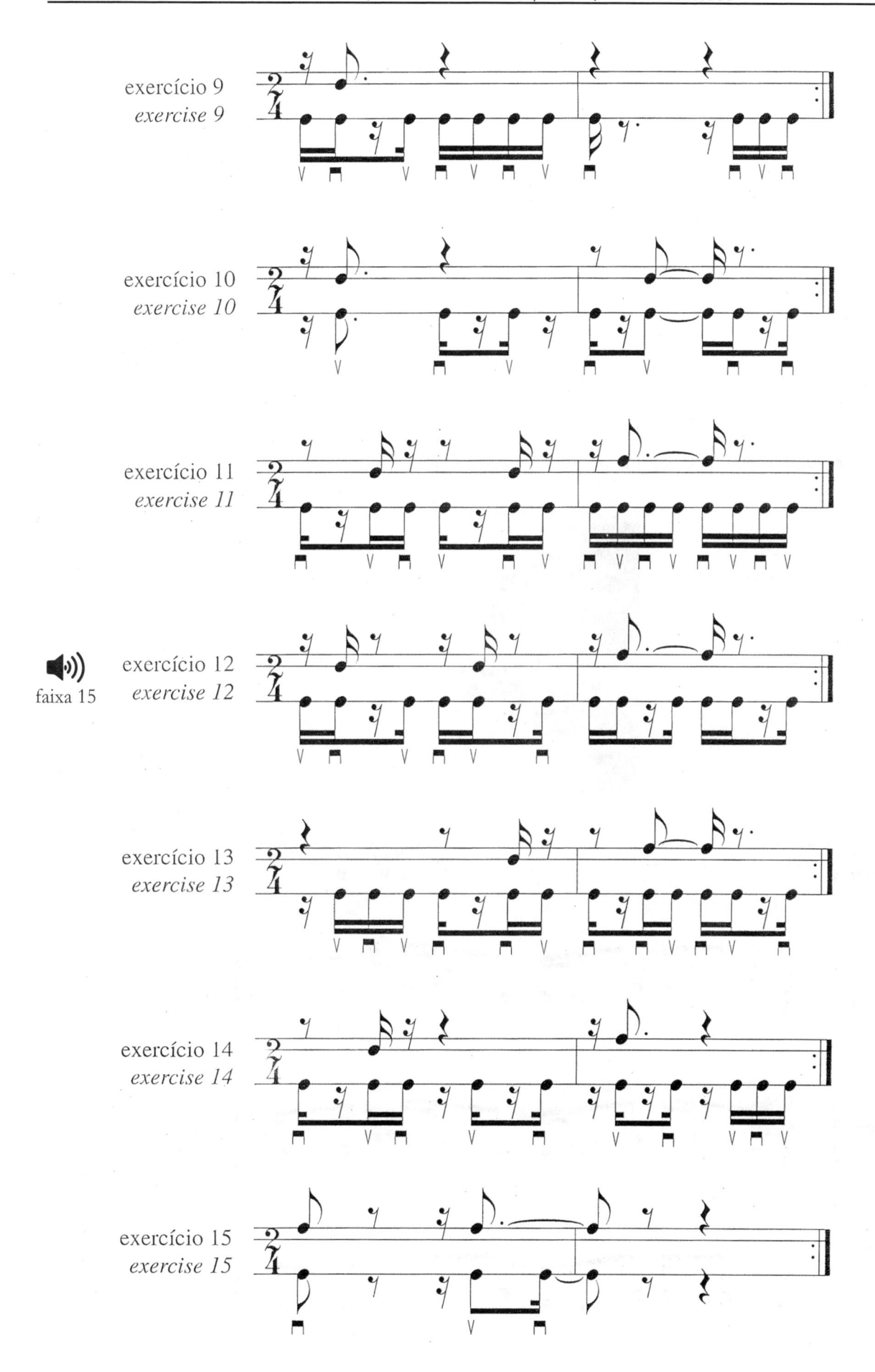

exercício 9
exercise 9

exercício 10
exercise 10

exercício 11
exercise 11

faixa 15 exercício 12
exercise 12

exercício 13
exercise 13

exercício 14
exercise 14

exercício 15
exercise 15

▪ Agogô

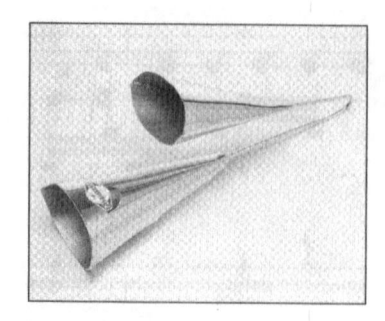

O agogô é constituído de duas campânulas de metal de alturas diferentes, percutidas com uma baqueta de madeira ou uma vareta de ferro. Presente em diversos estilos de música afro-brasileiras, é conhecido também por gonguê ou gã.

The agogô comprises two metal bells of different sizes played with either a metal or wooden stick. Used in diverse styles of Afro-Brazilian music, this kind of instrument is also known as gonguê or gã.

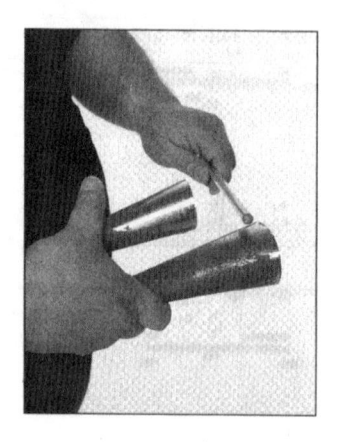

aguda ●
grave ●

high ●
low ●

faixa 16

exercício 1 / *exercise 1*

exercício 2 / *exercise 2*

exercício 3 / *exercise 3*

exercício 4 / exercise 4

exercício 5 / exercise 5

A nota escrita sobre a linha superior, designada como AMBAS, indica que as campânulas devem ser pressionadas uma contra a outra, produzindo um terceiro efeito sonoro.

The note written on the upper line, designated BOTH, indicates that the bells should be pressed together producing a third sound effect.

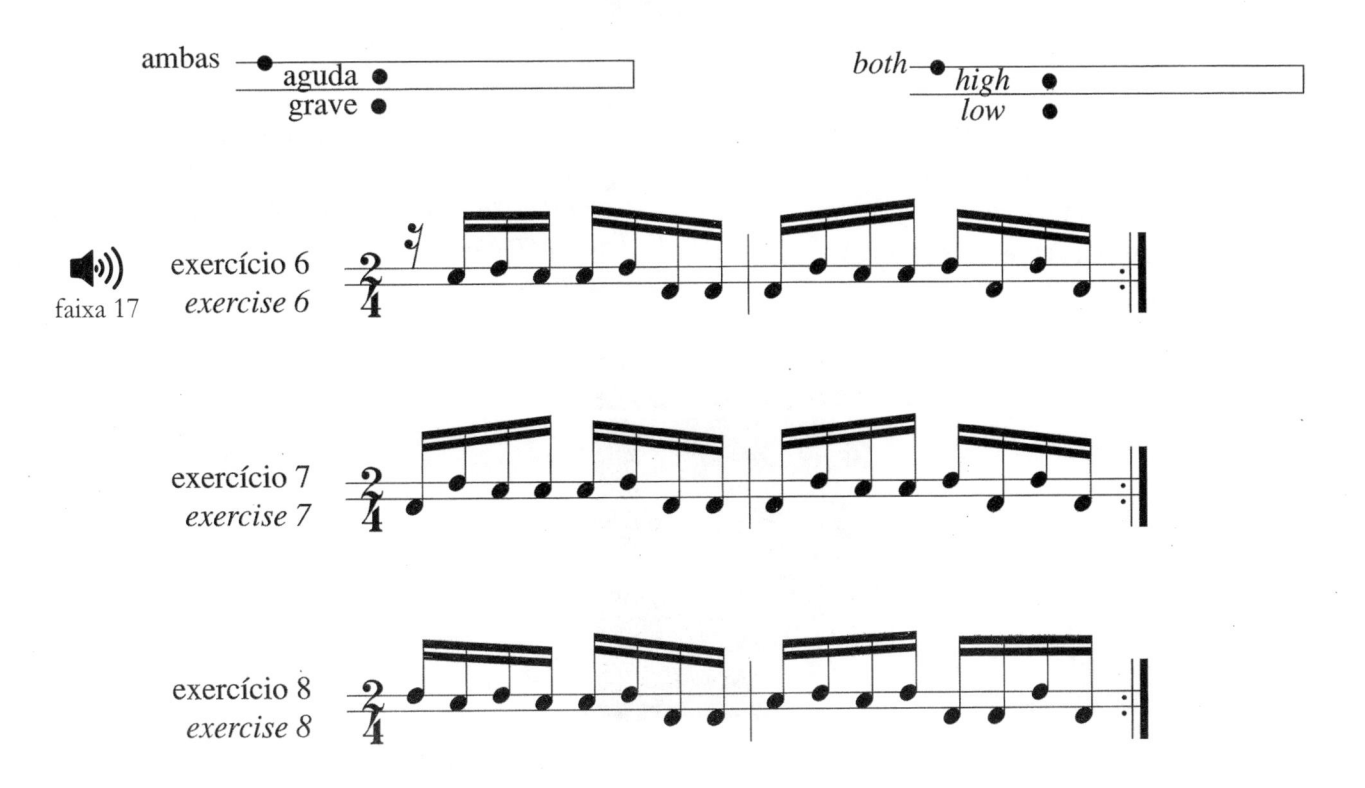

ambas — aguda / grave

both — high / low

faixa 17 — exercício 6 / exercise 6

exercício 7 / exercise 7

exercício 8 / exercise 8

Reco-reco

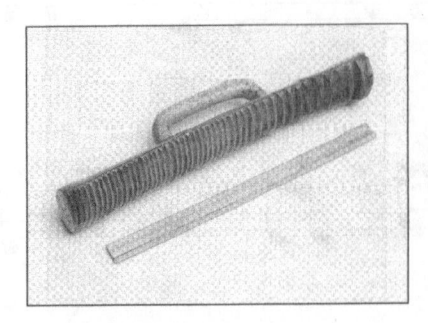

O reco-reco é feito de um pedaço de bambu com entalhes transversais, que, friccionados por uma vareta, produzem um som raspado. O reco-reco da foto é fabricado pelo percussionista Trambique.

The reco-reco is made from a section of bamboo with transverse ridges scored into the material. When scraped with a thin stick the instrument produces a characteristic rasping sound. The reco-reco in this picture is made by the percussionist Trambique.

Outro tipo de reco-reco é o reco-reco de mola: uma mola de aço esticada sobre uma calha de latão e friccionada com uma vareta de metal. É muito usado pelas baterias das escolas de samba.

Another type of reco-reco is the reco-reco de mola (spring reco-reco): a steel spring stretched over a metal trough and scraped with a metal stick. This instrument is frequently used in the drum ensembles of the samba schools.

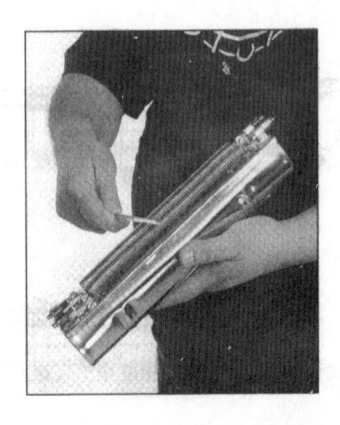

Os símbolos escritos sobre as notas indicam a articulação dos movimentos. O movimento de dentro para fora é feito a partir do corpo do instrumentista e o de fora para dentro, em direção contrária. Os exercícios de 1 a 7 devem ser praticados de duas maneiras: usando-se a ligadura, onde o som articulado não é interrompido, e sem ela, o que nos dá um efeito *staccato*.

The symbols written above the note stems indicated the motion of scraping. "Inside-out" is a motion away from the player and "outside-in" is a motion toward the player. Exercises 1 through 7 should be practiced in two manners: 1) in a legato manner without an interruption of sound and 2) in a staccato manner separating each stroke's sound.

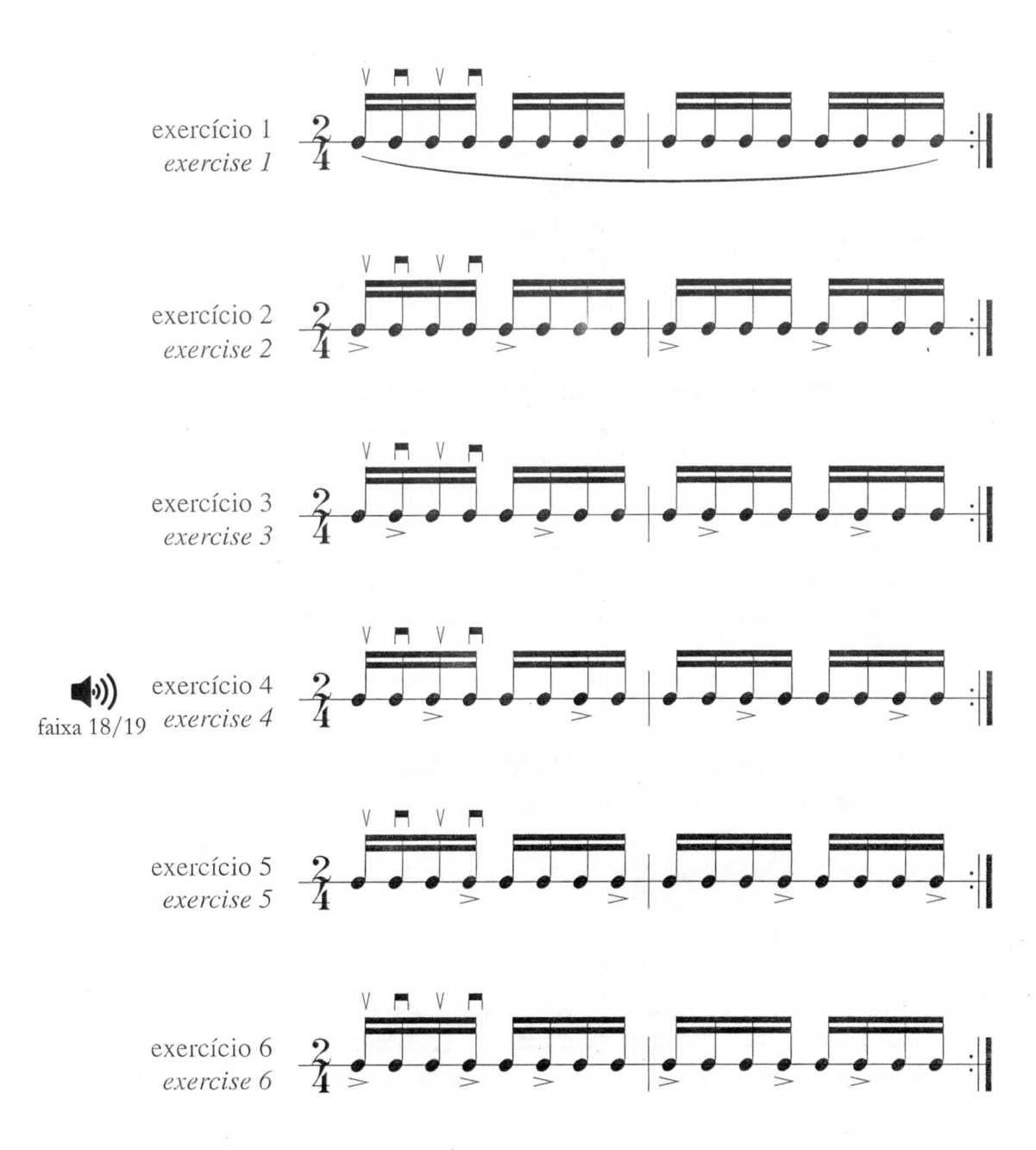

⊓ = movimentos de fora para dentro
V = movimentos de dentro para fora

⊓ = *outside-in movement*
V = *inside-out movement*

exercício 1 / *exercise 1*

exercício 2 / *exercise 2*

exercício 3 / *exercise 3*

faixa 18/19 exercício 4 / *exercise 4*

exercício 5 / *exercise 5*

exercício 6 / *exercise 6*

43

exercício 7 / exercise 7

exercício 8 / exercise 8

exercício 9 / exercise 9

Nos módulos seguintes, adaptaremos para o reco-reco alguns padrões rítmicos do tamborim. Os exercícios 10, 11 e 12 devem ser executados usando-se um efeito *staccato*.

In the following examples, we adapt several tamborim rhythms to the reco-reco. Exercises 10, 11, and 12 should all be played staccato.

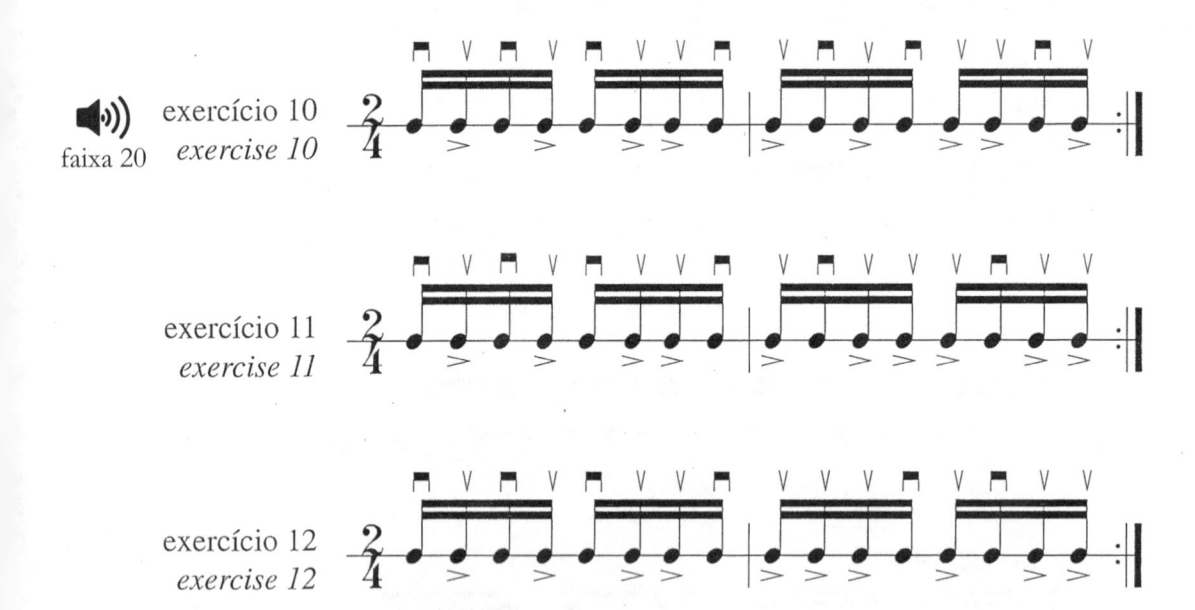

faixa 20 — exercício 10 / exercise 10

exercício 11 / exercise 11

exercício 12 / exercise 12

Estas fórmulas também podem ser tocadas usando-se a ligadura.

These formulas also can be played legato.

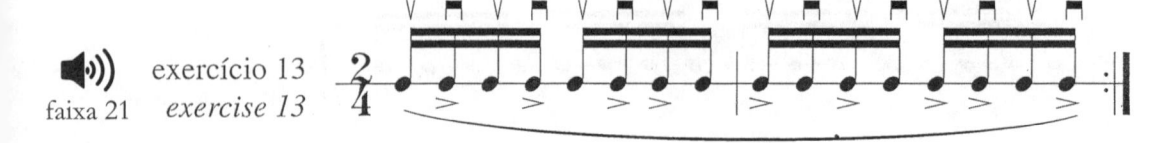

faixa 21 — exercício 13 / exercise 13

exercício 14 / exercise 14

exercício 15 / exercise 15

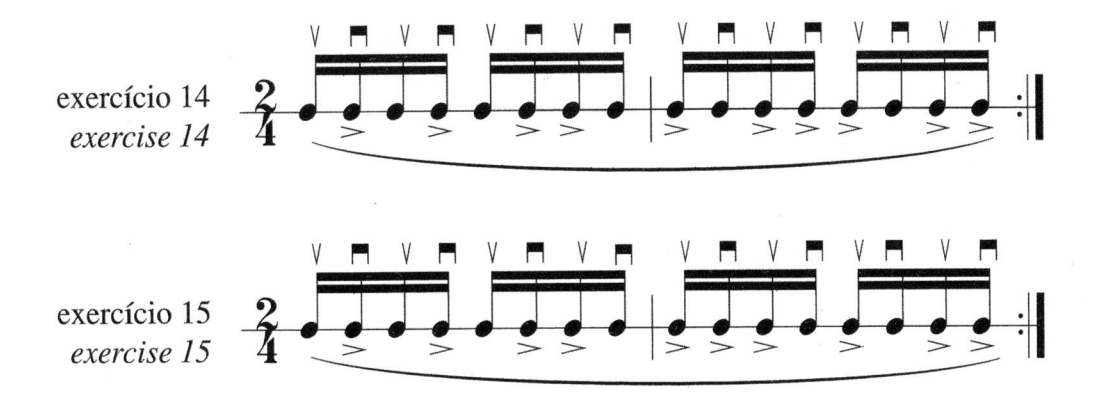

1.2 O repique de anel

1.2 *The ring repique*

O repique de anel, criação do percussionista Doutor, consiste em um repique de escola de samba com pele de couro em ambos os lados, de afinação grave e preso ao pescoço por um talabarte. Ao mesmo tempo que percutimos com uma das mãos a membrana inferior, com anéis ou dedais nos dedos da outra mão tocamos no corpo de metal do instrumento. O dedo polegar dessa mesma mão é utilizado na pele de cima para fazer variações no ritmo.

The ring repique, a creation of the percussionist Doutor, consists of a repique from the samba schools – a double headed tenor drum made of metal – tuned loosely and carried with a shoulder strap. While playing with the hand on the bottom skin, the other hand plays against the metal body of the instrument using a metal ring or thimble on one or more fingers. The thumb of this hand is also used to play rhythmic variations.

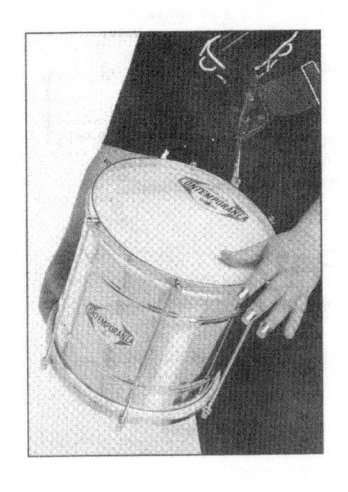

Os símbolos colocados sob as notas determinam os sons fechado e aberto.

+ = som fechado
o = som aberto

O som fechado é produzido deixando-se a mão na pele na hora do toque. Para um som aberto, a mão volta ao seu ponto de partida imediatamente após o ataque.

À mão que percute a membrana inferior designaremos MÃO e aos dedos que tocam o fuste (corpo do instrumento), FUSTE. O polegar na pele de cima será chamado de POLEGAR.

The symbols written below the note stems indicate closed and open sounds.

+ = closed sound
o = open sound

A closed sound is produced by leaving the hand in contact with the skin the moment it is played. For an open sound, the hand is lifted off of the skin immediately after striking it.

The hand that plays on the lower skin is designated HAND and the hand that is played with a ring on the metal body is designated SHELL. The thumb stroke on the upper skin is designated THUMB.

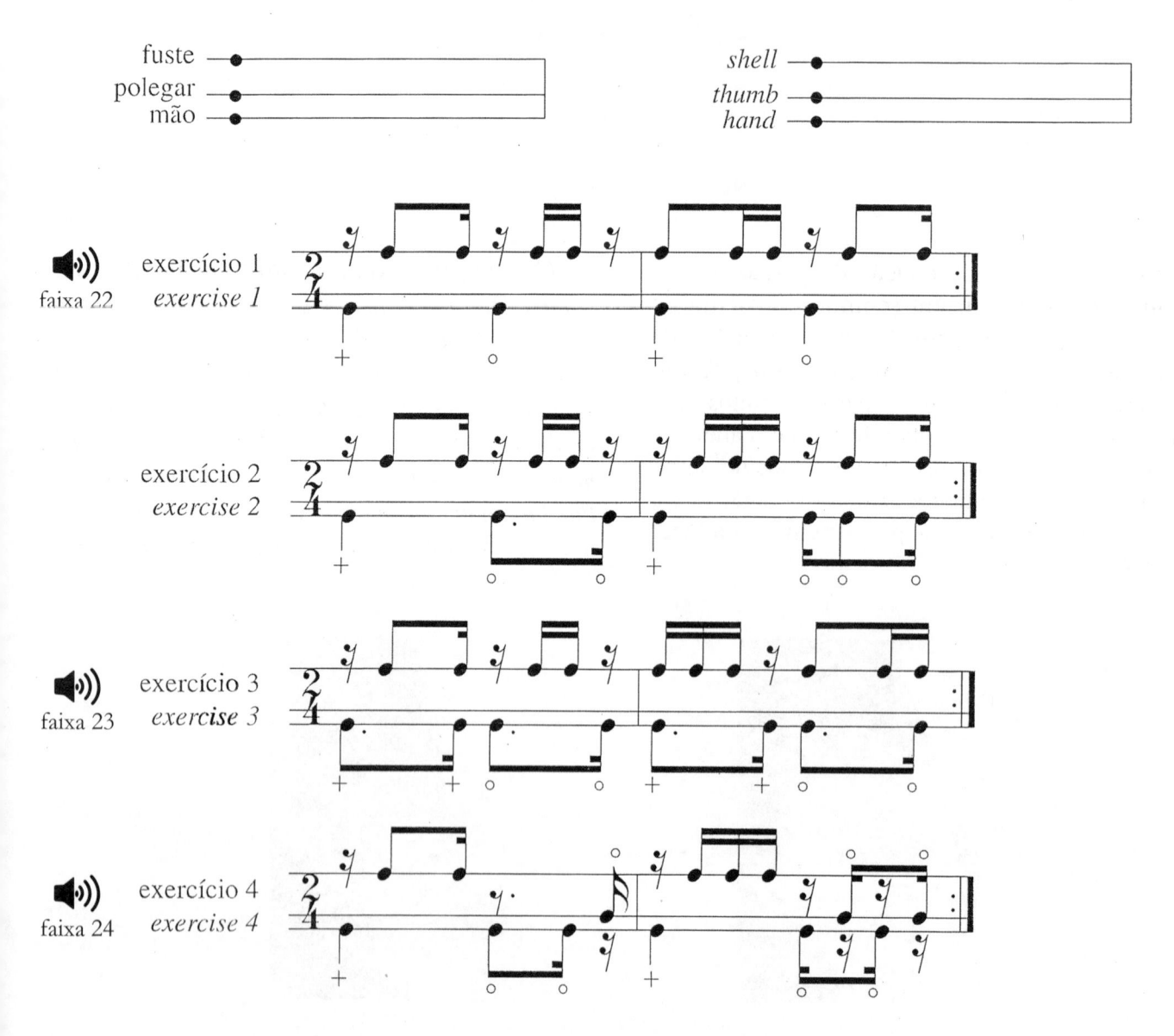

exercício 5 / *exercise 5*

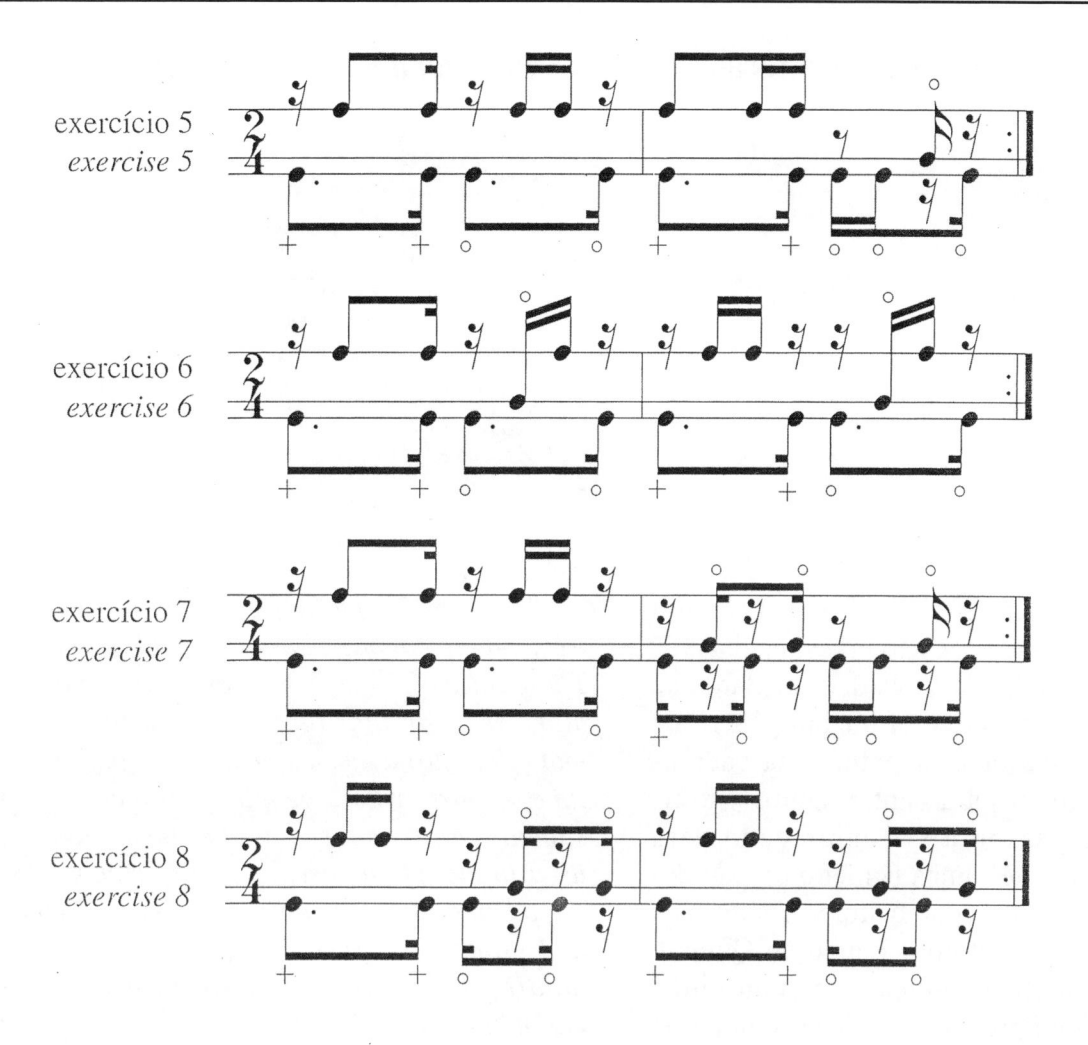

exercício 6 / *exercise 6*

exercício 7 / *exercise 7*

exercício 8 / *exercise 8*

1.3 Pagode: uma nova instrumentação

Zeca Pagodinho

"Domingo, lá na casa do Vavá, teve um tremendo pagode que você não pode imaginar...". Os versos de Paulinho da Viola deixam claro que o termo pagode, antes de definir um gênero de música, significava divertimento, festa onde as pessoas se reuniam para cantar sambas. Mais tarde o termo passou a ser empregado para classificar um tipo de samba herdeiro do partido-alto. Surgiram, então, compositores como Zeca Pagodinho e grupos como o Fundo de Quintal, que mudou a instrumentação dos conjuntos tradicionais ao empregar o tantã, o repique de mão e o banjo no acompanhamento.

1.3 *Pagode: a new instrumentation*

Fundo de Quintal

"Sunday, in the house of Vavá, there was a tremendous pagode that you wouldn't believe...". These lines of verse written by Paulinho da Viola, make it clear that the term "pagode," means more than just a musical genre, it signifies a good time, a party where people get together to sing sambas. As time went by, the term came to be used to classify a specific type of samba, heir to the partido-alto. Composers like Zeca Pagodinho and groups like Fundo de Quintal emerged who modified the instrumentation of traditional ensembles by adding the tantã, the hand repique, and the banjo to the accompaniment.

- Tantã

O tantã, ou tambora, instrumento bastante usado na música latino-americana, foi adotado pelos grupos de pagode, que o adaptaram ao ritmo

The tantã, also called tambora, was adapted for the samba rhythm by pagode groups from a similar instrument used in many Latin American

do samba. De afinação grave, ele tem a função de marcar o ritmo da mesma forma que o surdo nos conjuntos de samba tradicionais. Como o repique de mão, ele é percutido com uma das mãos na pele e a outra no fuste.

Com o bloco de dedos percutindo a membrana próximo à borda, extraímos um som grave. A este toque designaremos DEDOS. À mão espalmada sobre a pele chamaremos MÃO e à mão que percute o fuste chamaremos FUSTE.

musics. With a low sound, it has the function of marking the rhythm in the same way that a surdo is used in the traditional samba groups. Like the hand repique, it is played with one hand on the skin and the other on the shell of the drum.

With the fingers beating on the skin near the rim, a low sound is produced. This stroke is designated FINGERS. An open hand on the skin is designated HAND and the fingers striking on the shell of the drum is designated SHELL.

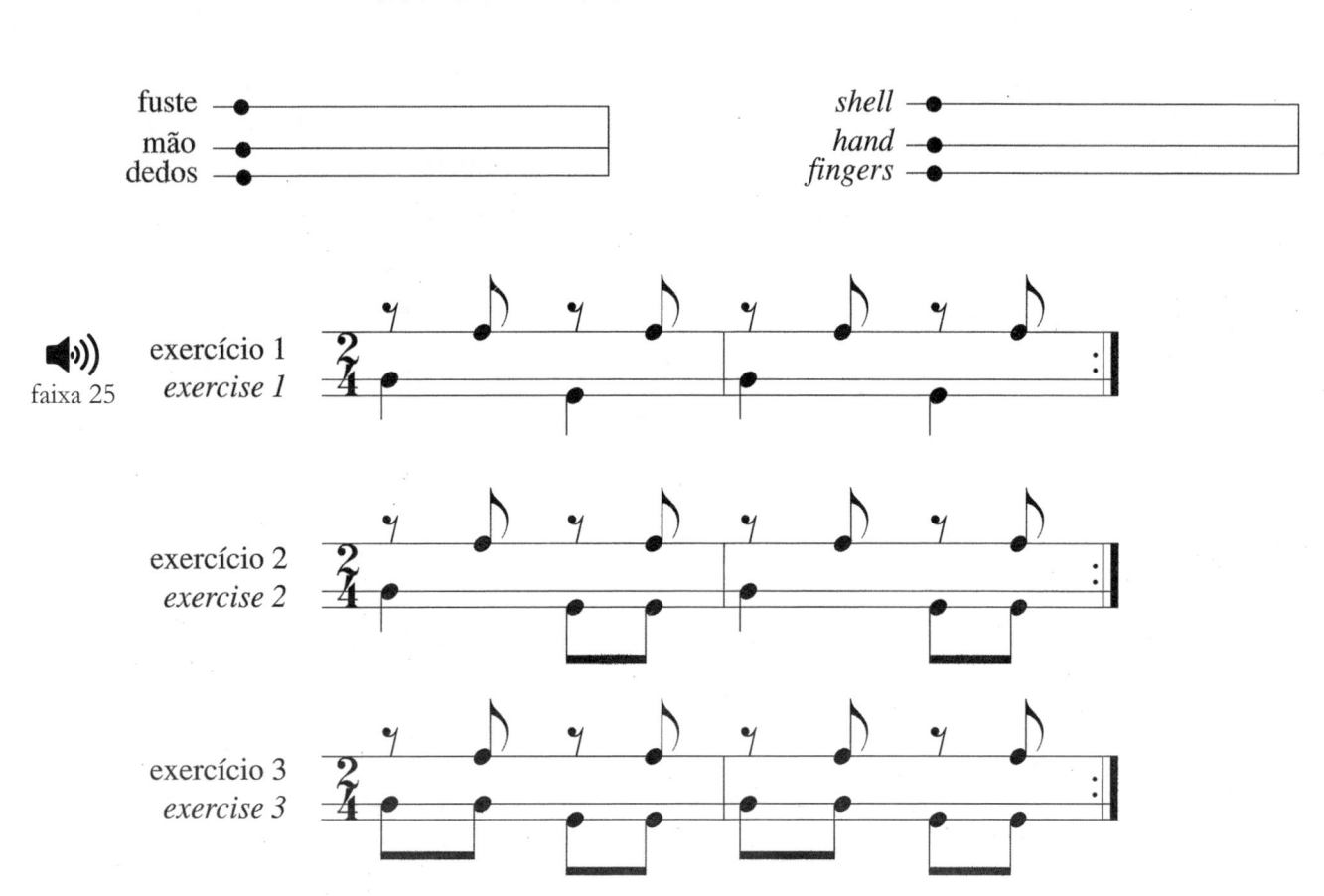

faixa 25

exercício 1 / exercise 1

exercício 2 / exercise 2

exercício 3 / exercise 3

exercício 4 / exercise 4

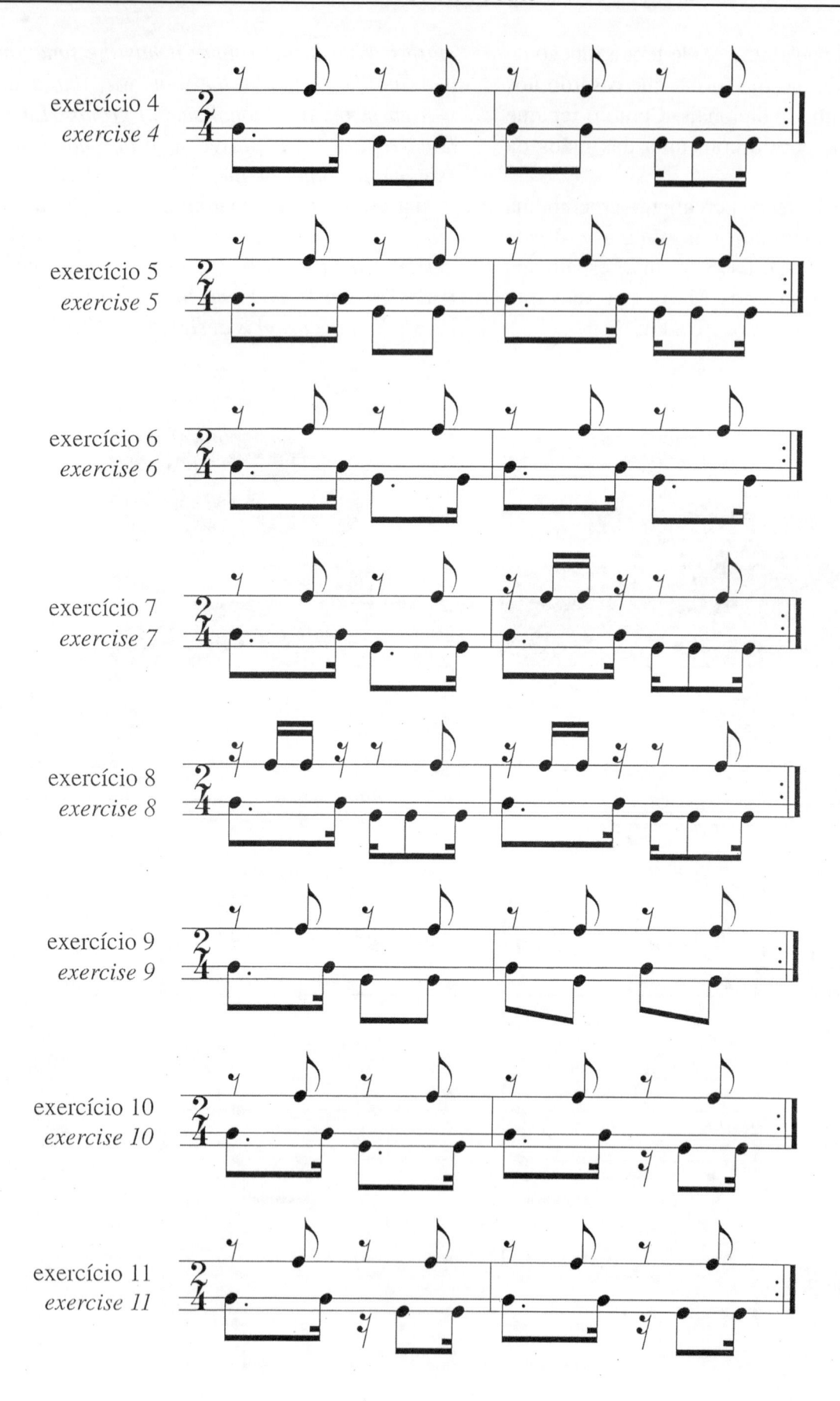

exercício 5 / exercise 5

exercício 6 / exercise 6

exercício 7 / exercise 7

exercício 8 / exercise 8

exercício 9 / exercise 9

exercício 10 / exercise 10

exercício 11 / exercise 11

exercício 12 / exercise 12

exercício 13 / exercise 13

- Repique de mão

- *Hand repique*

O repique de mão é um instrumento que tem sua origem nas rodas de samba dos quintais suburbanos. Seu criador, Ubirany, do grupo Fundo de Quintal, conta que, não havendo um instrumento disponível para tocar, utilizou-se de um tom-tom de uma bateria que havia na casa. Mais tarde, num pagode na quadra do bloco Cacique de Ramos, encontrando-se na mesma situação, começou a fazer ritmo num repique comum de escola de samba. Por causa da excessiva ressonância do instrumento, resolveu tirar a membrana de um dos lados, dando-lhe, assim, a forma definitiva que hoje conhecemos. Colocado sobre a perna, o repique é percutido com uma das mãos na pele e a outra no fuste.

O repique é tocado com o POLEGAR e com o bloco de dedos – que designaremos DEDOS. O polegar toca na borda do instrumento, produzindo um som aberto. O bloco de dedos toca no centro da pele gerando um som fechado. Ao som agudo extraído do aro do instrumento daremos

The repique de mão (hand repique) is an instrument that originated in the samba circles commonly performed in suburban backyards. Its creator, Ubirany, of the group Fundo de Quintal, says that one time he didn't have an instrument available to play and used a tom-tom from a drum set that was in the house. Later, during a pagode in the rehearsal area of the carnival group Cacique de Ramos, he encounte-red the same situation and this time used a normal repique common among the samba schools. Because of the excessive resonance of the instrument, he decided to take off one of the skins. The result is the basic instrument that is now called the repique de mão. Placed on the leg while seated, the repique is played with one of the hands on the skin and the other hand on the shell.

The repique is played with the THUMB and with the fingers – designated FINGERS. The thumb plays close to the edge of the skin producing an open tone. Together, fingers touch

51

designação de ARO e ao feito com a mão no fuste chamaremos FUSTE. O símbolo escrito sob o polegar no exemplo 6 indica o som fechado, conseguido tocando-se com o dedo no centro da pele.

the middle of the drumhead generating a closed tone. The high sound produced near the rim of the skin will be called SHELL. The symbol written under the thumb in example 6 indicates a closed tone, achieved touching itself with the finger in the center of the skin.

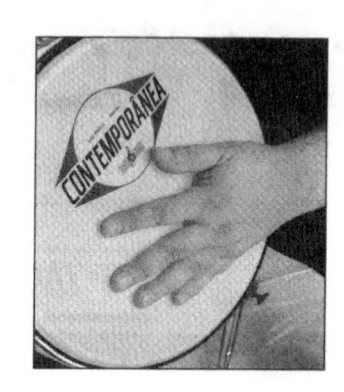

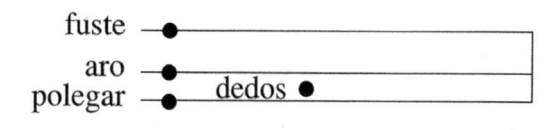

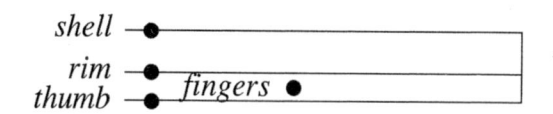

fuste
aro
polegar — dedos

shell
rim
thumb — *fingers*

+ = som fechado
○ = som aberto

+ = *closed sound*
○ = *open sound*

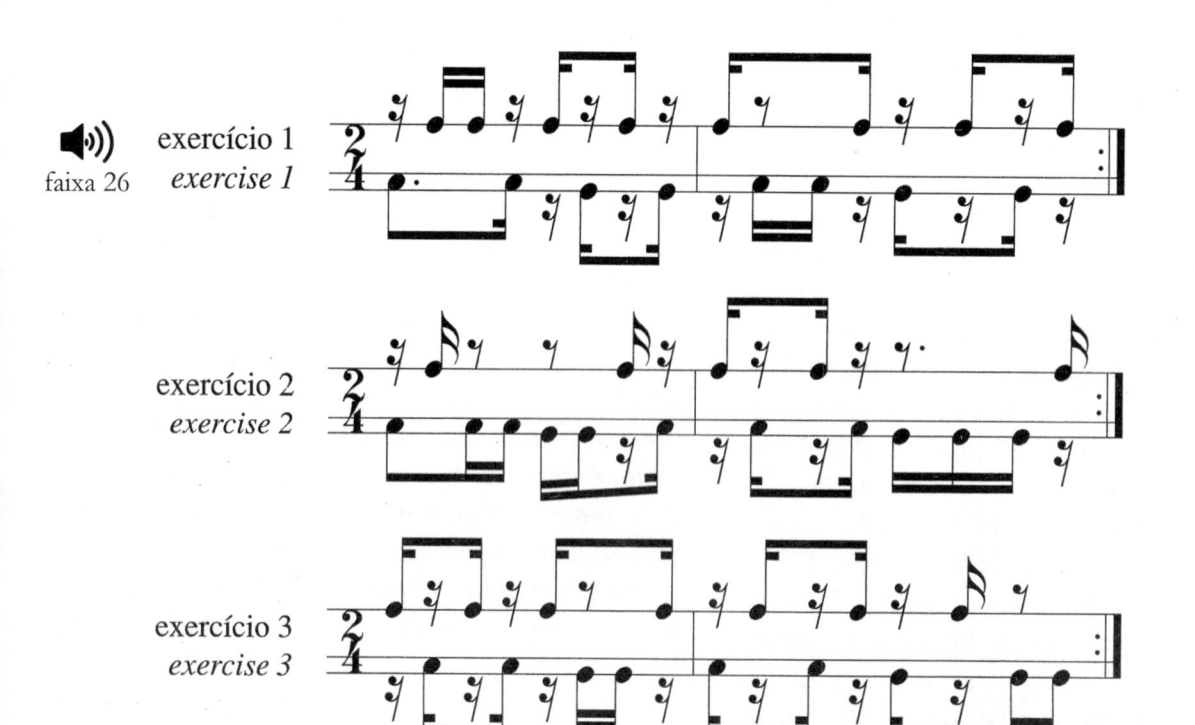

faixa 26 — exercício 1 / *exercise 1*

exercício 2 / *exercise 2*

exercício 3 / *exercise 3*

exercício 4 / exercise 4

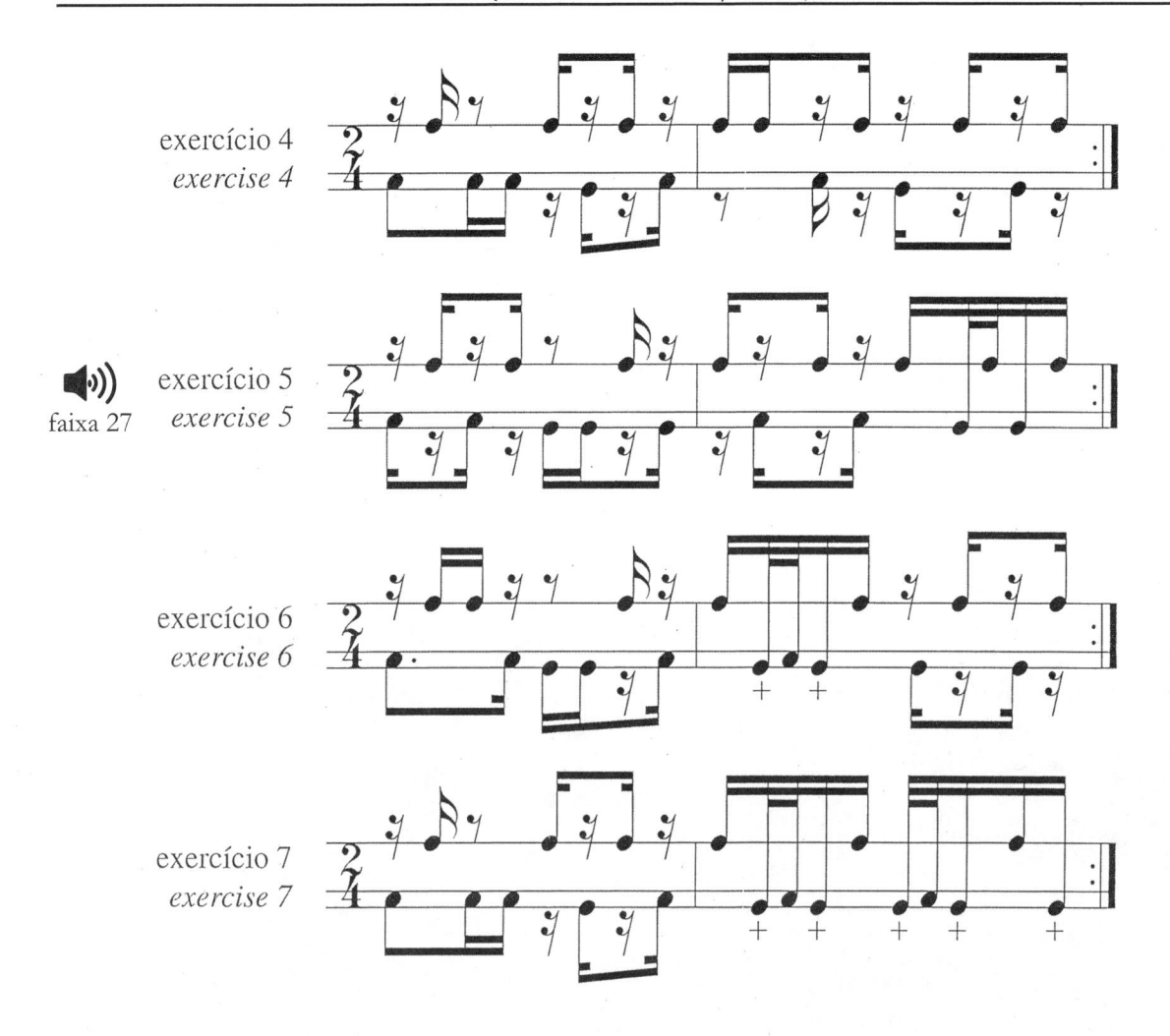

faixa 27 — exercício 5 / exercise 5

exercício 6 / exercise 6

exercício 7 / exercise 7

As semicolcheias relativas à borda do instrumento podem ser executadas com os dedos da mão alternadamente ou com o bloco de dedos.

The sixteenth notes written for the rim of the instrument can be played by the group of fingers or by alternating the individual fingers.

faixa 28 — exercício 8 / exercise 8

exercício 9 / exercise 9

exercício 10
exercise 10

1.4 A percussão das escolas de samba

1.4 *Samba schools percussion*

A ala da bateria da Mangueira no carnaval de 1960, ano de estréia do uniforme para os desfiles.
Mangueira rhythm section at the 1960 Carnival, year when uniforms were first used.

A primeira escola de samba surgiu no bairro Estácio de Sá, Rio de Janeiro, no ano de 1928, com o nome de Deixa Falar. O termo escola de samba, sugerido pelo compositor Ismael Silva, deve-se ao fato de ficar no Estácio a Escola Normal. Como havia disputa entre Mangueira, Osvaldo Cruz e outros redutos, os sambistas do Estácio costumavam provocar:

– Deixa falar, é daqui que saem os professores.

A estrutura das escolas de samba é toda herdada dos ranchos carnavalescos. Abre-alas, alegorias, mestre-sala, porta-bandeira e até mesmo a apresentação do enredo são copiados dos ranchos. A diferença estava na música e no

The first samba school (escola de samba) emerged in the Estácio de Sá neighborhood of Rio de Janeiro in 1928 and took the name Deixa Falar (Let [them] Speak). The term "samba school", suggested by the composer Ismael Silva, derives from the fact that was located a Teacher's School in Estácio. Rivalries with Mangueira, Osvaldo Cruz and other neighborhoods, led the sambistas (samba performers) of Estácio to provoke them with phrases like "Let them speak, the teachers come from here."

The structure of the samba schools derives from older carnival groups known as ranchos carnavalescos. The abre-alas (open the wings), alegorias (allegories), mestre-sala (major-domo), porta-bandeira (banner-bearer) and even the presentation of the enredo (theme story) are all

acompanhamento: enquanto os ranchos utilizavam uma orquestra de sopros convencional para tocar suas marchas, as escolas de samba se valiam de um grupo de percussão para tocar o samba. Os instrumentos apresentados a seguir e os ritmos escritos para eles referem-se às escolas de hoje, e não às do tempo de sua invenção.

derived from the ranchos. The difference was in the music that accompanied the two kinds of groups: while the ranchos used an orchestra of wind instruments to play its marches, the samba schools favored percussion instruments to play its sambas. The instruments and rhythms discussed in this section describe way the samba schools perform today and not the older style of playing at time of their origin.

▪ Surdos

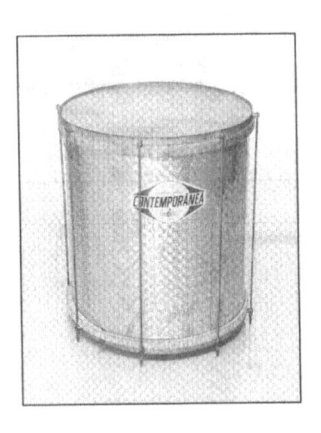

Os surdos, na bateria das escolas de samba, têm a função de sustentar o andamento, marcando o ritmo com precisão. Eles são divididos em três categorias: surdo de primeira, surdo de segunda e surdo de corte.

The surdos in the drum ensemble of the samba schools have the function of sustaining the tempo and marking the rhythm with precision. The instruments come in three types: surdo de primeira (first surdo), surdo de segunda (second surdo), and surdo de corte (cutting surdo).

1. Surdos de marcação

Sabemos que o samba é um ritmo binário com acentuação no segundo tempo. O surdo de primeira recebe esta denominação por ser o responsável pela marcação da nota de apoio do compasso, não por tocar o primeiro tempo. Esta é a obrigação do surdo de segunda. Por exercerem estas funções é que ambos são chamados de surdos de marcação. Quanto à afinação, de um modo geral o surdo de primeira tem um registro mais grave que o surdo de segunda, sendo exceção a escola de samba Unidos de Vila Isabel, que faz uma inversão destes registros afinando o surdo de primeira mais agudo que o de segunda.

1. Marking surdos

The samba is a binary rhythm that emphasizes the second beat of each measure. The surdo de primeira is given this name because it is responsible for marking the main beat (the second) of the rhythm, not because it plays on the first beat (this is the function of the second surdo). Both of these surdos are classified as "marking" surdos because they mark the main pulses of the rhythm. As to the tuning of the drums, in general the first surdo is tuned to a lower pitch than the second surdo. The exception to this is in the Unidos de Vila Isabel samba school where this relationship is reversed.

mão •
baqueta •

hand •
mallet •

surdo de segunda
second surdos

surdo de primeira
first surdos

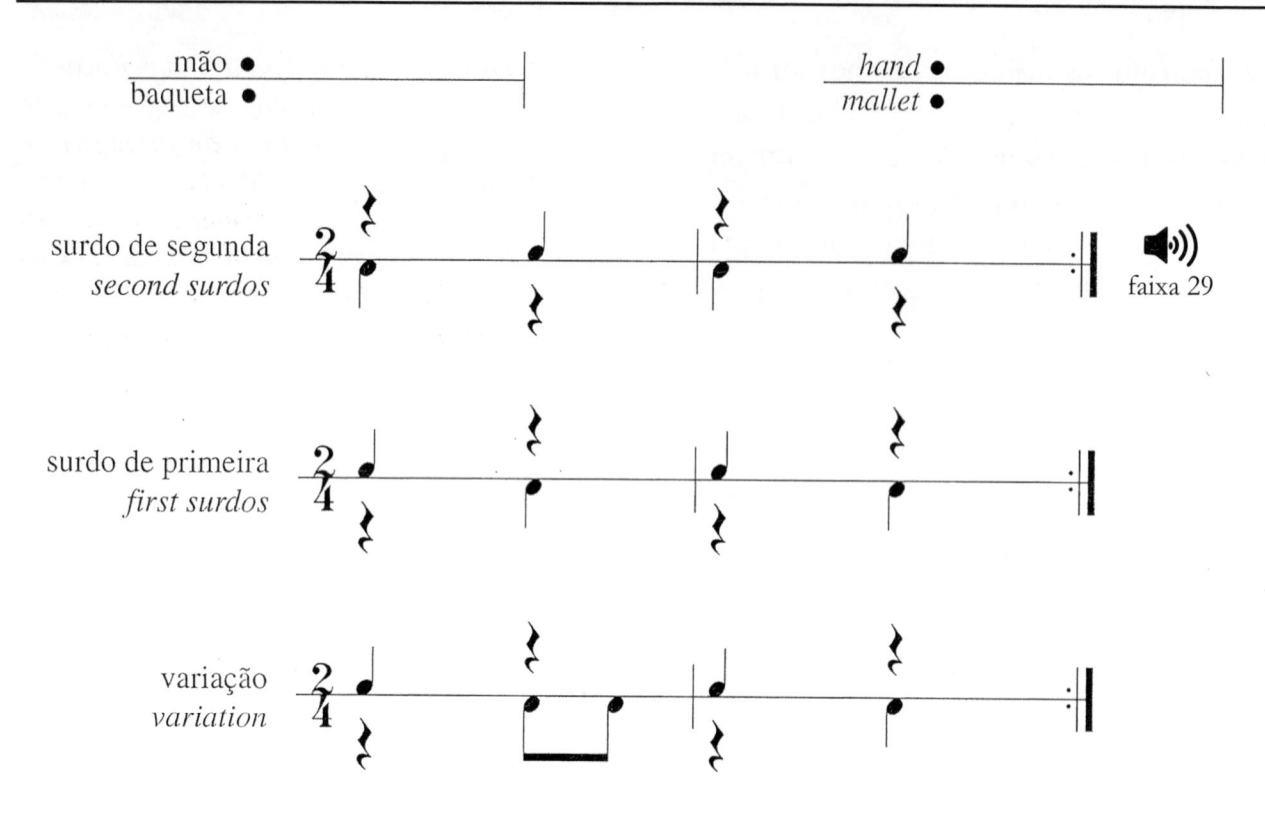

variação
variation

faixa 29

2. Surdo de corte

Outro instrumento do naipe de surdos é o surdo de corte. Chamado também de cortador ou surdo de terceira, ele tem a função de quebrar a rigidez dos surdos de marcação com frases rítmicas variadas. É afinado numa altura determinada entre os surdos de primeira e de segunda.

2. Cutting surdo

Another class of surdos is the surdo de corte (cutting surdo). Also called surdo de terceira (third surdo), these surdos have the function of breaking up the rigid phrases of the marking surdos with rhythmic variations. The cutting surdo is tuned to an intermediate pitch between the first and second surdos.

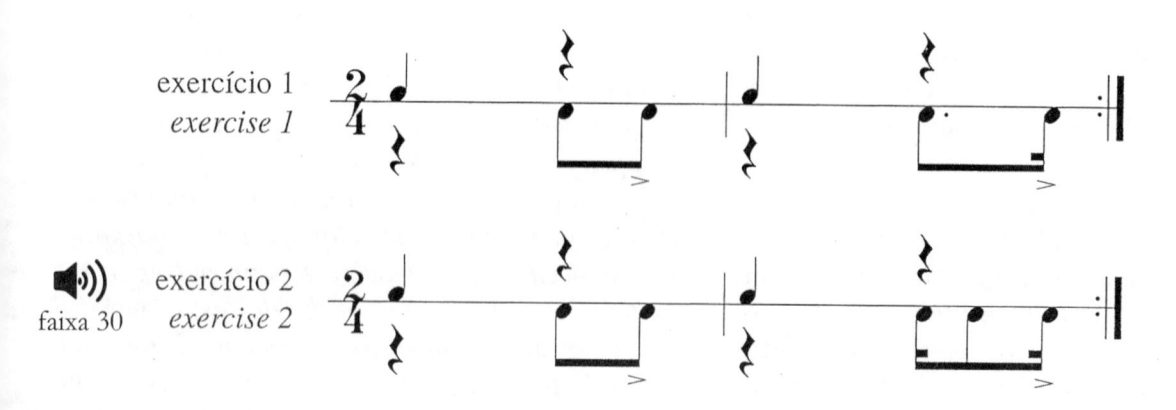

exercício 1
exercise 1

faixa 30
exercício 2
exercise 2

exercício 3 / exercise 3

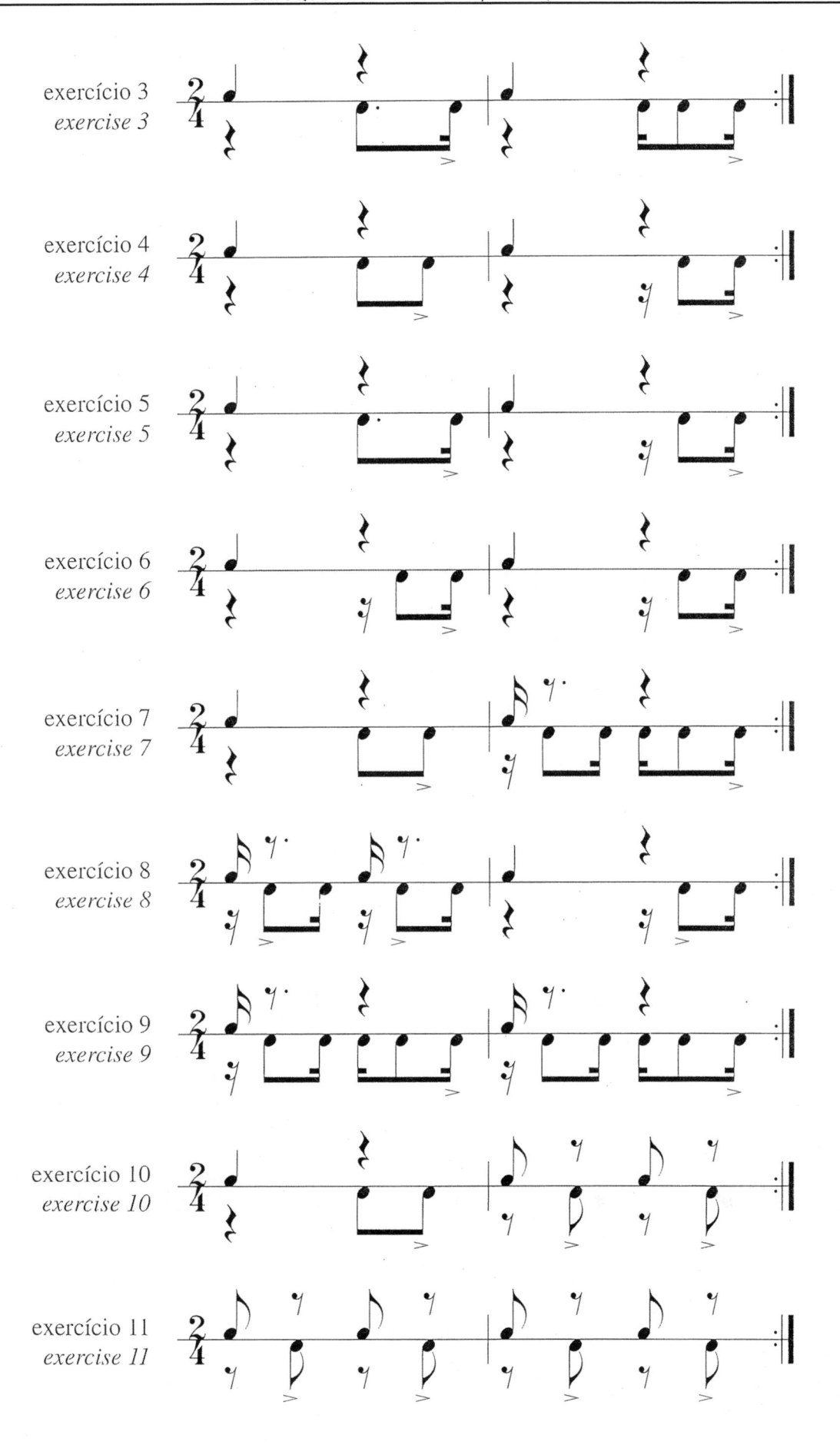

exercício 4 / exercise 4

exercício 5 / exercise 5

exercício 6 / exercise 6

exercício 7 / exercise 7

exercício 8 / exercise 8

exercício 9 / exercise 9

exercício 10 / exercise 10

exercício 11 / exercise 11

3. A marcação da Mangueira

Tradicional agremiação do Rio de Janeiro, a Estação Primeira de Mangueira possui a bateria mais original dos desfiles das escolas de samba. Isto porque a sua maneira de marcar o ritmo difere das demais: os surdos tocam todos no segundo tempo e são divididos em duas categorias: os surdos de marcação (maiores) – que tocam sempre e apenas no segundo tempo – e os surdos-mor (menores), que, além desta função, têm a liberdade de cortar o ritmo com pequenas variações.

3. Mangueira's marking rhythm

The very venerable samba school Estação Primeira de Mangueira, has the most original drum ensemble in Rio de Janeiro's carnival. This is because its style of marking the rhythm differs from the rest. Mangueira's surdos all emphasize the second beat and are divided into two categories: 1) marking surdos (larger drums) that play exclusively and without elaboration on the second beat, and 2) surdos-mor (smaller drums) that cut into the rhythm with small variations.

surdo-mor

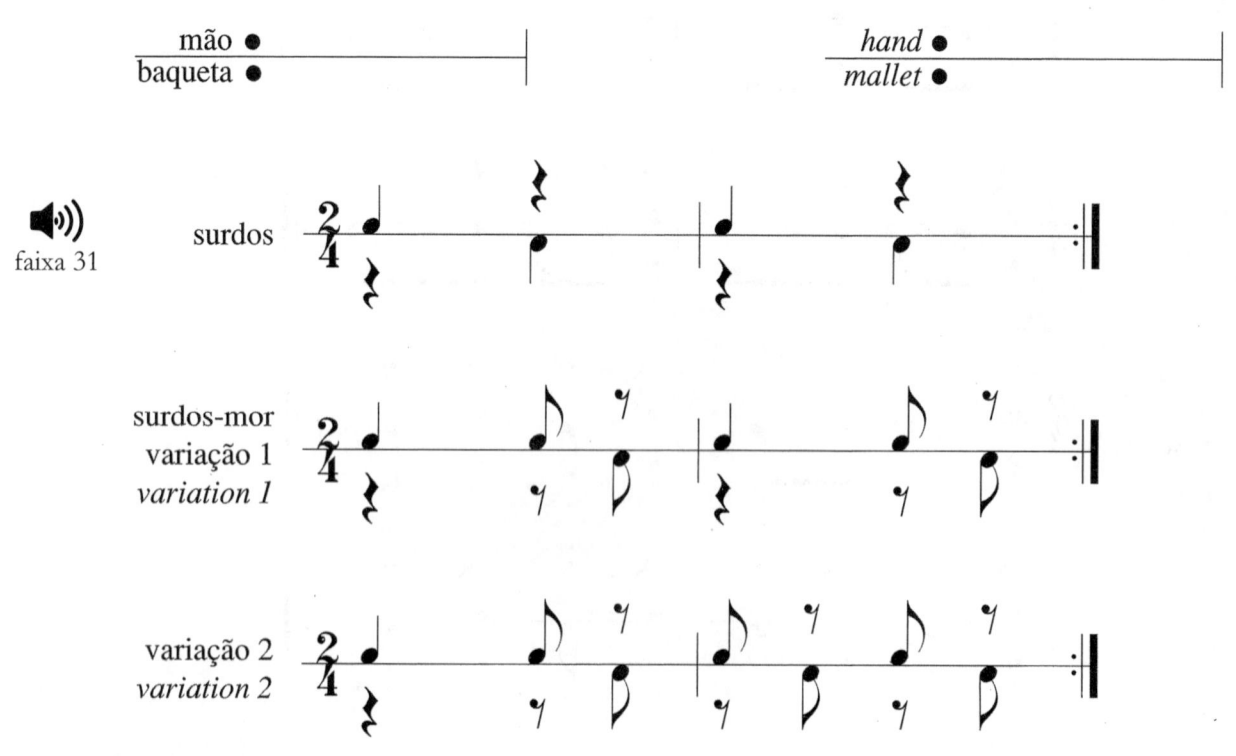

| mão ● | *hand* ● |
| baqueta ● | *mallet* ● |

faixa 31

surdos

surdos-mor
variação 1
variation 1

variação 2
variation 2

▪ Caixa

A caixa é um pequeno tambor de metal com peles sintéticas em ambos os lados. Na parte de baixo é estendida uma esteira, que lhe dá o som característico. Denominada também caixa de guerra, ela é percutida com duas baquetas de madeira. Os exercícios seguintes apresentam alguns padrões de ritmo usados pelas baterias das escolas de samba. É importante obedecer à manulação (d = mão direita, e = mão esquerda) e às acentuações aqui descritas. A semicolcheia com traços na haste indica pressão sobre a pele, produzindo um toque múltiplo. Não há, aqui, a intenção de identificar as características peculiares de cada escola de samba. Os desenhos rítmicos encontrados a seguir são comuns e podem ser aplicados tanto na bateria das escolas quanto na dos blocos carnavalescos.

The caixa (snare drum) is a small metal drum with synthetic skins on both sides. Stretched over the bottom skin is an course of metal strands that gives the instruments its characteristic sound. Also called caixa de guerra (war drum), it is played with two wooden sticks. The following exercises present some of the typical rhythmic schemes used in the drum ensemble of the samba schools. It is important to follow the hand sequences (d = right hand, e = left hand) as well as the accents as written. The sixteenth notes with slashes on the stem indicate a pressed stroke with multiple bounces. This section does not identify the particular performance characteristics of individual samba schools. Rather, the rhythmic designs presented are general and can be applied to either samba school-style drumming or to the drumming that accompanies other carnival groups.

🔊 faixa 32 — exercício 1 / *exercise 1*

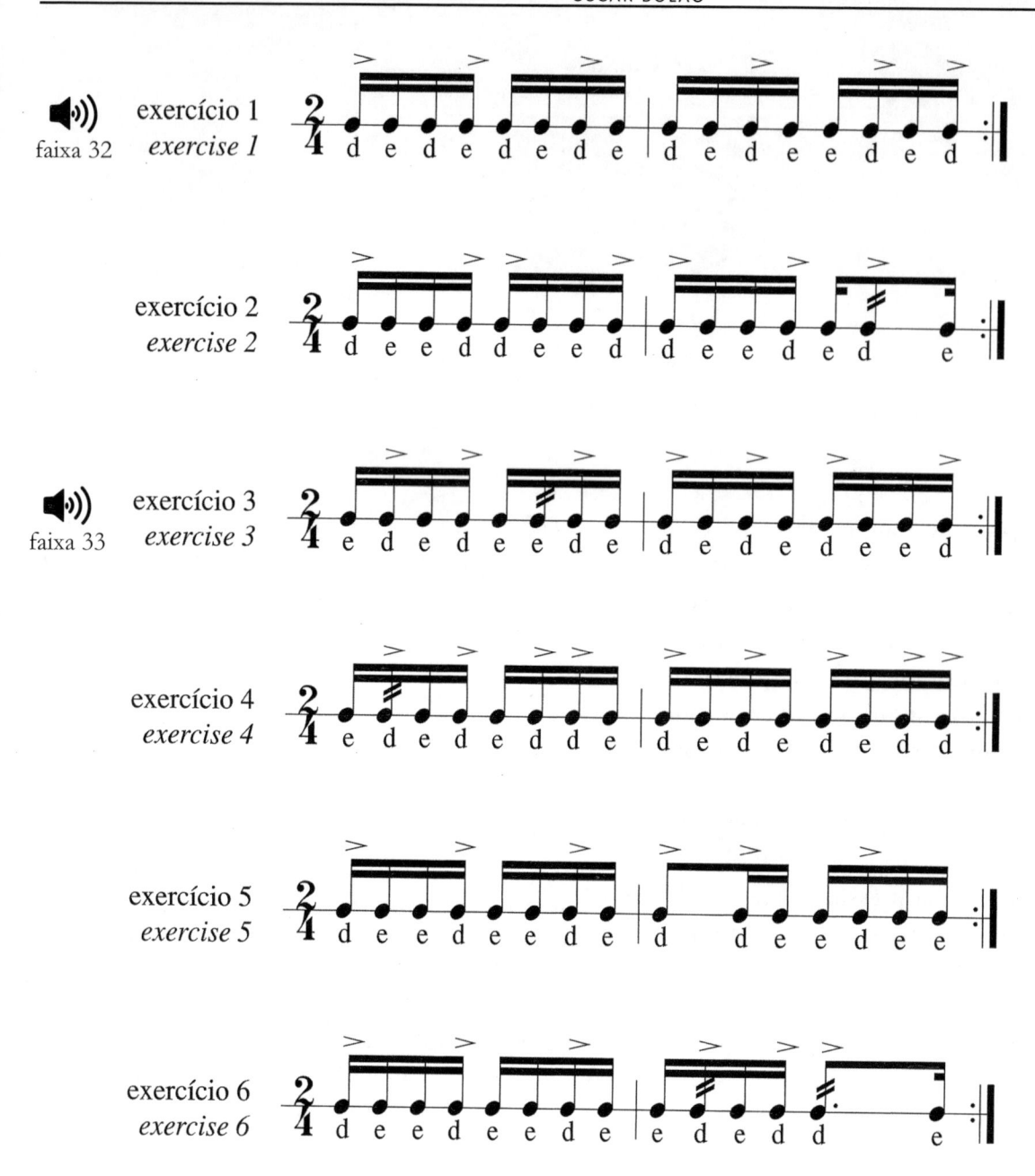

🔊 exercício 2 / *exercise 2*

🔊 faixa 33 — exercício 3 / *exercise 3*

exercício 4 / *exercise 4*

exercício 5 / *exercise 5*

exercício 6 / *exercise 6*

- Tarol

O tarol é um tambor de metal mais estreito que a caixa. Possui, como esta, peles sintéticas nos dois lados e esteira, diferindo, porém, no fraseado rítmico e na maneira de tocar. Enquanto a caixa se caracteriza pelos floreios e improvisos, o tarol é um instrumento de sustentação do ritmo. Abaixo apresentamos alguns ostinatos aplicados ao samba e que são executados com toques alternados (d-e-d-e).

The tarol is a thinner version of the caixa and has synthetic skins on both sides and a course of metal strands. It differs from the caixa in the rhythmic patterns and in the way that it is played. While the caixa is characterized by elaborate ornaments and improvisation, the tarol sustains the rhythm in a simpler manner. Below are given a few ostinato patterns for the samba and should be played with and alternating hand sequence (r-l-r-l).

exercício 1 / *exercise 1*

exercício 2 / *exercise 2*

exercício 3 / *exercise 3*

exercício 4 / *exercise 4*

exercício 5 / exercise 5

exercício 6 / exercise 6

- Repique

O repique é um tambor de afinação aguda, de peles sintéticas, tocado com apenas uma baqueta e a mão. Recebe outros nomes, como repicado ou repinique, e, assim como a caixa, é um instrumento solista cuja capacidade de improvisação do executante é essencial. Ao toque executado na borda do instrumento chamaremos BORDA e ao feito no aro, produzindo um som estalado, ARO. A mão, usada para complementar o ritmo, receberá a designação de MÃO. A colcheia com dois traços indica um toque múltiplo.

The repique is a high pitched drum with synthetic skins played with one stick and one hand. It is also given other names like repicado or repinique, and, like the caixa, is a soloing instrument where capacity of the drummer to improvise is essential. In the exercised, the stroke executed near the edge of the skin is designated EDGE and the stroke played on the rim, producing a sharp sound, will be called RIM. The hand, used to complement the rhythm, is designated HAND. The eight note with slashes through the stem indicate a multiple bounce stroke.

BATUQUE É UM PRIVILÉGIO / *BATUQUE IS A PRIVILEGE*

exercício 1 / *exercise 1*

faixa 34 — exercício 2 / *exercise 2*

exercício 3 / *exercise 3*

exercício 4 / *exercise 4*

exercício 5 / *exercise 5*

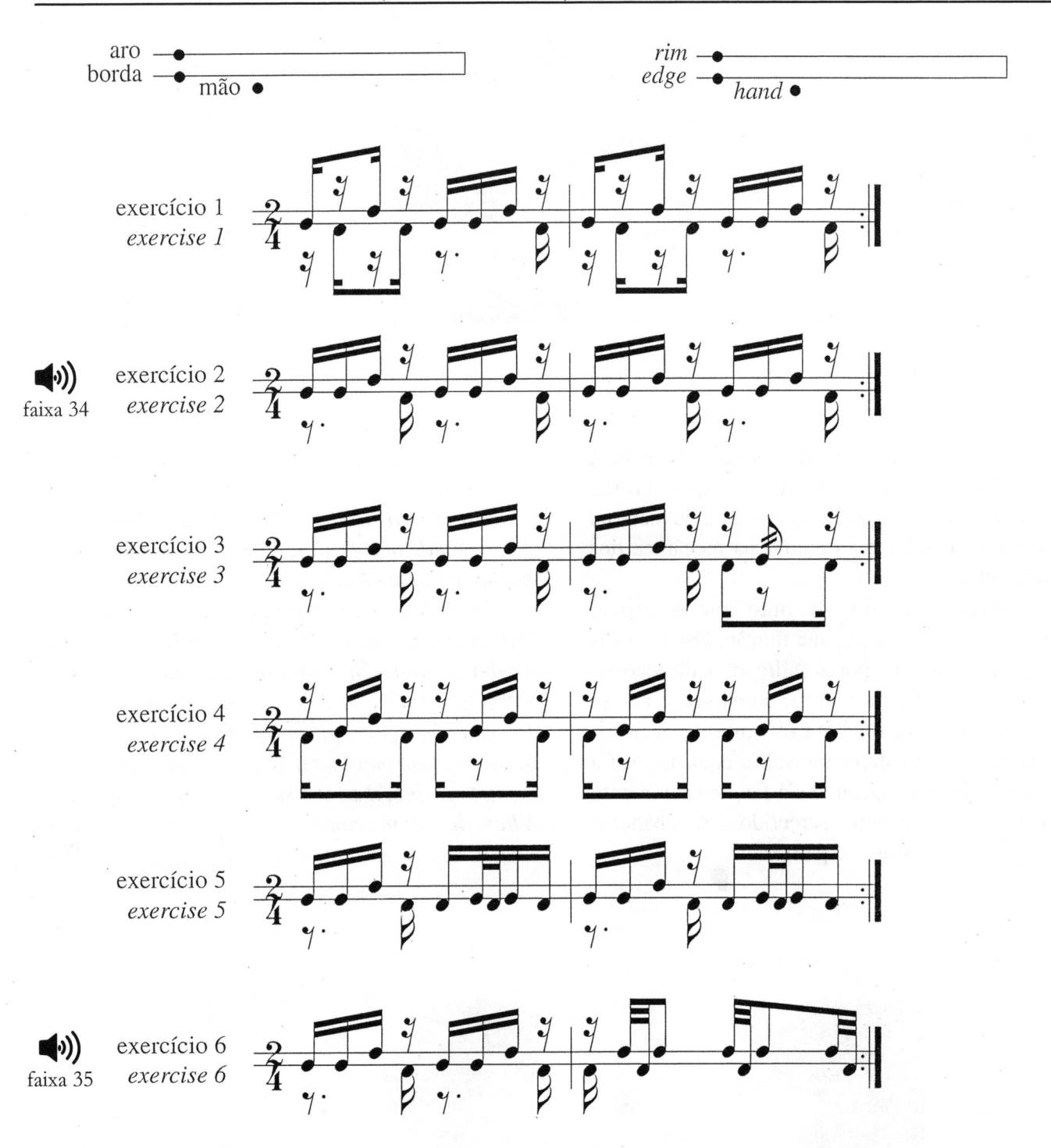

faixa 35 — exercício 6 / *exercise 6*

Toque o exercício 2 sem repetição e passe para o exercício 7, como se fosse uma frase de quatro compassos. Repita este movimento indefinidamente.

Play exercise 2 without repetition and then go immediately to exercise 7, making a four measure phrase. Keep repeating this four measure phrase indefinitely.

exercício 7 / *exercise 7*

▪ Tamborim

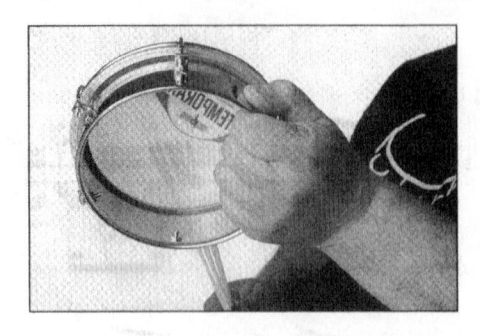

O tamborim da bateria das escolas de samba é tocado de modo diferente do que vimos anteriormente. A baqueta usada é feita de material plástico e flexível, para ajudar na mecânica dos movimentos.

O dedo indicador da mão que segura o instrumento perde, aqui, sua função. Os símbolos colocados sobre as notas indicam a direção da mão, para baixo e para cima, como no pandeiro, descrevendo um curto movimento circular. Enquanto a mão estiver imóvel, a baqueta toca a pele normalmente. Quando ela fizer o movimento para baixo, o tamborim é percutido, com a baqueta voltando ao seu ponto de partida.

The tamborim in the drum ensemble of the samba schools is played with a different technique than the one described earlier. The stick is made of a flexible plastic, which helps the mechanics of movements.

The index finger of the hand that holds the instrument is not used in the tamborim of the samba school. The symbols placed above the notes indicate the direction of motion of the hand, down and up, like the pandeiro, describing a short circular motion. When the hand and drum are not moving, the stick strikes the skin normally. When the tamborim is moving downward, the stick is moving upward as it strikes the skin.

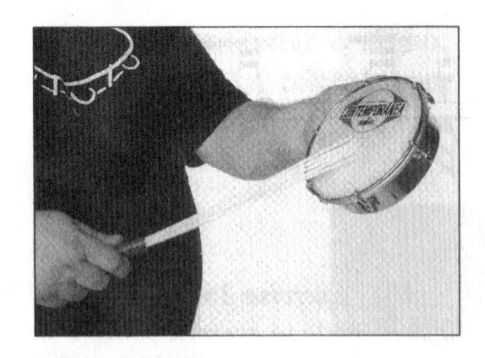

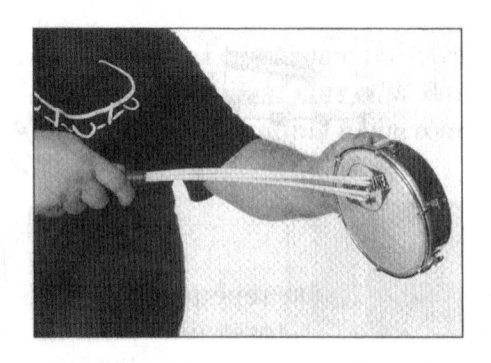

⊓ = movimentos para baixo
V = movimentos para cima

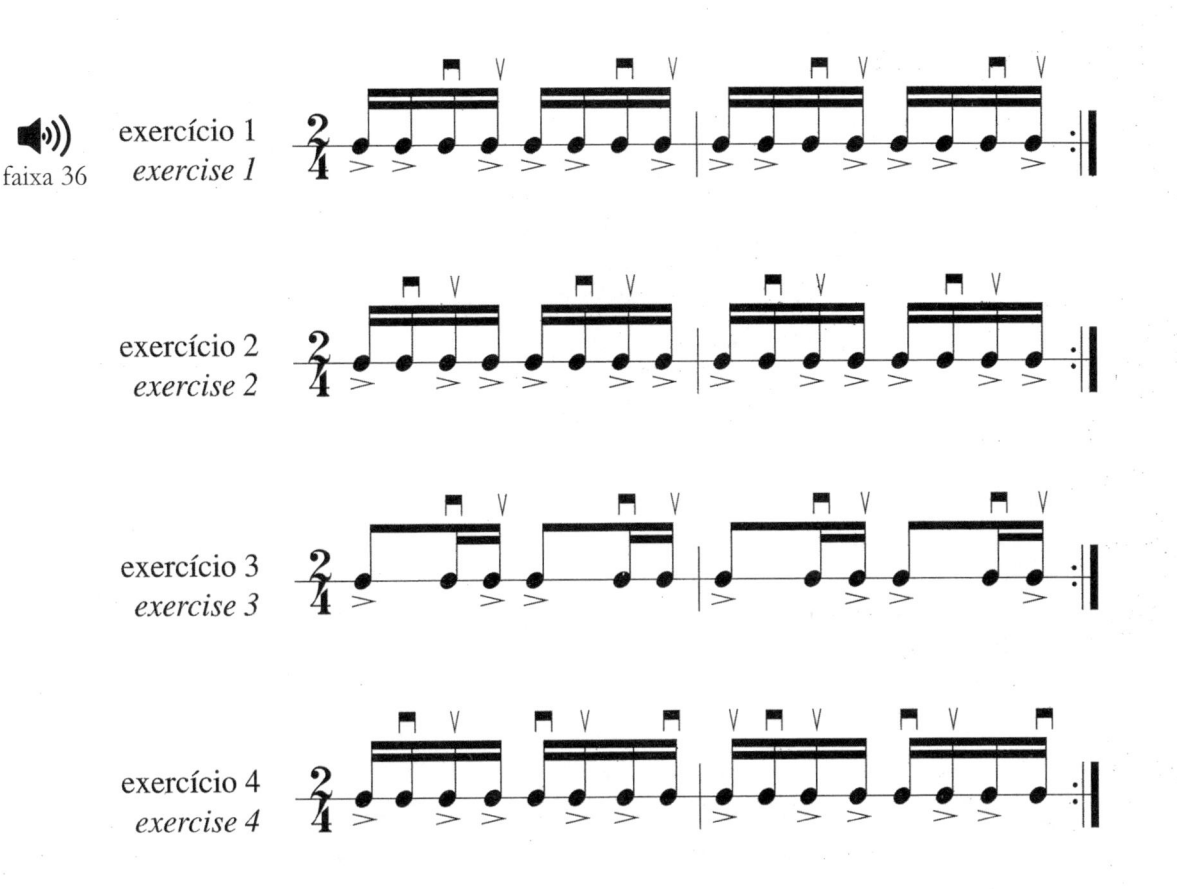

⊓ = *downward movement*
V = *upward movement*

faixa 36 — exercício 1 / *exercise 1*

exercício 2 / *exercise 2*

exercício 3 / *exercise 3*

exercício 4 / *exercise 4*

▪ Chocalho

O chocalho é um instrumento que também aparece em vários estilos de música popular no Brasil. Ele é encontrado em muitas formas e tamanhos e é feito de materiais diversos. O mais comum, usado nas escolas de samba, é feito de

The chocalho is an instrument that also is found in various styles of Brazilian popular music and comes in many different shapes and sizes made of diverse materials. The most common, used in the samba schools, is made of metal discs

platinelas presas a uma armação de metal. O movimento de dentro para fora é feito a partir do corpo do instrumentista e o movimento contrário é feito em direção ao seu corpo.

jingles secured to a metal frame. The "inside-out" movement is started next to the body of the performer and the "outside-in" movement starts away from the body and moves inward.

⊓ = movimentos de fora para dentro
V = movimentos de dentro para fora

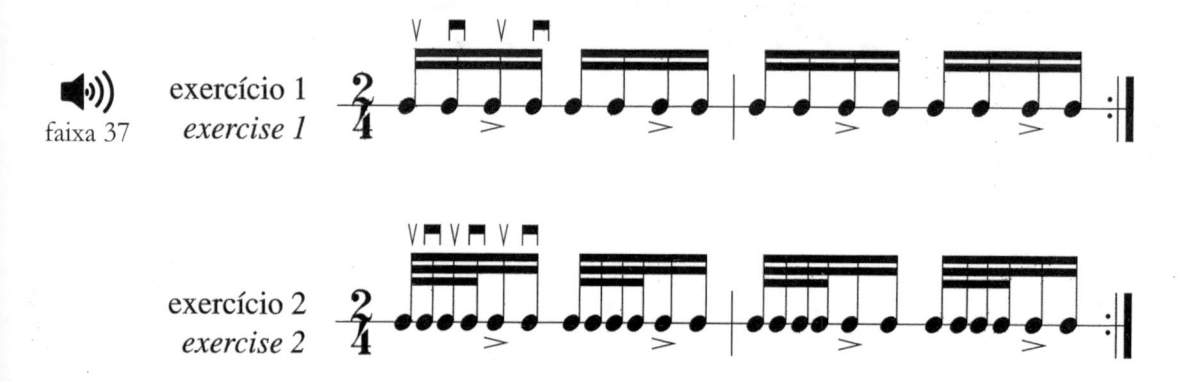

⊓ = *outside-in movement*
V = *inside-out movement*

faixa 37 — exercício 1 / *exercise 1*

exercício 2 / *exercise 2*

Dentro da bateria das escolas de samba encontram-se também a cuíca, o agogô e o reco-reco de mola já vistos anteriormente.

In the drum ensemble of the samba schools is also found the cuíca, agogô, and reco-reco that were described earlier.

▪ Preparações

Preparações são convenções que servem de introdução ao ritmo das escolas de samba. Estes compassos que antecedem a entrada da bateria, também denominados *chamada*, anunciam o início do canto do samba-enredo pelos participantes do desfile. A colcheia com dois traços indica um toque múltiplo.

▪ *Beginnings*

Preparações (literally "preparations") are conventionalized patterns that serve as introductions to the rhythms of the samba schools. These cadences that come before the entrance of the entire drum ensemble, are also referred to as chamadas (calls). The eighth notes with slashes through the stem indicate a multiple bounce stroke.

Exemplo 1
Example 1

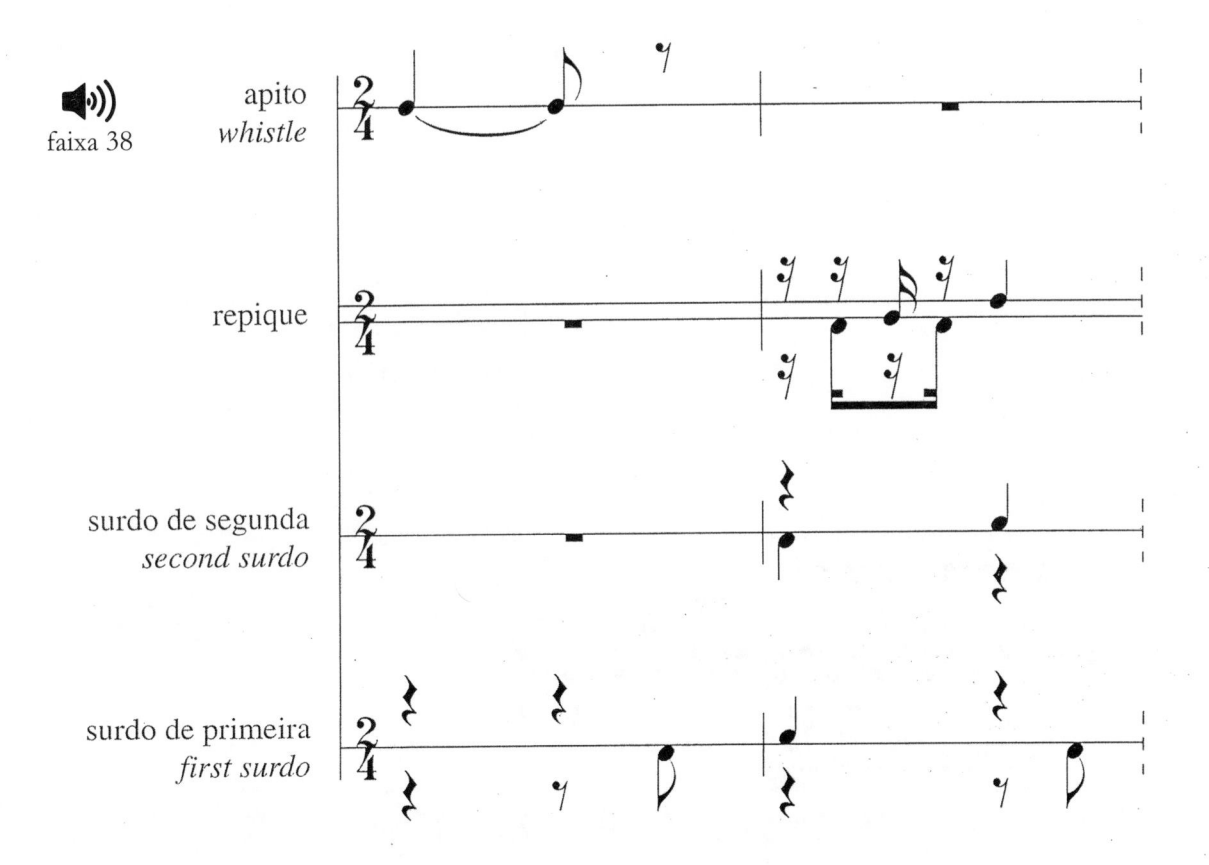

faixa 38

Exemplo 2
Example 2

Exemplo 3
Example 3

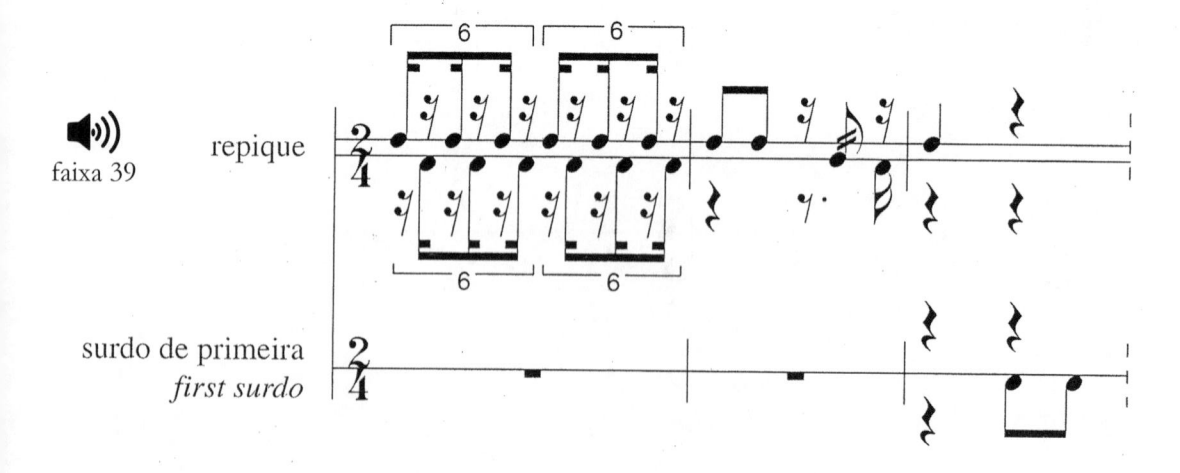

faixa 39

- Finalização

Para finalizar o ritmo da bateria, usa-se uma convenção que é, geralmente, executada pelo repique. Atendendo a um comando do mestre de bateria – que pode ser um gesto ou até mesmo o apito –, o repique anuncia o término do samba.

- *Ending*

To end the rhythm of the drum ensemble, conventional cues normally are played on the repique. Watching for the signal from the mestre de bateria (leader of the drum ensemble) – which can be a hand gesture or a whistle blow, the ripique announces the end of the samba.

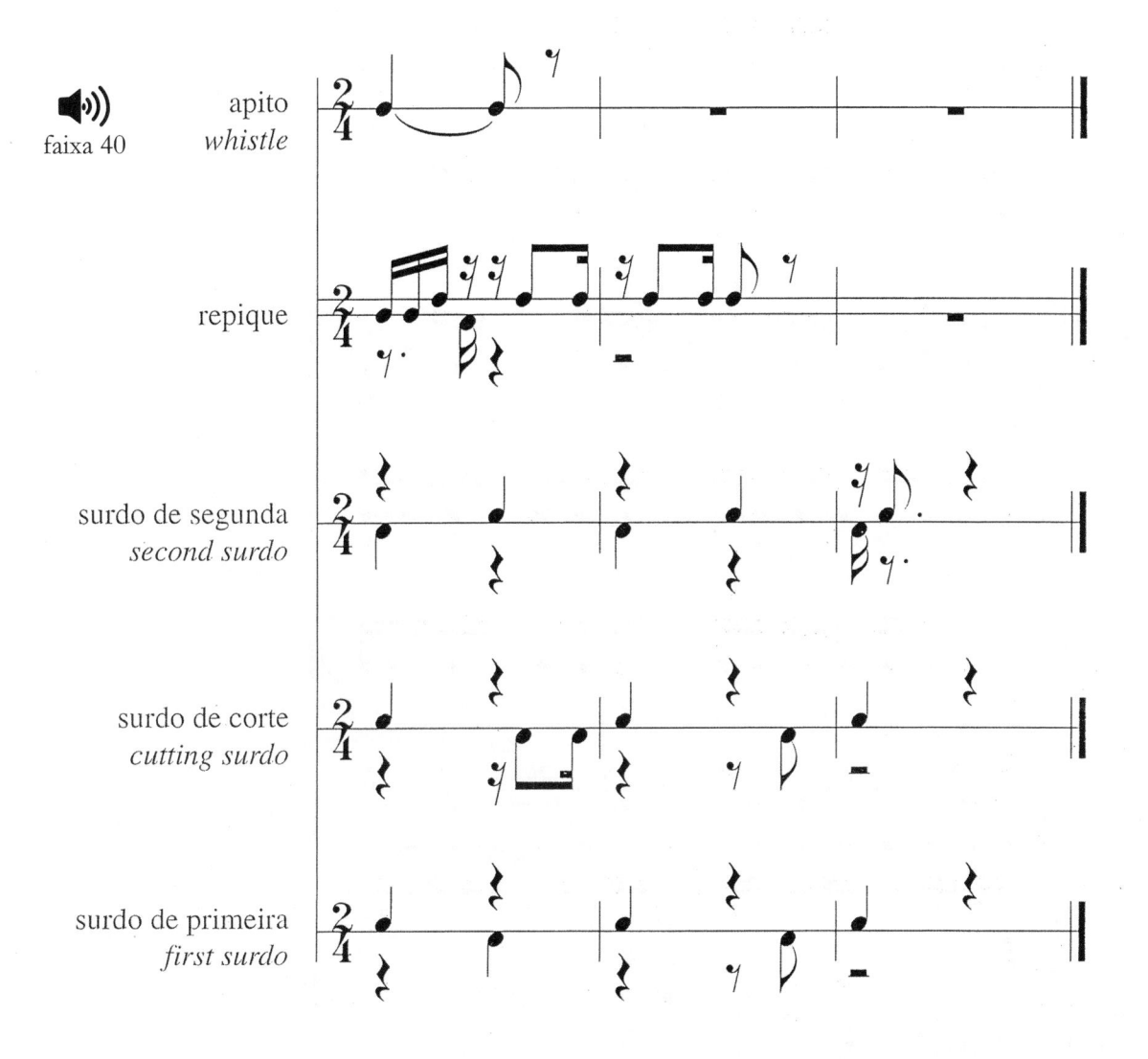

faixa 40

O ritmo básico das escolas de samba

The basic rhythm of the samba schools

faixa 41

1.5 A bateria no samba

Tudo que foi visto até aqui aplicaremos, agora, à bateria. O baterista deve pensar na percussão e transportar suas fórmulas rítmicas para o seu instrumento.

- Bumbo

Os exercícios iniciais são preparatórios e têm a finalidade de desenvolver o controle do pedal do bumbo. Os símbolos sob as notas determinam os sons fechado e aberto – o que torna fundamental a questão da afinação.

+ = som fechado
o = som aberto

O bumbo assume as funções do surdo e, para tanto, é preciso deixá-lo soar. Com a pele muito abafada ele perde ressonância, impedindo que se alcance o resultado desejado. Usando a ponta do pé, exerça pressão sobre a membrana, evitando o rebote da maceta. O efeito de som fechado é conseguido deixando-se a maceta colada à pele no momento do toque.

1.5 *The drum set in samba*

Everything that has been described thus far in this book will now be applied to the drum set. The drummer should be thinking about the original percussion and transfer their rhythmic formulas to the drum set.

- *Bass drum*

The initial exercises are warm-ups and should help develop pedal control. The symbols under the note heads indicate closed and open sounds – making the proper tuning fundamental.

+ = *closed sound*
o = *open sound*

The bass drum takes the function of the surdo and, as such, needs to be resonant. With a very muffled skin it looses its resonance and impedes the desired result. Using the tip of the toes, apply pressure on the drum skin, without allowing the mallet head to rebound. The effect of the closed sound is achieved by letting the mallet head remain in contact with the skin at the moment it strikes.

exercício 1 / *exercise 1*

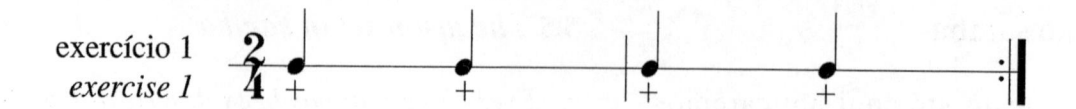

O som aberto é produzido pela maceta, que volta ao seu ponto de partida imediatamente após o toque na pele. Essa articulação é feita com a parte anterior da sola do pé próximo aos dedos.

The open sound is produced by letting the mallet rebound immediately after striking the skin. This articulation is played using the ball of the foot just below the toes.

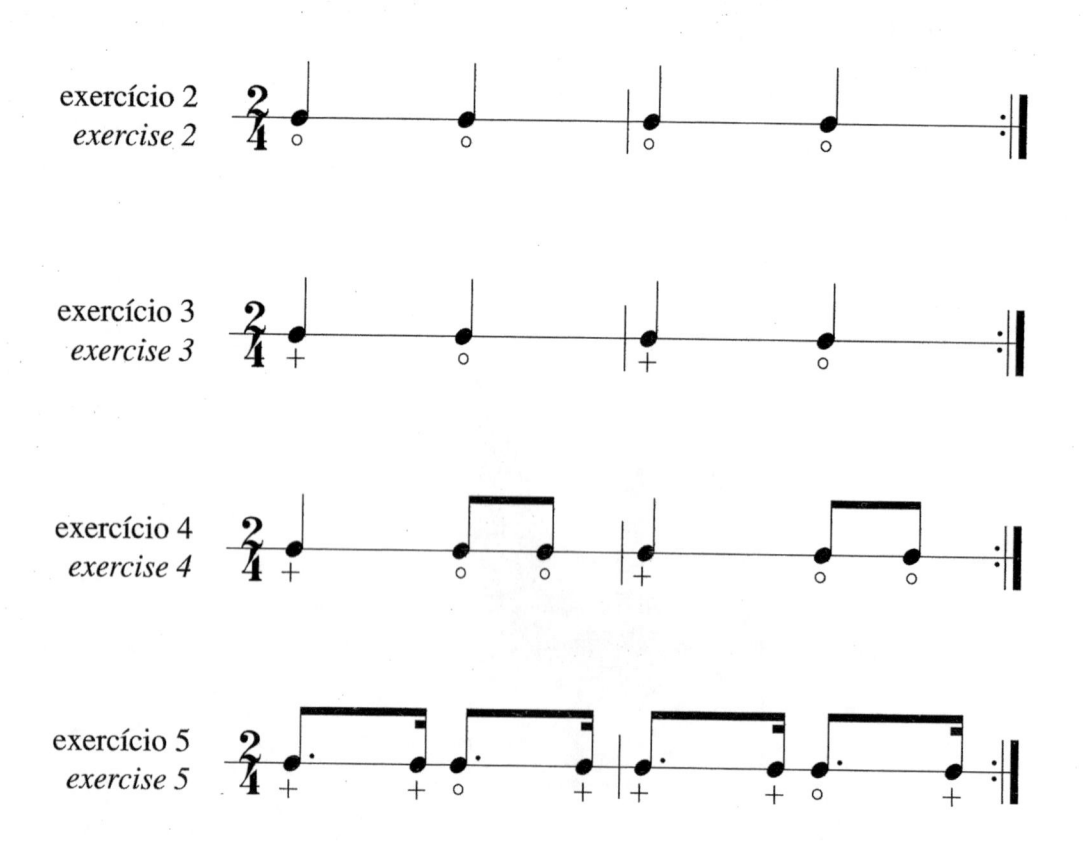

exercício 2 / *exercise 2*

exercício 3 / *exercise 3*

exercício 4 / *exercise 4*

exercício 5 / *exercise 5*

1. Apresentamos alguns módulos de ritmo para o bumbo aplicados ao samba. Execute uma frase na caixa* e pratique-os um por vez. Depois misture uns aos outros num solo longo. Sobre a linha estão as notas referentes ao hi-hat (contratempo ou chimbal), que, a partir de agora, chamaremos pratos de choque. Abaixo da linha está o bumbo. Nesta primeira fase, estudaremos os toques de som aberto.

1. A few rhythmic modules will now be presented that apply the samba to the bass drum. Play a snare phrase* with these exercises practicing each one separately. Then combine the exercises into a long solo. Written over the line are reference indications for the high-hat. Below the line is written the bass drum. In this first section we will focus on the open sound.

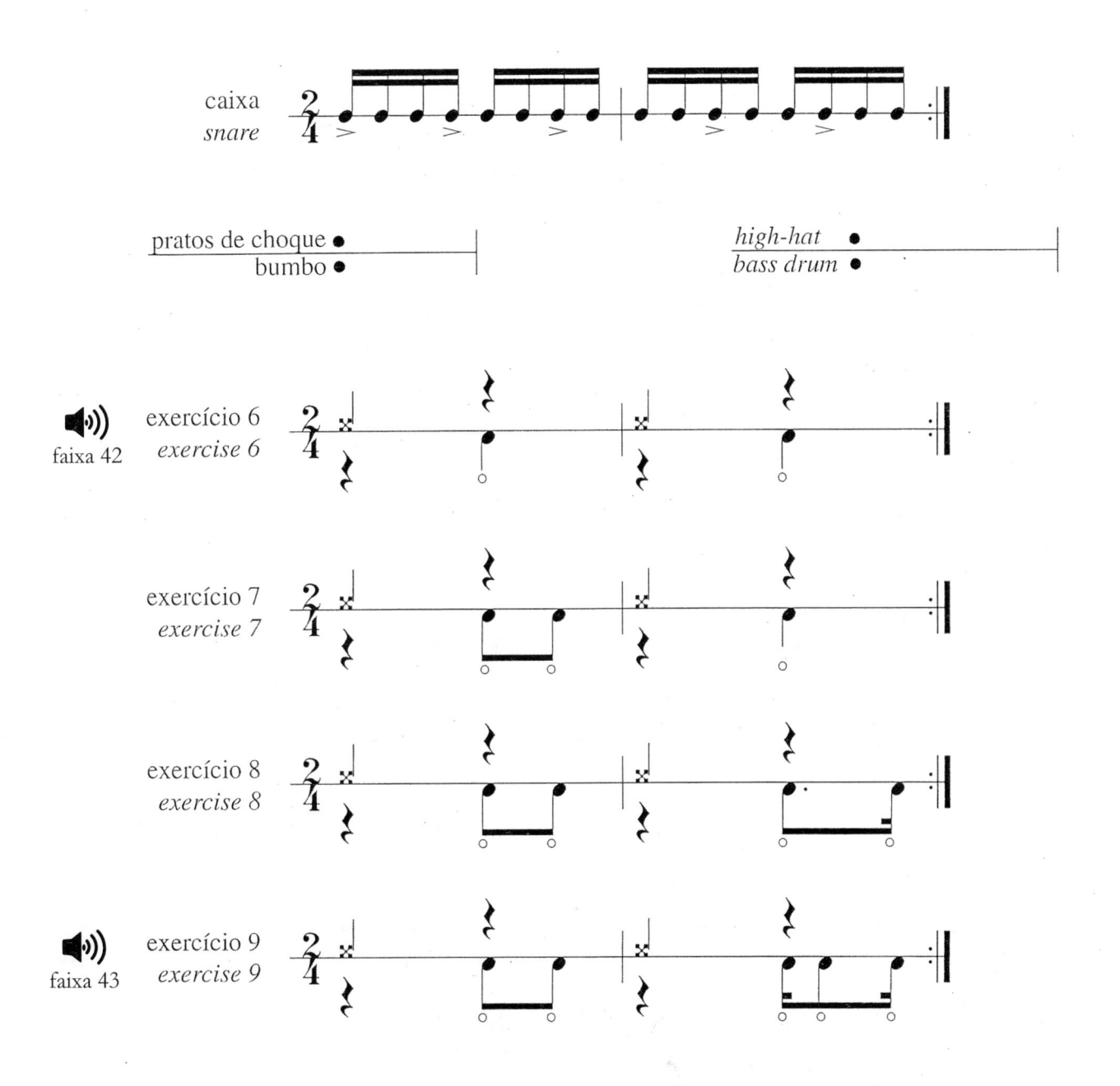

faixa 42 — exercício 6 / *exercise 6*

exercício 7 / *exercise 7*

exercício 8 / *exercise 8*

faixa 43 — exercício 9 / *exercise 9*

* Ver exercícios de caixa e tarol em "A percussão das escolas de samba".

* See the caixa and tarol exercises in the "Samba school percussion" section.

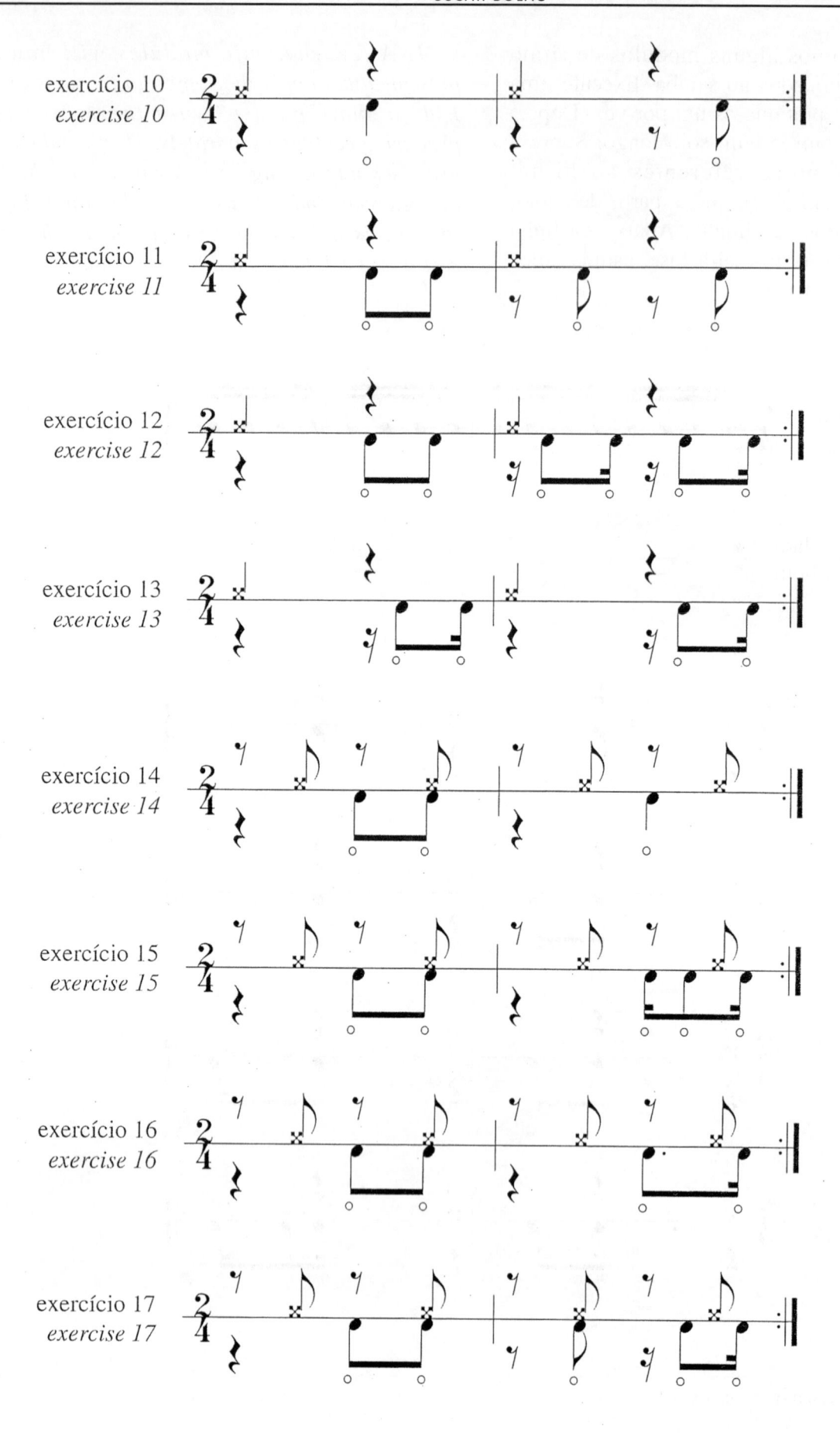

exercício 10 / exercise 10

exercício 11 / exercise 11

exercício 12 / exercise 12

exercício 13 / exercise 13

exercício 14 / exercise 14

exercício 15 / exercise 15

exercício 16 / exercise 16

exercício 17 / exercise 17

exercício 18 / exercise 18

exercício 19 / exercise 19

exercício 20 / exercise 20

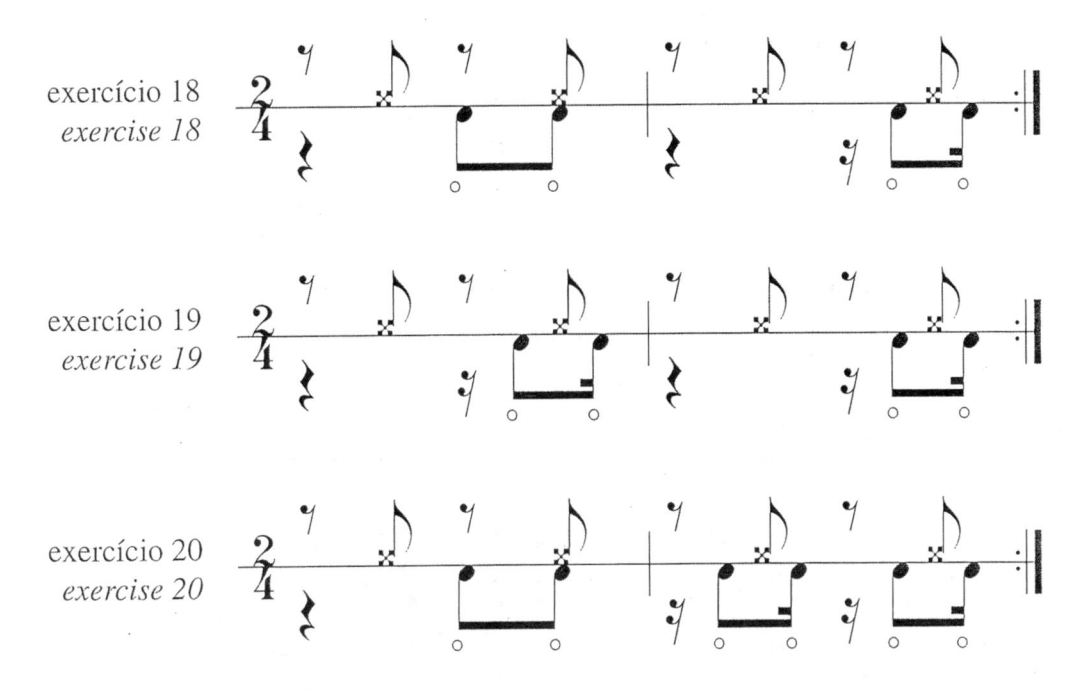

2. Estes mesmos padrões rítmicos do bumbo podem ser executados utilizando-se grupos de quatro semicolcheias ou fórmulas de tamborim em um prato de condução ou nos pratos de choque fechados. Neste caso, as frases da caixa devem ser feitas no aro.

2. These same rhythmic patterns for the bass drum can be practiced with groups of four sixteenth notes or tamborim patterns played on the ride cymbal or on the closed high-hat. In this case, the snare patterns should be played on the rim.

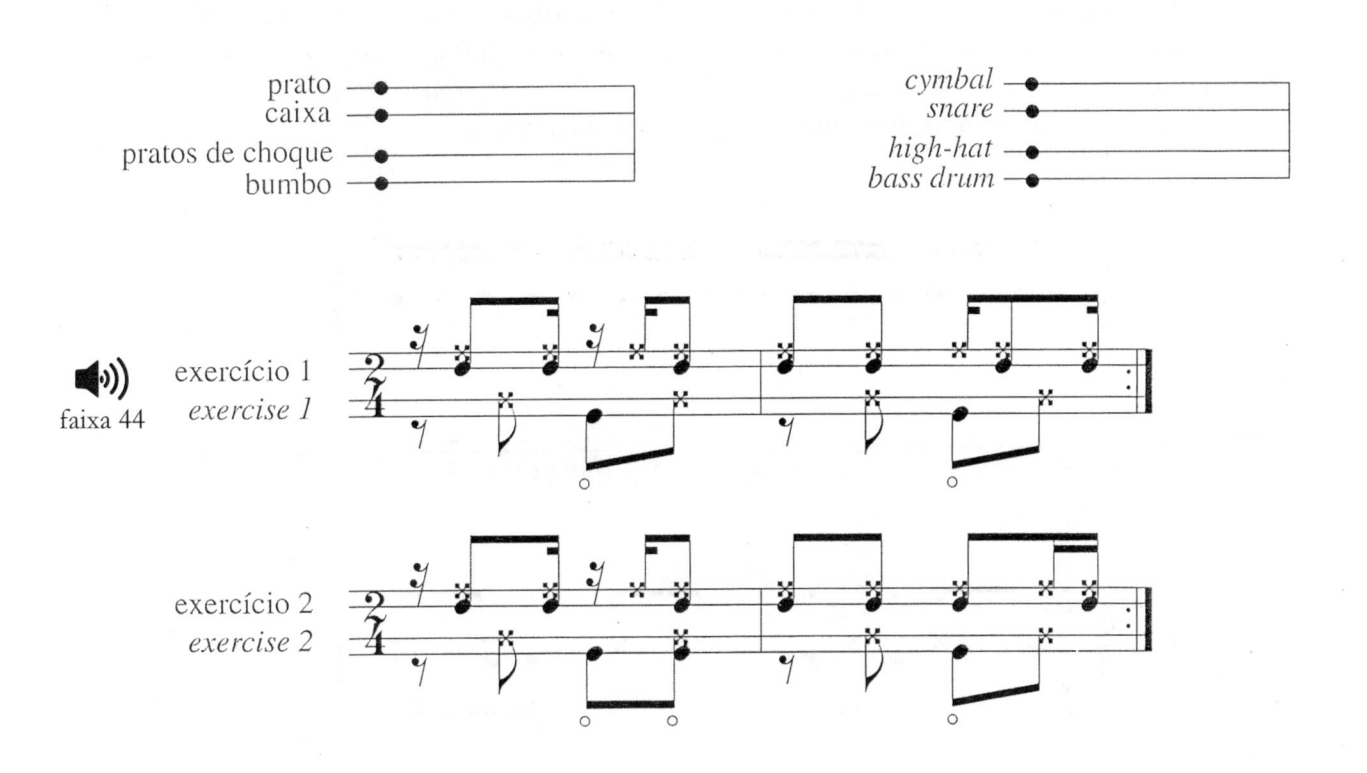

prato
caixa
pratos de choque
bumbo

cymbal
snare
high-hat
bass drum

faixa 44 — exercício 1 / exercise 1

exercício 2 / exercise 2

exercício 3 / exercise 3

exercício 4 / exercise 4

exercício 5 / exercise 5

exercício 6 / exercise 6

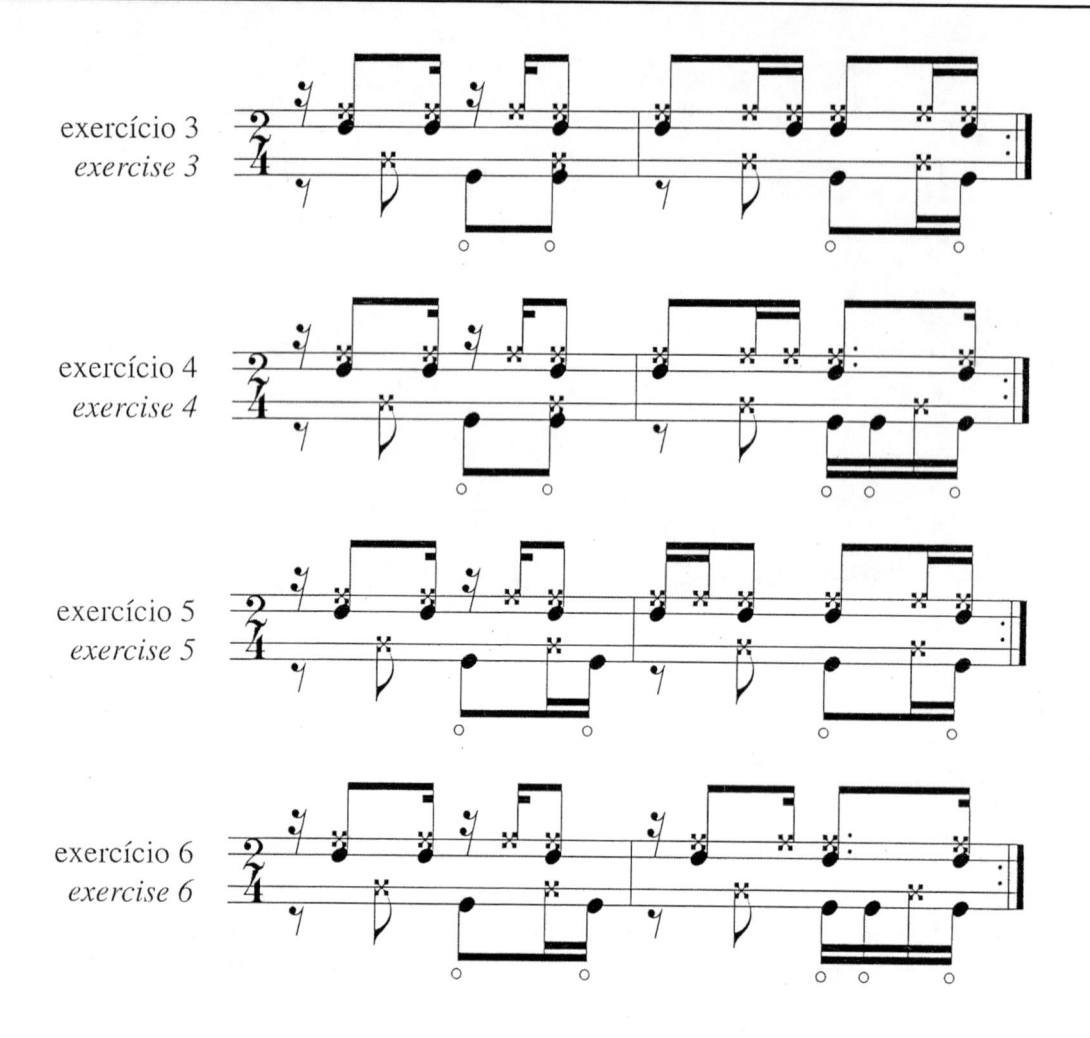

3. Frases simplificadas do tamborim também podem ser aplicadas aos pratos de choque. Da mesma forma que os estudos anteriores, faça um ritmo de samba na caixa como acompanhamento.

3. Simplified tamborim patterns can also be applied to the high hat. Using the same method as before, play a samba pattern on the snare as accompaniment.

caixa / snare

pratos de choque •
bumbo •

high-hat •
bass drum •

faixa 45 — exercício 1 / exercise 1

exercício 2 / exercise 2

exercício 3 / exercise 3

exercício 4 / exercise 4

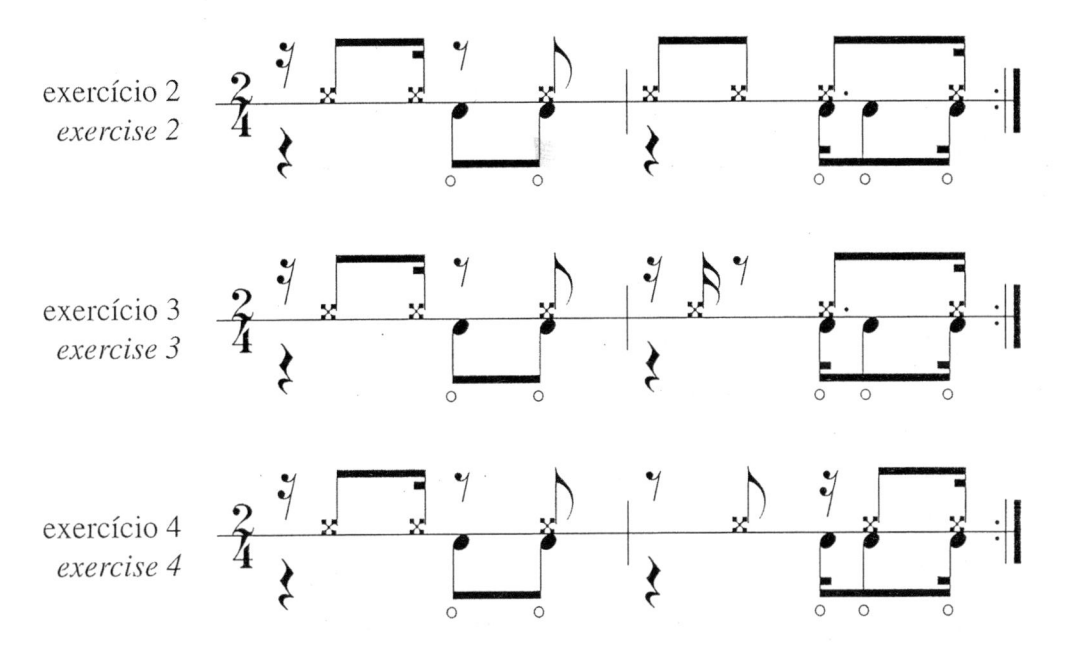

4. Incluiremos, agora, as notas que determinam o som fechado. Pratique fazendo um ritmo de samba na caixa com os exercícios do bumbo.

4. *We will now include the closed notes. Practice playing a samba rhythm on the snare together with these bass drum exercises.*

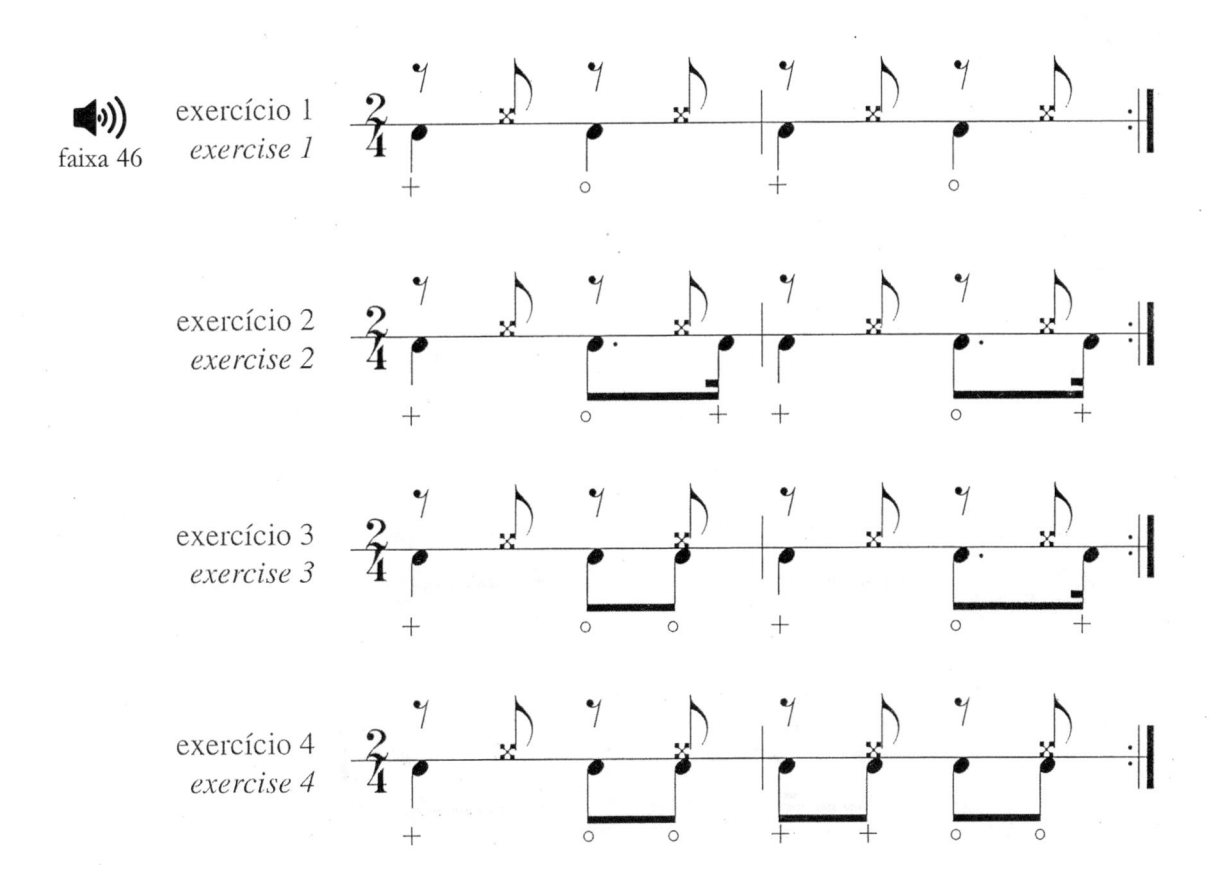

faixa 46

exercício 1 / exercise 1

exercício 2 / exercise 2

exercício 3 / exercise 3

exercício 4 / exercise 4

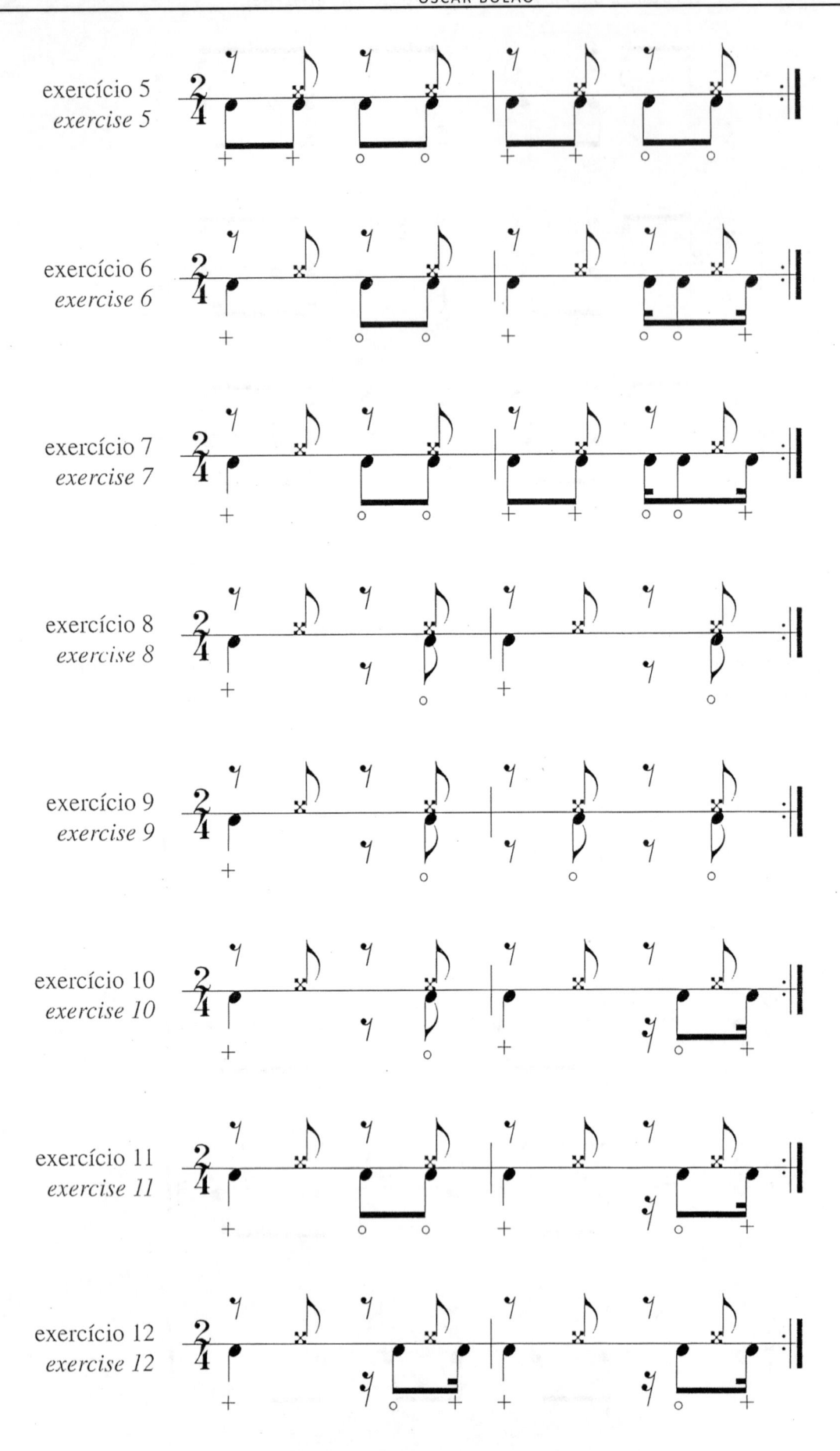

exercício 5 / exercise 5

exercício 6 / exercise 6

exercício 7 / exercise 7

exercício 8 / exercise 8

exercício 9 / exercise 9

exercício 10 / exercise 10

exercício 11 / exercise 11

exercício 12 / exercise 12

exercício 13 / exercise 13

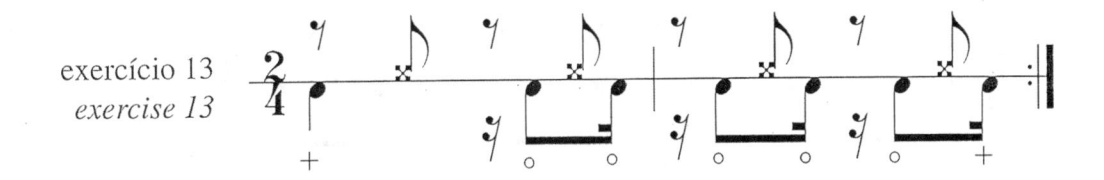

5. As fórmulas seguintes apresentam mudanças na maneira de tocar. Usaremos um prato de condução e o aro da caixa: neste, aplique frases de tamborim enquanto o prato executa, de forma linear, grupos de semicolcheias. Outro modo, também, é fazer a condução nos pratos de choque fechados.

5. *The following formulas present some modifications in playing technique. We will use the ride cymbal for a constant stream of sixteenth notes while on the rim of the snare drum are applied tamborim patterns. You may also play the ride cymbal part on a closed high hat.*

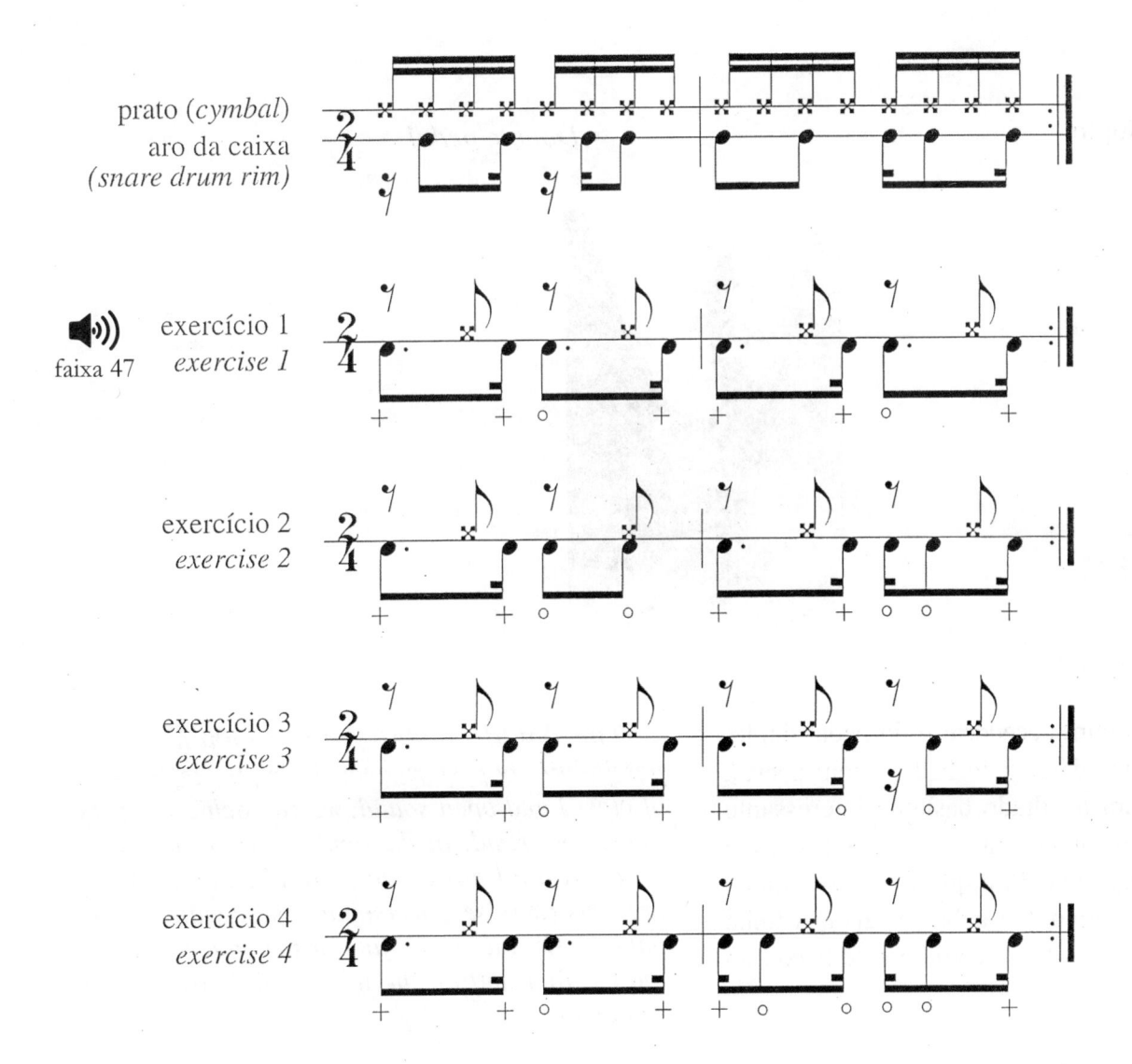

prato (*cymbal*)
aro da caixa (*snare drum rim*)

faixa 47 — exercício 1 / *exercise 1*

exercício 2 / *exercise 2*

exercício 3 / *exercise 3*

exercício 4 / *exercise 4*

exercício 5 / exercise 5

exercício 6 / exercise 6

exercício 7 / exercise 7

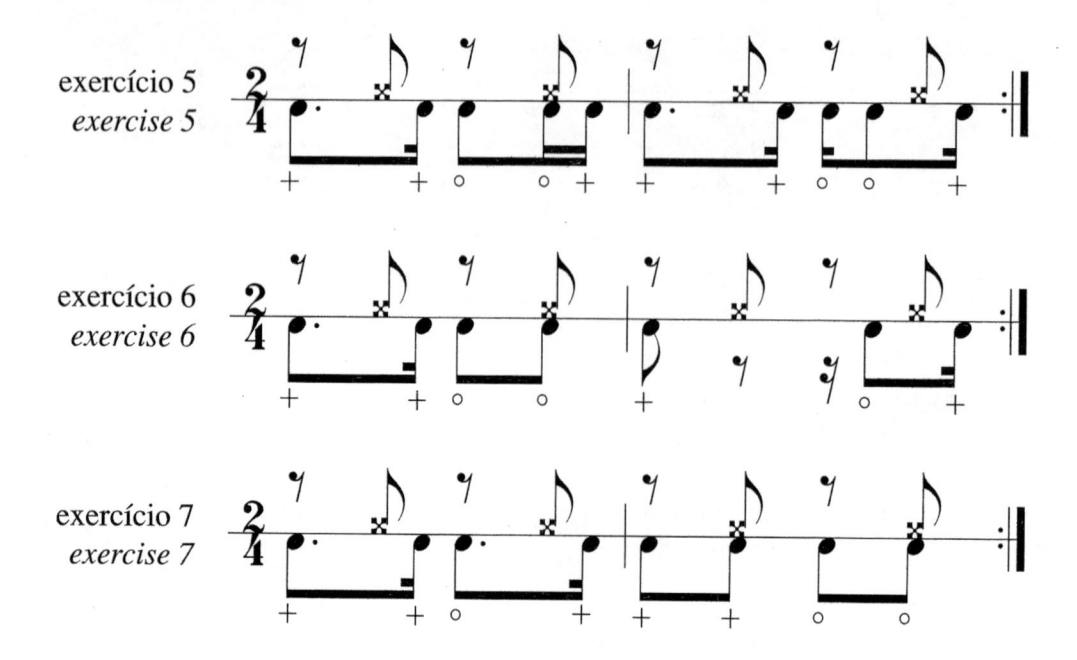

- Pedal duplo

- *Double pedal*

Um recurso enriquecedor é o do pedal duplo. Usando a técnica de som fechado e som aberto, conseguimos um resultado bastante interessante na aplicação dos fundamentos do surdo de corte e do surdo de segunda. Pratique fazendo, simultaneamente, um ritmo de samba na caixa. A linha de cima refere-se ao pé esquerdo e a de baixo, ao pé direito.

The double pedal greatly enhances the possibilities of performance. Using the techniques of closed and open sound, we can achieve a very interesting result in the application of the surdo de corte and surdo de segunda basis. As in previous exercises, accompany these with a snare pattern. On the upper line of the staff is written the left foot and on the lower line is written the right foot.

caixa / snare

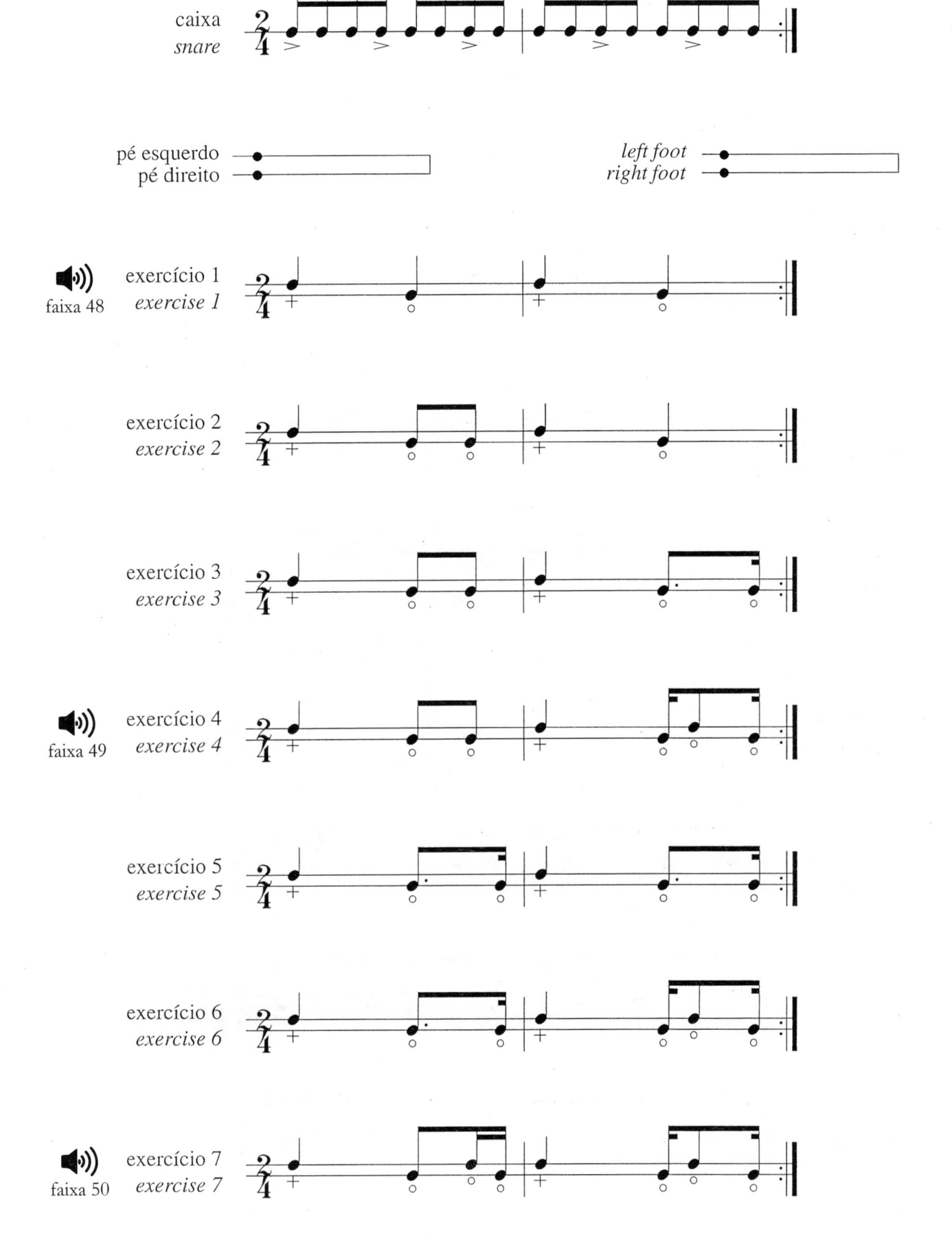

pé esquerdo / pé direito
left foot / right foot

faixa 48 — exercício 1 / exercise 1

exercício 2 / exercise 2

exercício 3 / exercise 3

faixa 49 — exercício 4 / exercise 4

exercício 5 / exercise 5

exercício 6 / exercise 6

faixa 50 — exercício 7 / exercise 7

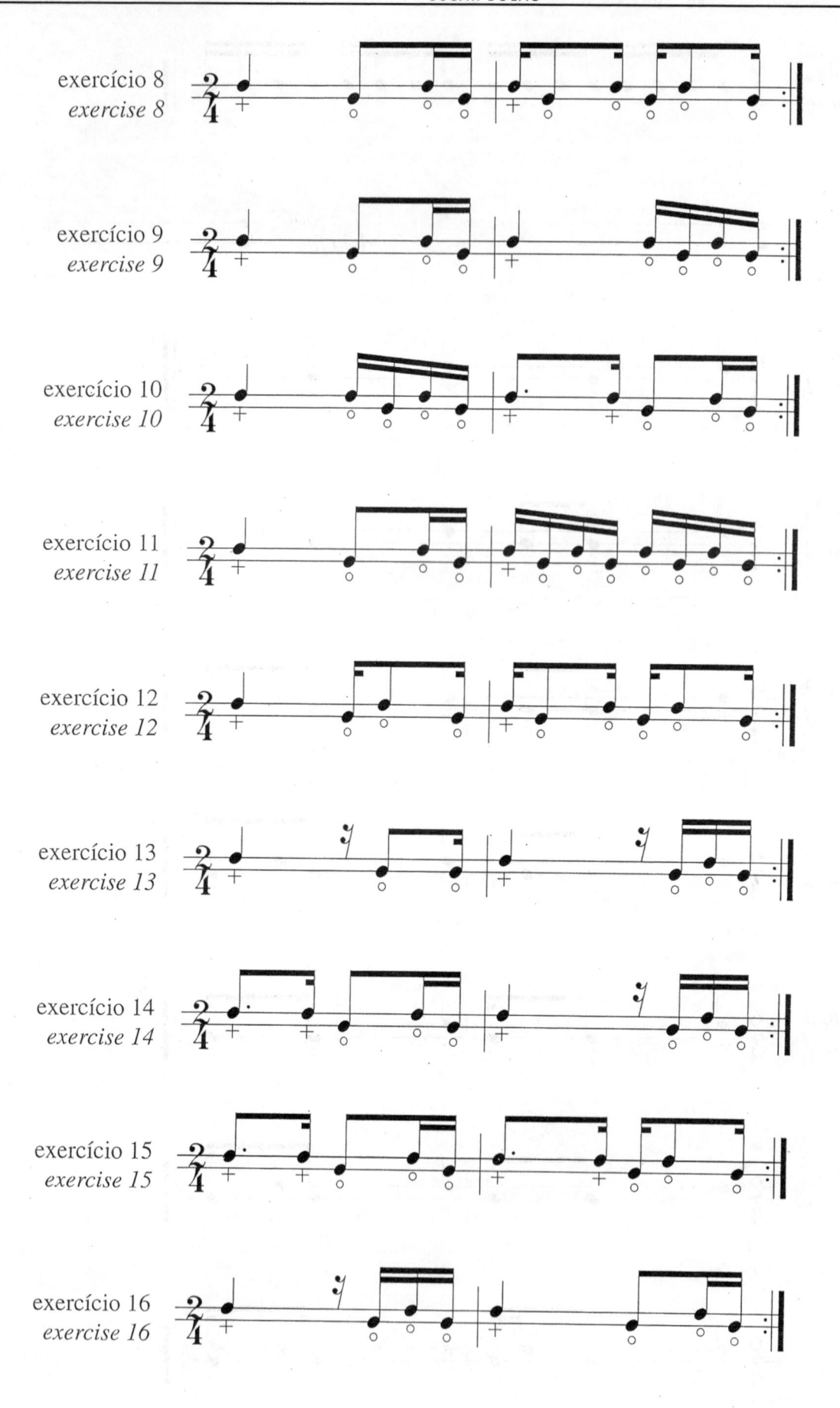

exercício 8 / exercise 8

exercício 9 / exercise 9

exercício 10 / exercise 10

exercício 11 / exercise 11

exercício 12 / exercise 12

exercício 13 / exercise 13

exercício 14 / exercise 14

exercício 15 / exercise 15

exercício 16 / exercise 16

[Musical notation: exercício 17 / exercise 17]

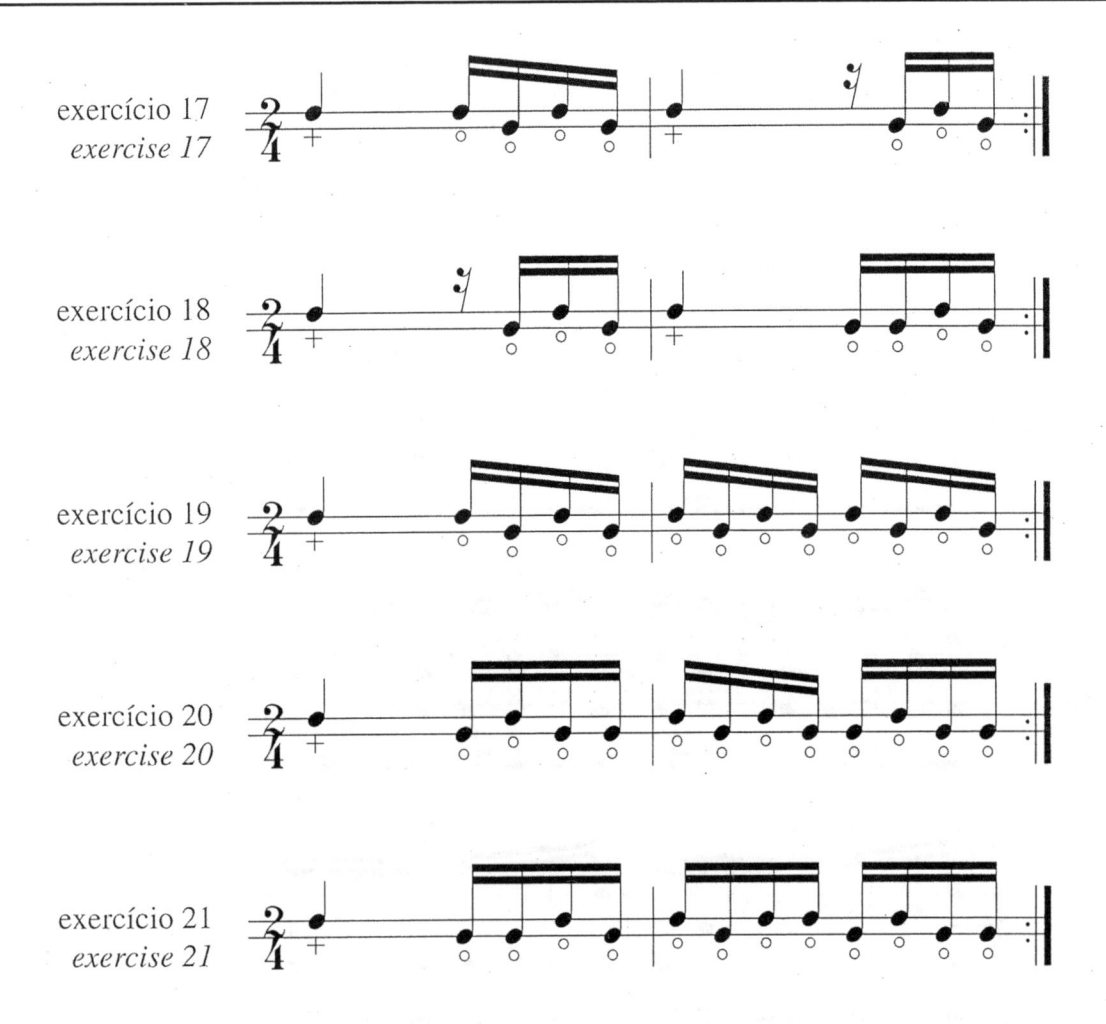

[Musical notation: exercício 18 / exercise 18]

[Musical notation: exercício 19 / exercise 19]

[Musical notation: exercício 20 / exercise 20]

[Musical notation: exercício 21 / exercise 21]

- Samba cruzado 1

Samba cruzado é uma forma de se tocar usando todos os tambores. Veremos primeiro o samba cruzado feito com toques alternados (d-e-d-e). Os ritmos começam com a mão direita e, havendo indicação, a mão deverá repetir o toque. A nota escrita sobre a linha superior é relativa ao tom-tom; na linha abaixo deste, é relativa à caixa e, abaixo desta, ao surdo. Na linha inferior são escritas a dos pratos de choque e a do bumbo, que podem ser dispensados, conforme a vontade do executante, em todos os exercícios de samba cruzado. O exemplo 1 mostra a acentuação comum a todos os outros. A caixa pode ser tocada sem esteiras.

- *Crossed samba 1*

The samba cruzado (crossed samba) is a form of playing using all the drums. We will first examine the samba cruzado performed with a hand to hand sticking sequence (r-l-r-l). The rhythms begin with the right hand and, as indicated, the left follows. Notes written on the upper line relates to the tom-tom, the notes on the next line down are for the caixa, and under this are written the notes for the low tom. On the space above the lowest line is the high hat and on the space below is the bass drum which can be omitted from any or all of the crossed samba exercises if the player wishes. Example 1 shows the accent pattern that should be played on all of the examples. The snare drum can be played with the snares off.

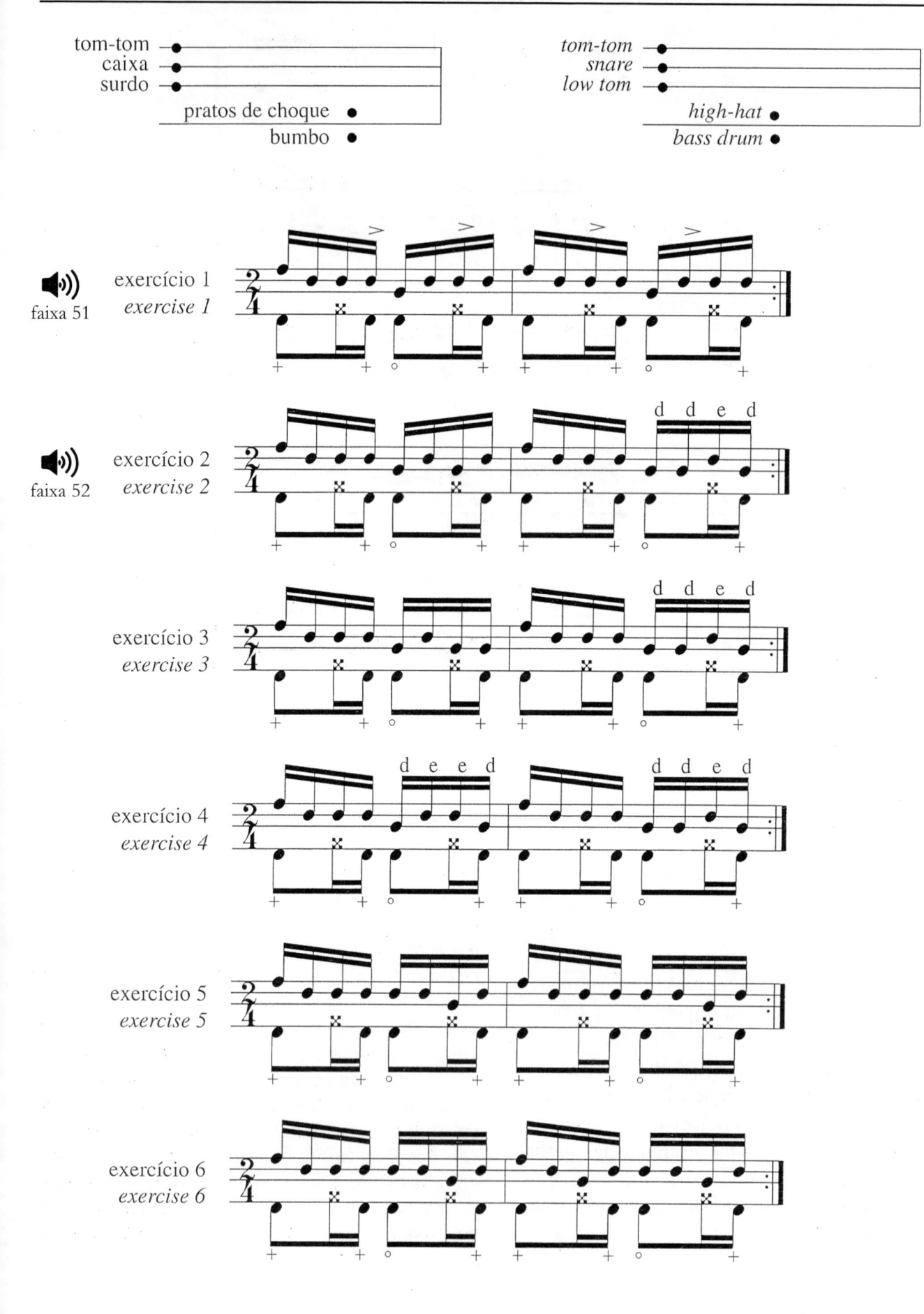

tom-tom	tom-tom
caixa	snare
surdo	low tom
pratos de choque	high-hat
bumbo	bass drum

exercício 1 / exercise 1 — faixa 51

exercício 2 / exercise 2 — faixa 52

exercício 3 / exercise 3

exercício 4 / exercise 4

exercício 5 / exercise 5

exercício 6 / exercise 6

exercício 7 / *exercise 7*

exercício 8 / *exercise 8*

exercício 9 / *exercise 9*

exercício 10 / *exercise 10*

exercício 11 / *exercise 11*

- Samba cruzado 2

O samba cruzado tradicional é feito conduzindo-se a caixa com uma das mãos, variando nos tambores com a outra. Os acentos do exercício 12 são comuns a todos os outros. A caixa pode ser tocada com ou sem esteiras.

- *Crossed samba 2*

The traditional crossed samba is played by using one hand on the caixa and alternating the toms with the other hand. The accents on exercise 12 should be used in all of the subsequent examples in this section. The snare drum could have the snares off.

faixa 53

exercício 12 / exercise 12

exercício 13 / exercise 13

exercício 14 / exercise 14

exercício 15 / exercise 15

exercício 16 / exercise 16

exercício 17 / exercise 17

exercício 18 / exercise 18

exercício 19 / *exercise 19*

exercício 20 / *exercise 20*

exercício 21 / *exercise 21*

exercício 22 / *exercise 22*

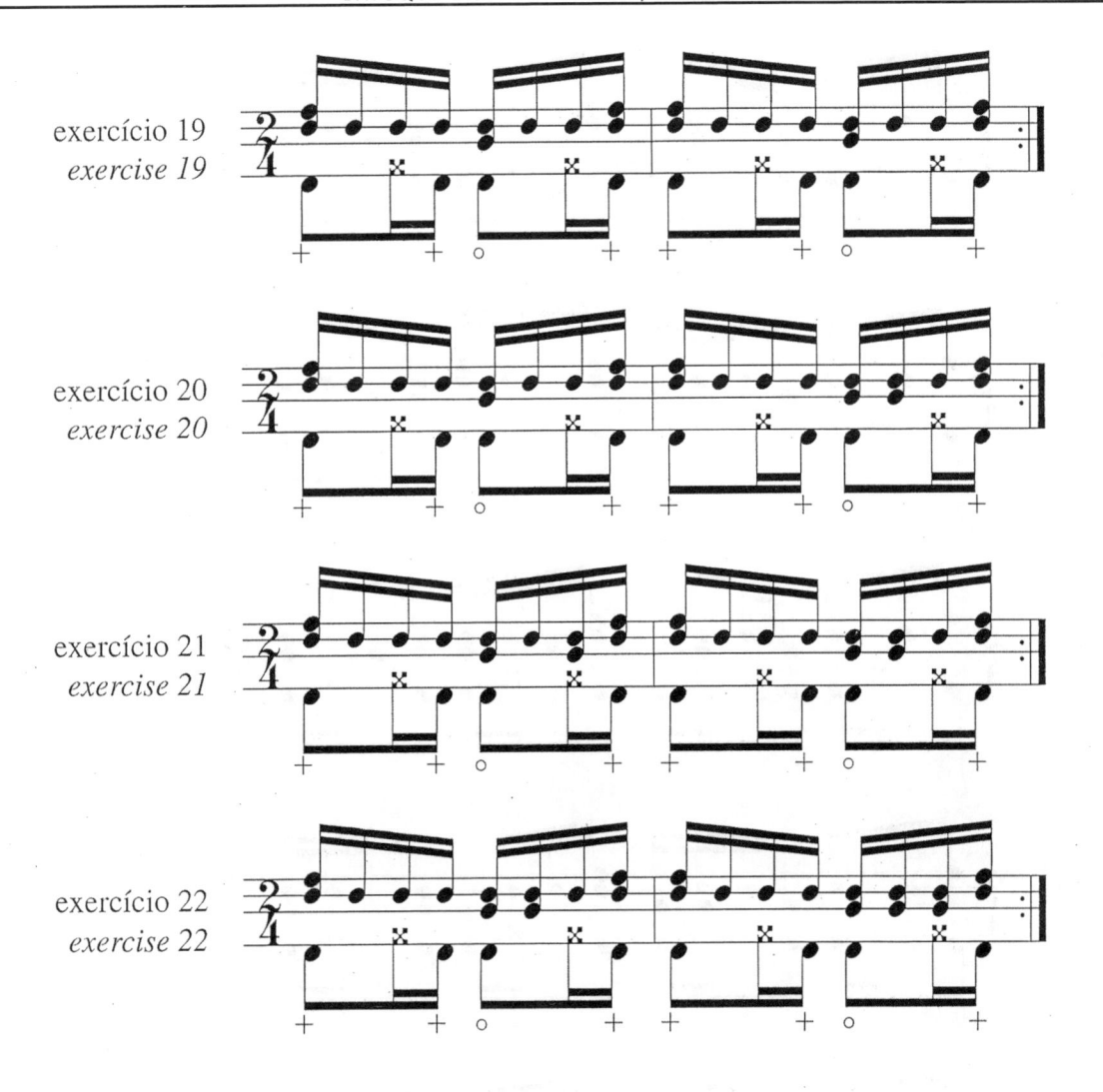

- Samba cruzado 3

Podemos ainda, dentro do estilo, usar na caixa surda (sem esteiras) fórmulas rítmicas do tamborim. A mão direita toca os tambores e a esquerda a borda da caixa.

- *Crossed samba 3*

Staying within the style we can also use the snare drum without the snares to play rhythmic formulas of the tamborim. In these examples, the right hand plays on the toms and the left hand plays on the rim of the snare.

faixa 54 — exercício 23 / *exercise 23*

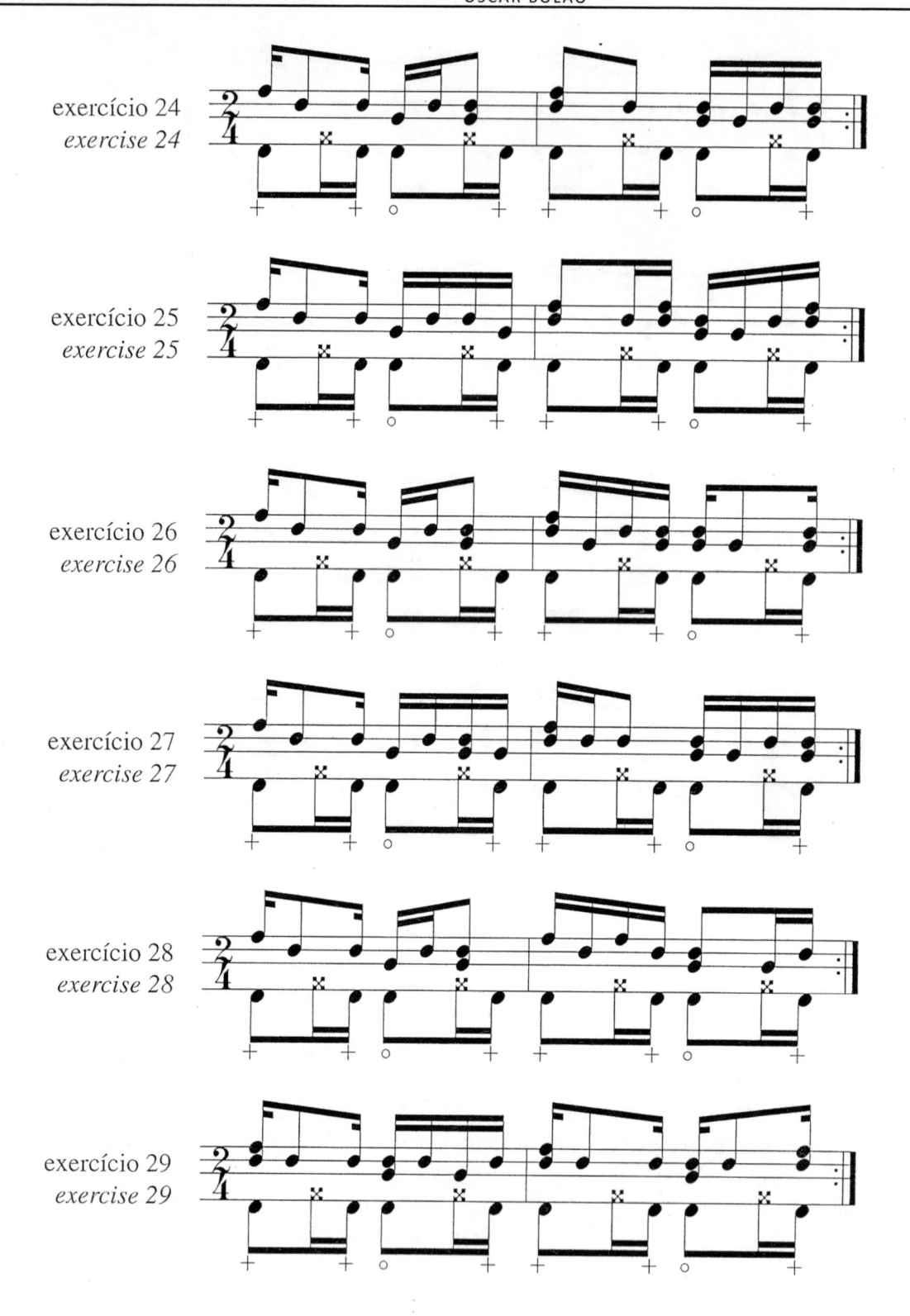

exercício 24 / exercise 24

exercício 25 / exercise 25

exercício 26 / exercise 26

exercício 27 / exercise 27

exercício 28 / exercise 28

exercício 29 / exercise 29

• Surdo e bumbo

Uma variação do estilo samba cruzado é feita usando-se o surdo (ou tom-tom) no primeiro tempo e o bumbo no segundo. O exercício 1 mostra a manulação da caixa e do surdo que será empregada nos demais exercícios.

• *Low tom and bass drum*

One variation on the crossed samba style is done with the low tom (or tom-tom) on beat one and the bass drum on beat two. Exercise 1 shows the patterns for the snare and tom-tom that will be used for all of the other exercises.

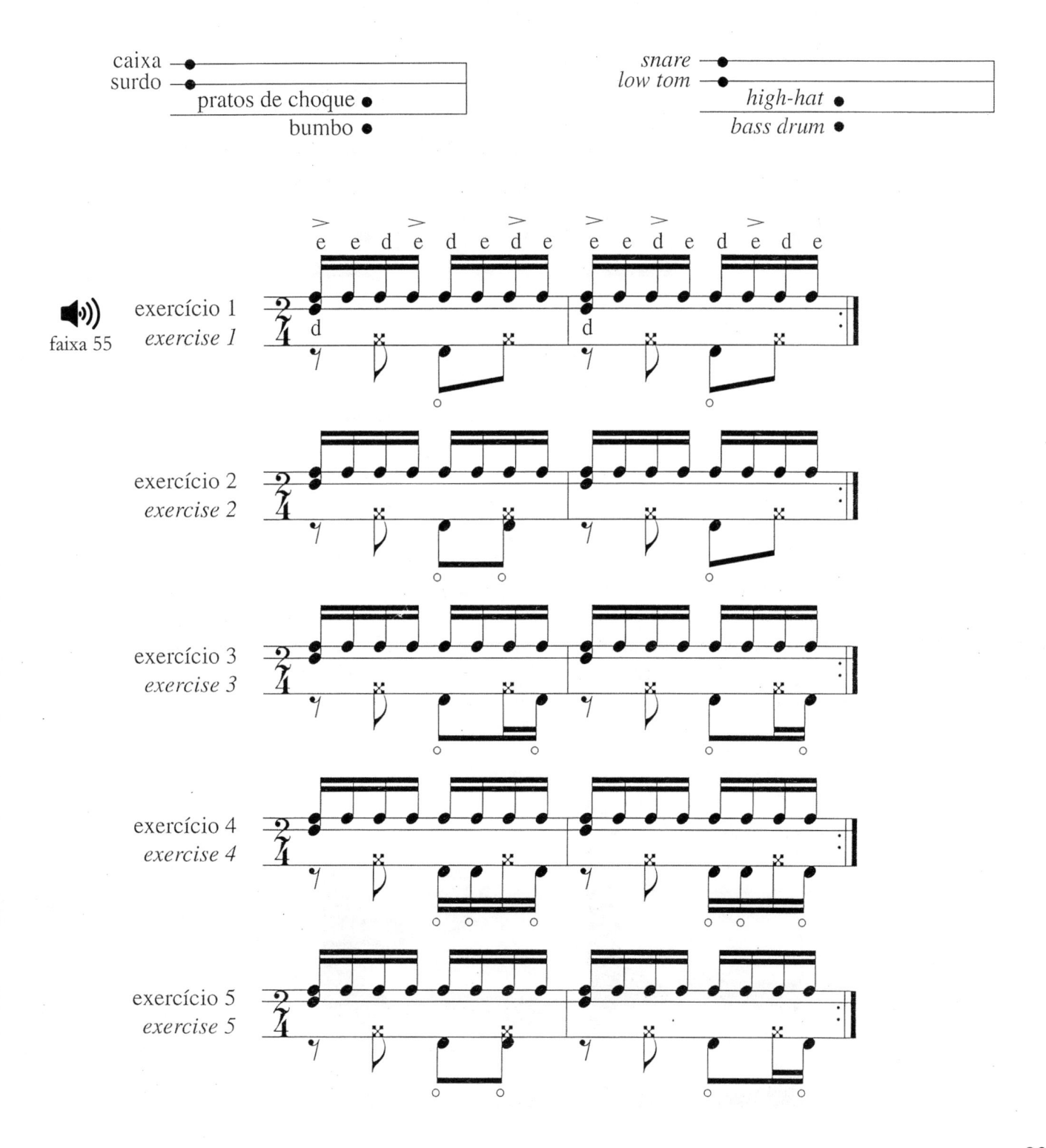

faixa 55

exercício 1 / *exercise 1*

exercício 2 / *exercise 2*

exercício 3 / *exercise 3*

exercício 4 / *exercise 4*

exercício 5 / *exercise 5*

exercício 6 / exercise 6

exercício 7 / exercise 7

exercício 8 / exercise 8

- Surdo e caixa

Nos módulos seguintes apresentaremos uma combinação de surdo e caixa surda (sem esteiras). Os símbolos escritos sob as notas relativas ao surdo indicam os sons fechado e aberto. O som fechado é produzido deixando-se a baqueta presa à pele no momento do toque. O som aberto é feito com a baqueta voltando ao seu ponto de partida imediatamente após o ataque. O ritmo da caixa é baseado em frases de tamborim.

- *Low tom and snare*

The following examples feature a combination of low tom and snare drum (snares off). The symbols under the note stems of the low tom indicate closed and open strokes. The closed stroke is produced by leaving the stick pressed into the skin and the open stroke is produced by allowing the stick to rebound off of the skin upon contact. The snare rhythm is based on tamborim phrases.

+ = som fechado
o = som aberto

+ = *closed sound*
o = *open sound*

Todos os exercícios que veremos a seguir são acompanhados dos pratos de choque.

All of the exercises should be accompanied by the following high-hat pattern.

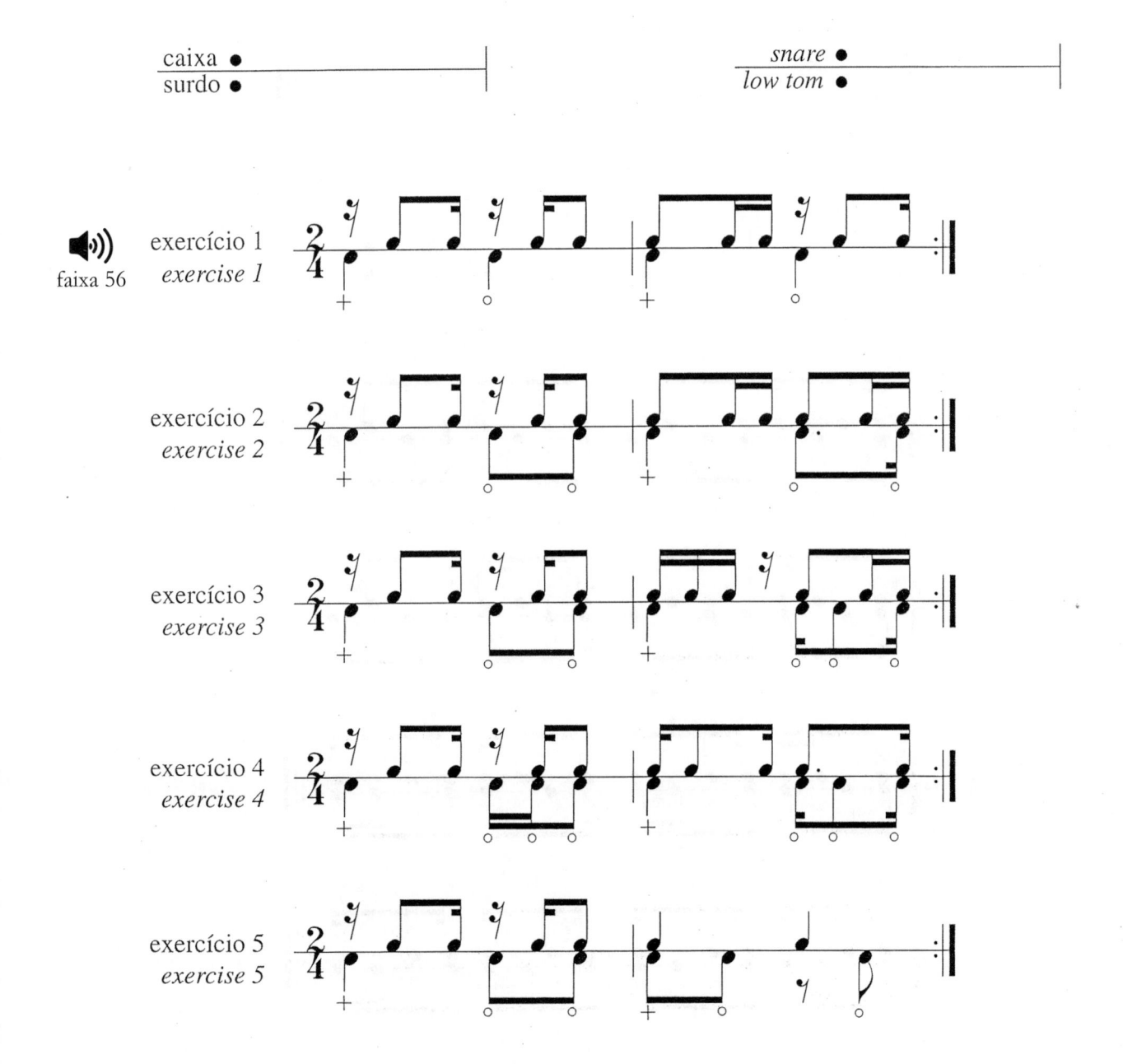

caixa ●
surdo ●

snare ●
low tom ●

faixa 56

exercício 1 / *exercise 1*

exercício 2 / *exercise 2*

exercício 3 / *exercise 3*

exercício 4 / *exercise 4*

exercício 5 / *exercise 5*

Frases combinadas

Os exercícios seguintes são baseados na combinação de frases dos três tamborins que vimos anteriormente. Este recurso é bastante interessante e serve para encorpar o ritmo na execução das partes mais vivas da música. As frases podem ser tocadas na caixa, na cúpula do prato de condução, nos pratos de choque fechados ou, preferencialmente, em dois tamborins acoplados à bateria. Todos os exercícios são acompanhados do bumbo e dos pratos de choque.

Combined phrases

The exercises that follow are based on a combination of three tamborim patterns given earlier. The result is very interesting and gives a lively rendition of the music. These patterns can be played on the snare, on the bell of the ride cymbal, on the closed high-hat, or, better yet, on two tamborins clamped to the drum set. All of the exercises should be accompanied by the following bass drum and high-hat pattern.

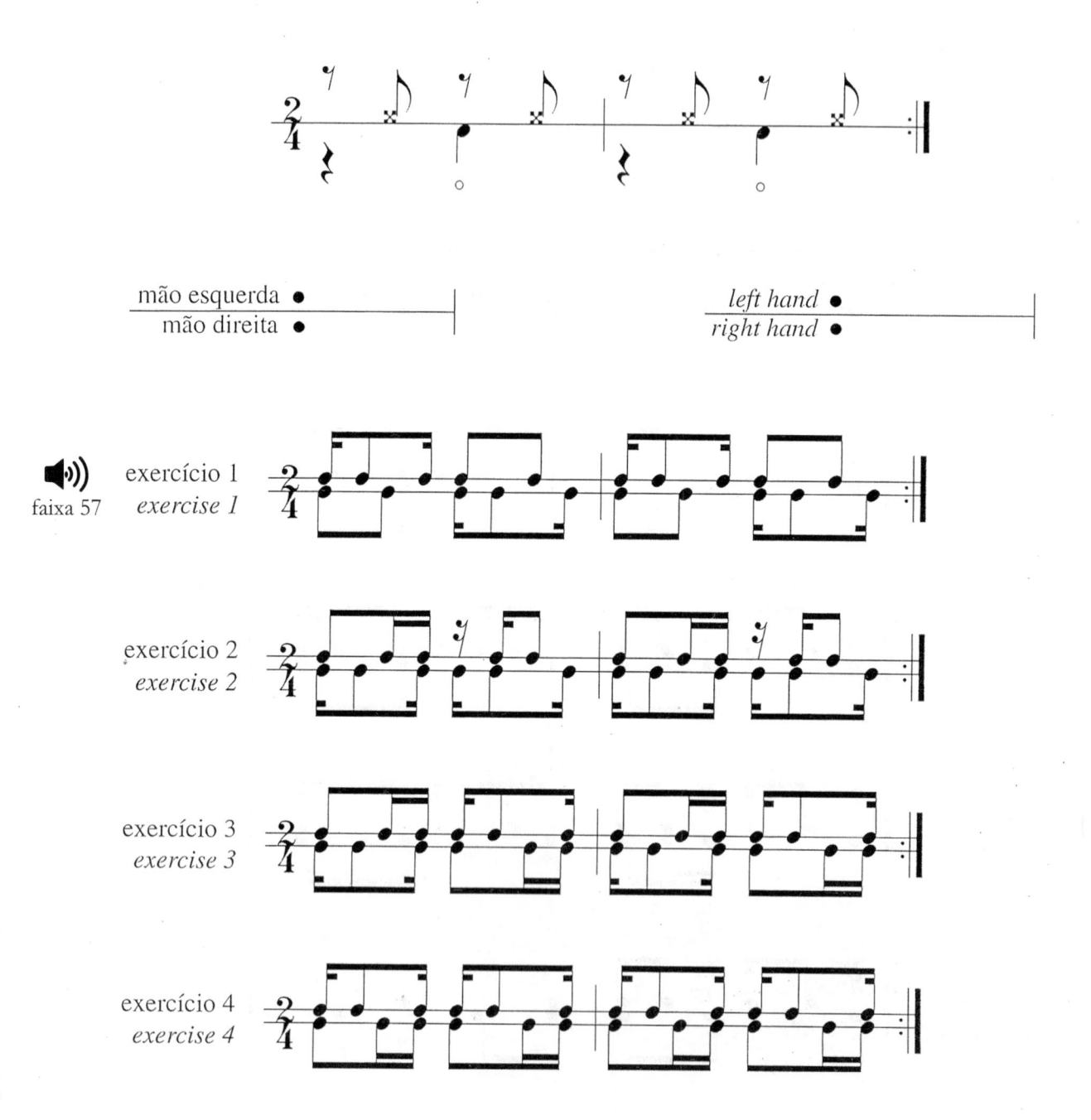

mão esquerda ●
mão direita ●

left hand ●
right hand ●

faixa 57

exercício 1 / *exercise 1*

exercício 2 / *exercise 2*

exercício 3 / *exercise 3*

exercício 4 / *exercise 4*

1.6 Partido-alto

O partido-alto é um tipo de samba dançado e cantado em roda, com os participantes marcando o ritmo na palma da mão enquanto cantam. Desenvolvido nos morros cariocas, sua característica principal é a improvisação: os cantadores, em seguida ao refrão, improvisam versos geralmente sobre determinado tema. Instrumentos leves de percussão, como o pandeiro, aos poucos foram sendo incorporados.

1.6 *Partido-alto*

The partido-alto is a type of samba danced and sung in a circle, with the participants marking the rhythm by clapping while they sing. Developed in the hillside neighborhoods of Rio, its principal characteristic is improvisation: the singers, followed by a refrain, improvise over a certain subject. Light percussion instruments like the pandeiro were soon incorporated into the music.

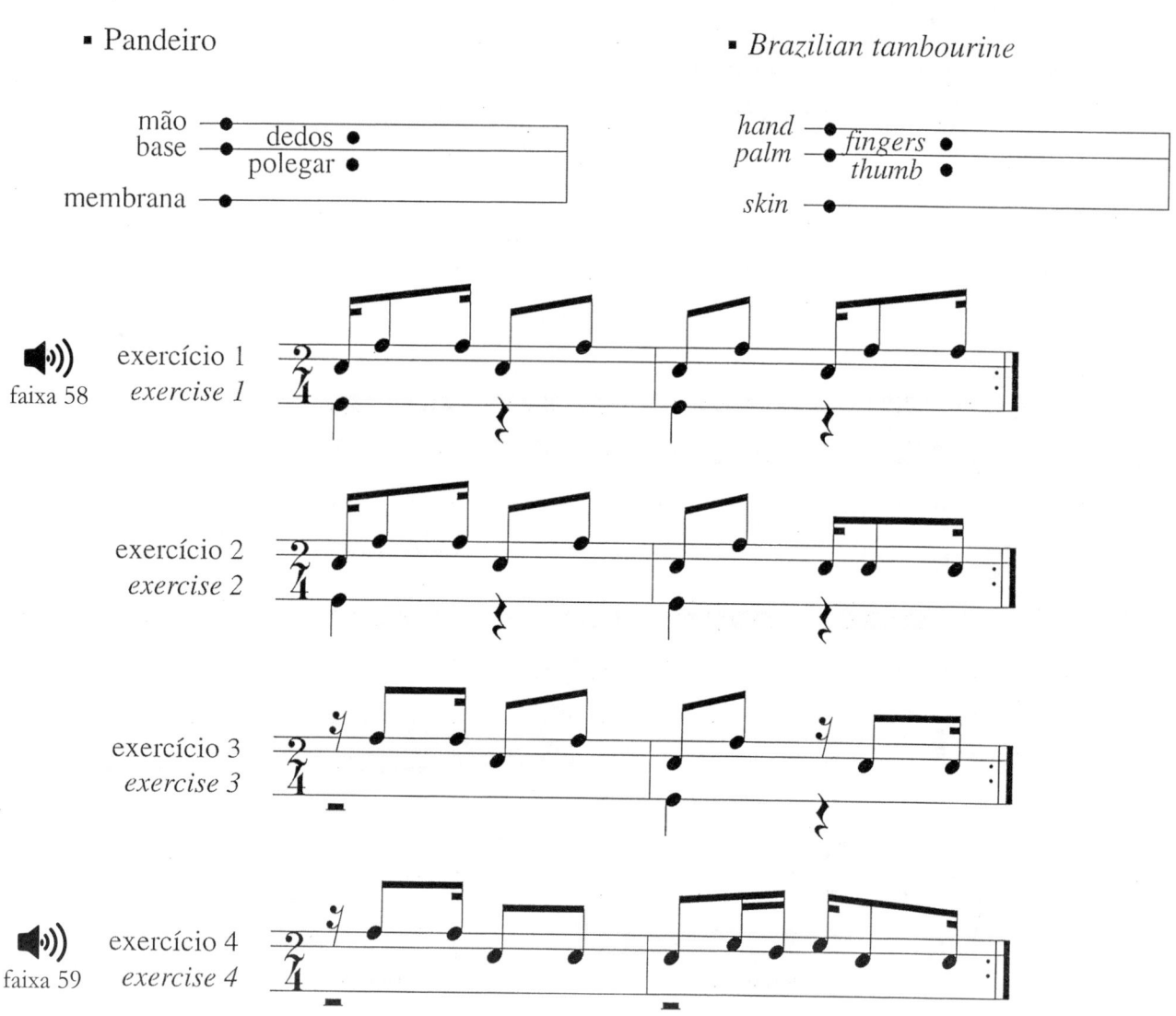

palmas / hand claps

- Pandeiro
- *Brazilian tambourine*

mão base — dedos • polegar •
membrana —

hand palm — *fingers • thumb •*
skin —

faixa 58 — exercício 1 / *exercise 1*

exercício 2 / *exercise 2*

exercício 3 / *exercise 3*

faixa 59 — exercício 4 / *exercise 4*

exercício 5 / exercise 5

exercício 6 / exercise 6

- Adaptação à bateria

Fazemos aqui uma adaptação dos modelos rítmicos do partido-alto, executados no pandeiro, à bateria. A linha superior refere-se aos pratos de choque tocados com baqueta. As frases da caixa podem ser executadas no aro ou na pele.

- *Adaptation to the drum set*

Here we will adapt the rhythmic patterns of the partido-alto to the drum set. The upper line refers to the high hat played with a stick. The snare drum phrases can be played on either the rim or on the skin.

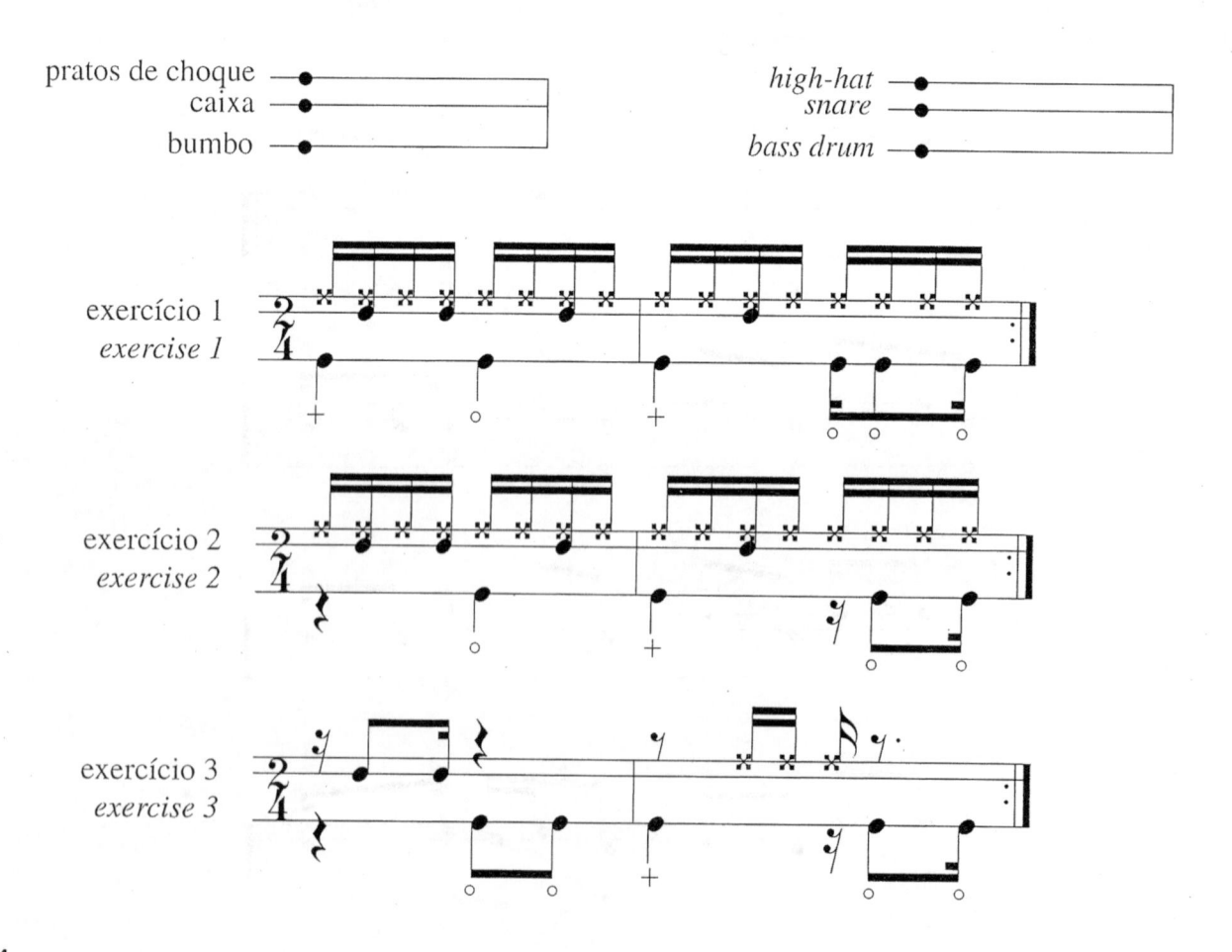

pratos de choque
caixa
bumbo

high-hat
snare
bass drum

exercício 1 / exercise 1

exercício 2 / exercise 2

exercício 3 / exercise 3

exercício 4 / exercise 4

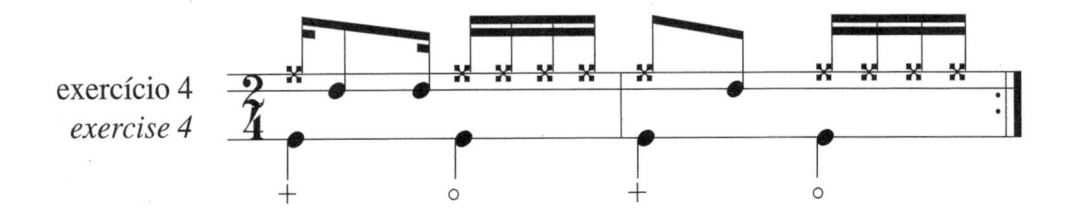

Para conseguirmos um efeito semelhante ao reco-reco, raspamos a membrana com a escova da mão esquerda, enquanto a direita toca na borda da caixa. O som raspado é indicado pelas semi-colcheias com um traço.

To achieve an effect similar to the reco-reco, scrape the skin with a brush in the left hand while the right hand plays on near the edge of the snare. The scraped sound is indicated with a slash on the stems of the sixteenth notes.

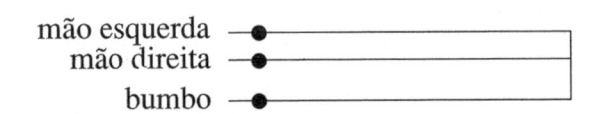

mão esquerda
mão direita
bumbo

*left hand
right hand
bass drum*

⊓ = movimento para a direita
V = movimento para a esquerda

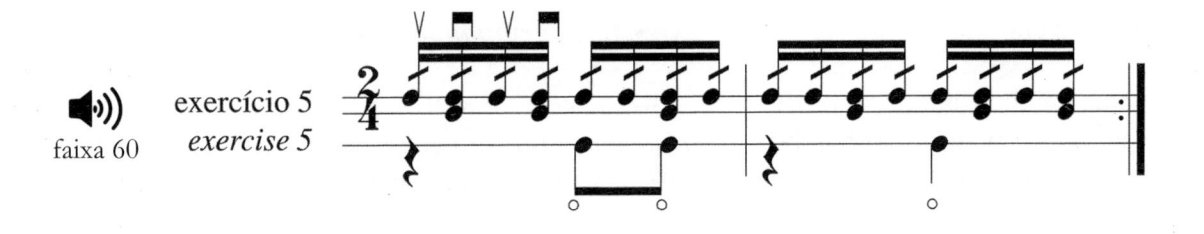

*⊓ = movement to the right
V = movement to the left*

faixa 60 — exercício 5 / *exercise 5*

O mesmo fraseado do pandeiro pode ser aplicado na caixa sem esteiras tocando com o POLEGAR e o bloco de DEDOS da mão esquerda encostados à pele para conseguir um som fechado. Com uma escova na mão direita, faça o ritmo do reco-reco na borda da caixa.

The same phrase from the pandeiro can be applied to the snare (snares off) by playing with the THUMB and FINGERS of the left hand that is rested on the skin to achieve a muffled sound. With the brush in the right hand, play the rhythm the reco-reco close to the edge of the snare.

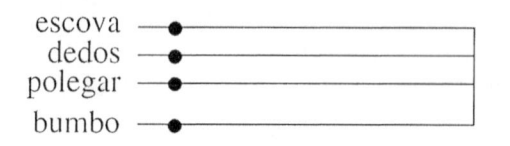

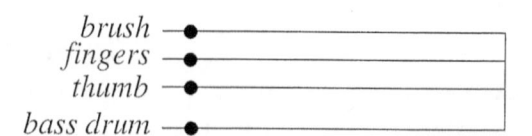

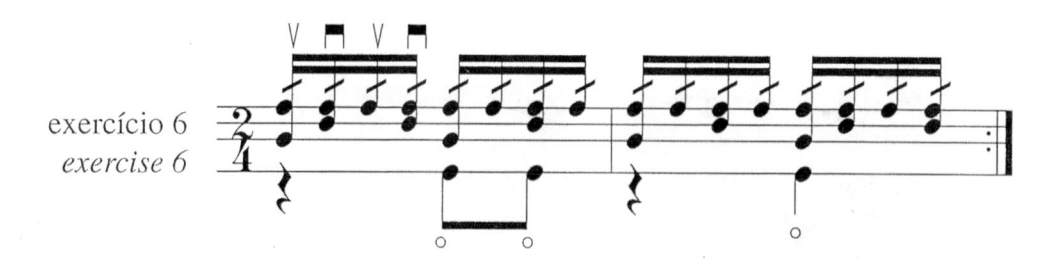

1.7 Samba-canção

Derivado do samba, o samba-canção se caracteriza pelo andamento dolente e por ser carregado de romantismo na poesia e na melodia. Surgido no Rio de Janeiro na década de 1920, muito apreciado nos espetáculos de revista, tornou-se um gênero bastante popular após o sucesso de *Ai, ioiô*, de Henrique Vogeler, Marques Porto e Luis Peixoto, na voz de Araci Cortes. Tocado ao pandeiro ou em qualquer outro instrumento de percussão, utiliza-se dos mesmos padrões rítmicos do samba comum.

1.7 *Samba-canção*

Derived from the samba, the samba-canção is characterized by its slow tempo and by the romanticism of its lyrics and melody. It emerged in the decade of the 1920s in Rio de Janeiro where it became a favored genre of the city's musical theatre. Following the success of the song Ai, ioiô *by Henrique Vogeler, Marques Porto and Luis Peixoto and sung by Araci Cortes, the samba-canção became a popular genre of music. Played with pandeiro or almost any other percussion instrument, the samba-canção utilized two main rhythmic patterns of the common samba.*

- Bumbo e pratos de choque

Selecionamos duas opções para bumbo e pratos de choque. Repare que o ritmo do bumbo se assemelha ao polegar do pandeiro.

- *Bass drum and high-hat*

We have selected two options for the bass drum and high-hat. Note that the bass drum's rhythm is similar to the pandeiro's thumb strokes.

| pratos de choque ● | high-hat ● |
| bumbo ● | bass drum ● |

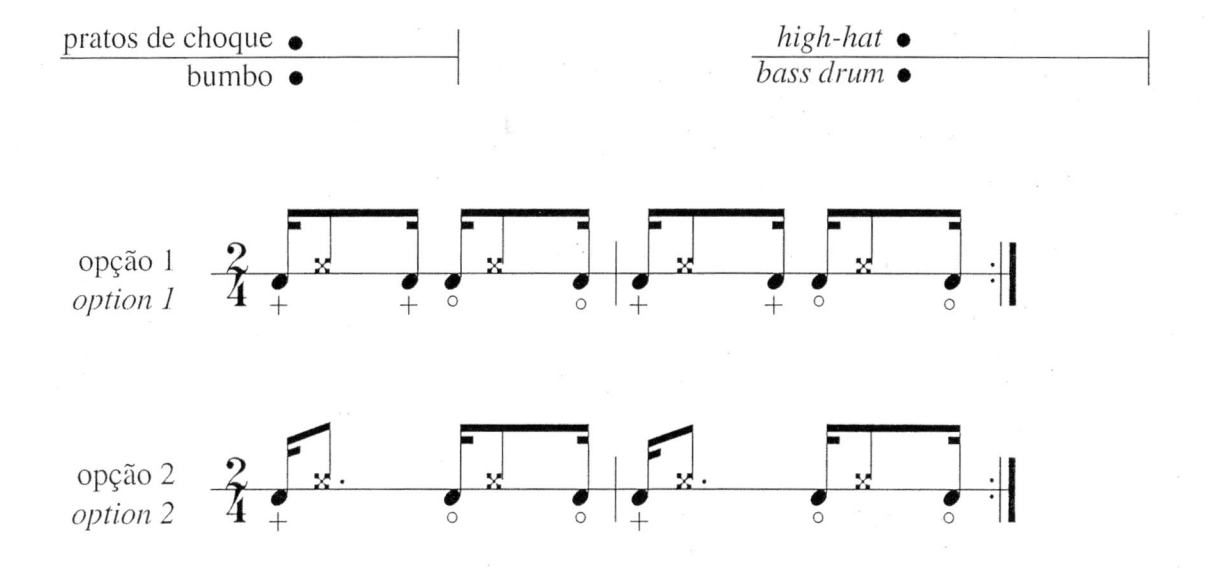

opção 1 / option 1

opção 2 / option 2

- Tocando com escovas

No samba-canção tocado com escovas é importante prestar atenção na manulação para não alterar a musicalidade do ritmo.

- *Playing with brushes*

In the samba-canção played with brushes it is important to pay attention to the hand sequence so that the musicality of the pattern is not altered.

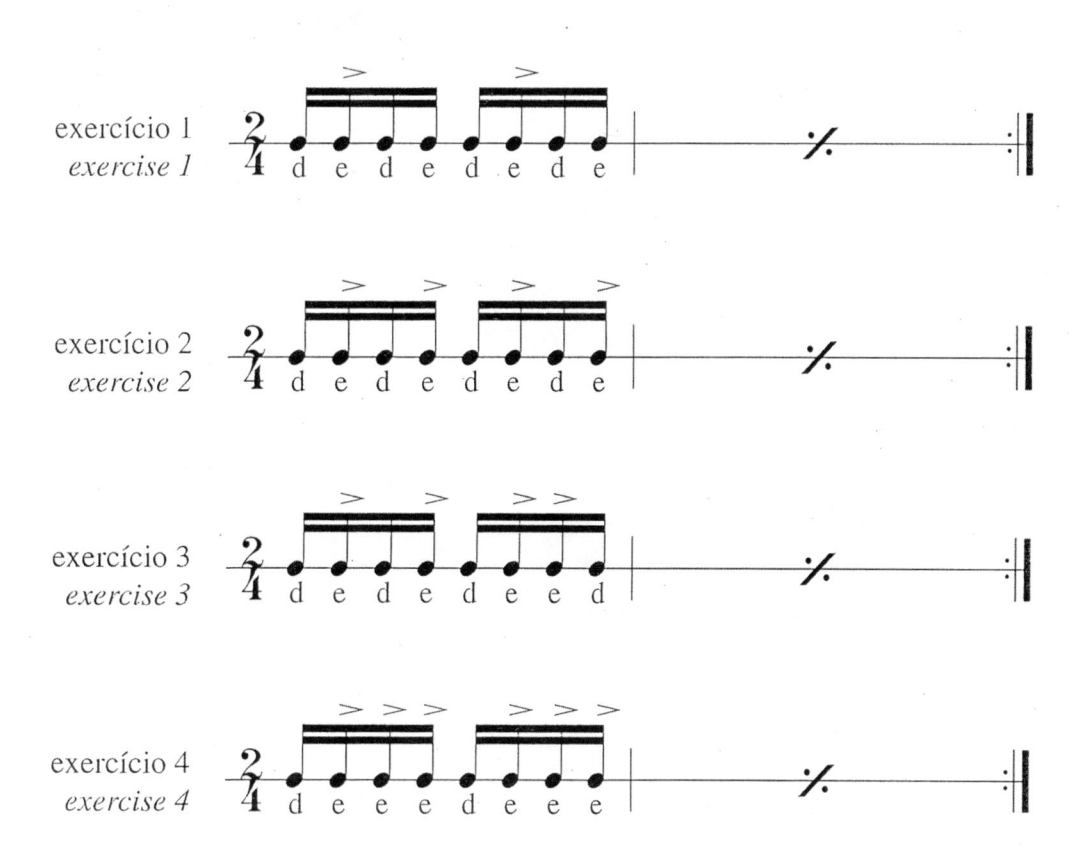

exercício 1 / exercise 1
d e d e d e d e

exercício 2 / exercise 2
d e d e d e d e

exercício 3 / exercise 3
d e d e d e e d

exercício 4 / exercise 4
d e e e d e e e

exercício 5 / exercise 5

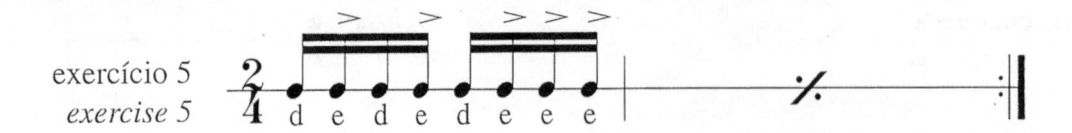

As colcheias e semicolcheias com um traço são para raspar a escova sobre a pele.

The eighth and sixteenth notes with slashes on the stems indicate that the brush should scrape the skin.

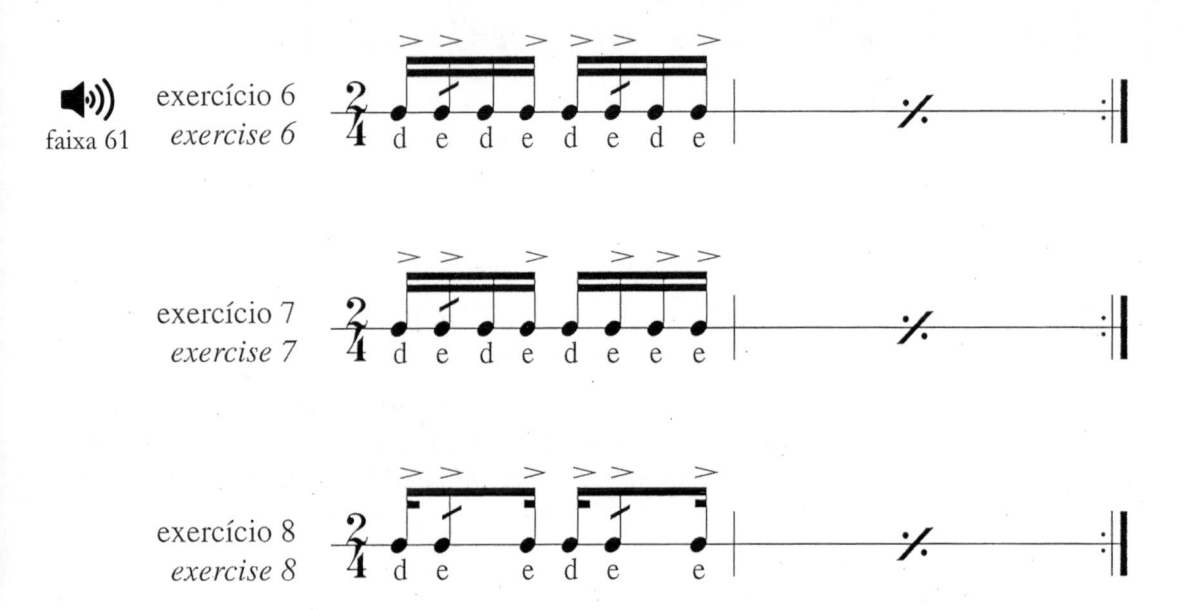

faixa 61 — exercício 6 / exercise 6

exercício 7 / exercise 7

exercício 8 / exercise 8

1.8 A batida da bossa nova

A expressão bossa nova, no sentido de algo diferente, já era usada na gíria dos músicos cariocas até que, em fins dos anos 50, passou a designar um novo gênero de música brasileira. Nascida na Zona Sul do Rio de Janeiro, entre jovens de classe média, tem em João Gilberto o criador de sua batida. Foi pela divisão rítmica do seu violão, aliada ao seu estilo singular de cantar, que a bossa nova ganhou identidade e se transformou numa nova maneira de se tocar e compor sambas.

1.8 *The bossa nova beat*

The term bossa nova (new style), implying a sense of something new, was already a common expression among Rio de Janeiro musicians when, at the end of the 1950s, it became the name for a new genre of Brazilian music. Born in the Zona Sul (South Zone) of Rio de Janeiro among middle class youth, the musician João Gilberto was responsible for creating its characteristic rhythmic pattern. It was through the rhythmic pattern of his acoustic guitar, tied to his unique singing style, that bossa nova gained its identity and transformed itself into a new style of playing and composing sambas.

- Condução

Como introdução ao ritmo da bossa nova, destacamos quatro variações de ostinatos a serem aplicadas no prato de condução. Cada um deles é empregado conforme o andamento da música.

- *Basic cymbal grooves*

As an introduction to the bossa nova rhythm, we will offer four different ostinato variations to be played on the ride cymbal. Each one of these is linked to the tempo that is being performed.

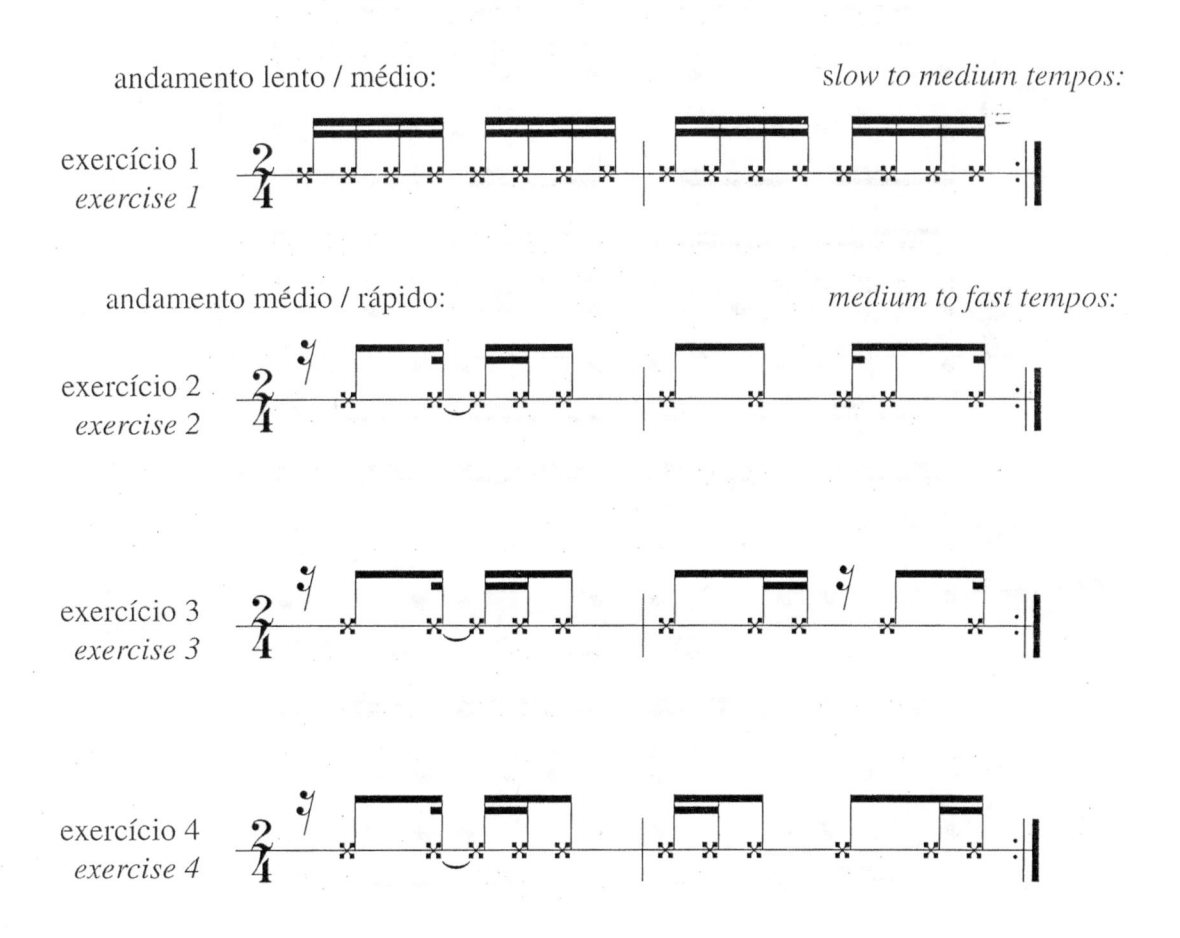

andamento lento / médio: *slow to medium tempos:*

exercício 1 / *exercise 1*

andamento médio / rápido: *medium to fast tempos:*

exercício 2 / *exercise 2*

exercício 3 / *exercise 3*

exercício 4 / *exercise 4*

Estes mesmos ostinatos podem ser executados nos pratos de choque fechados. O exercício 5 mostra a batida empregada nas primeiras gravações do gênero.

These same ostinato patterns can be played on closed high-hat. Exercise 5 shows the beat that was used on the first recordings of the genre.

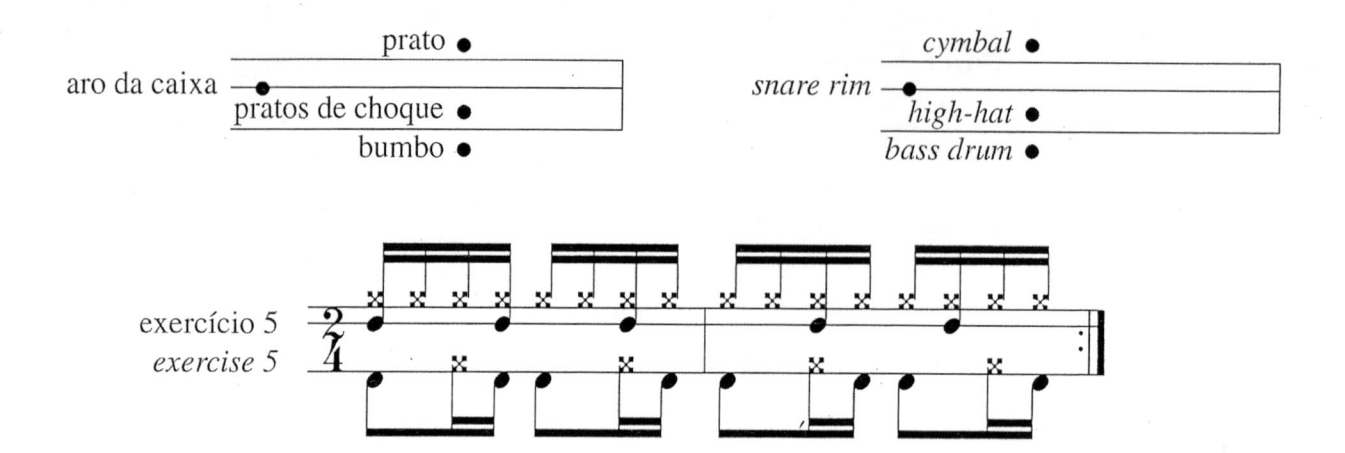

```
aro da caixa ——    prato •
              ——  pratos de choque •
              ——  bumbo •
```

```
snare rim ——  cymbal •
           ——  high-hat •
           ——  bass drum •
```

exercício 5 / exercise 5

Outra maneira de tocar estes ritmos é usar a escova na borda da caixa, em substituição ao prato de condução.

Another way of playing these rhythms is to substitute the ride cymbal for a brush on the edge of the snare skin.

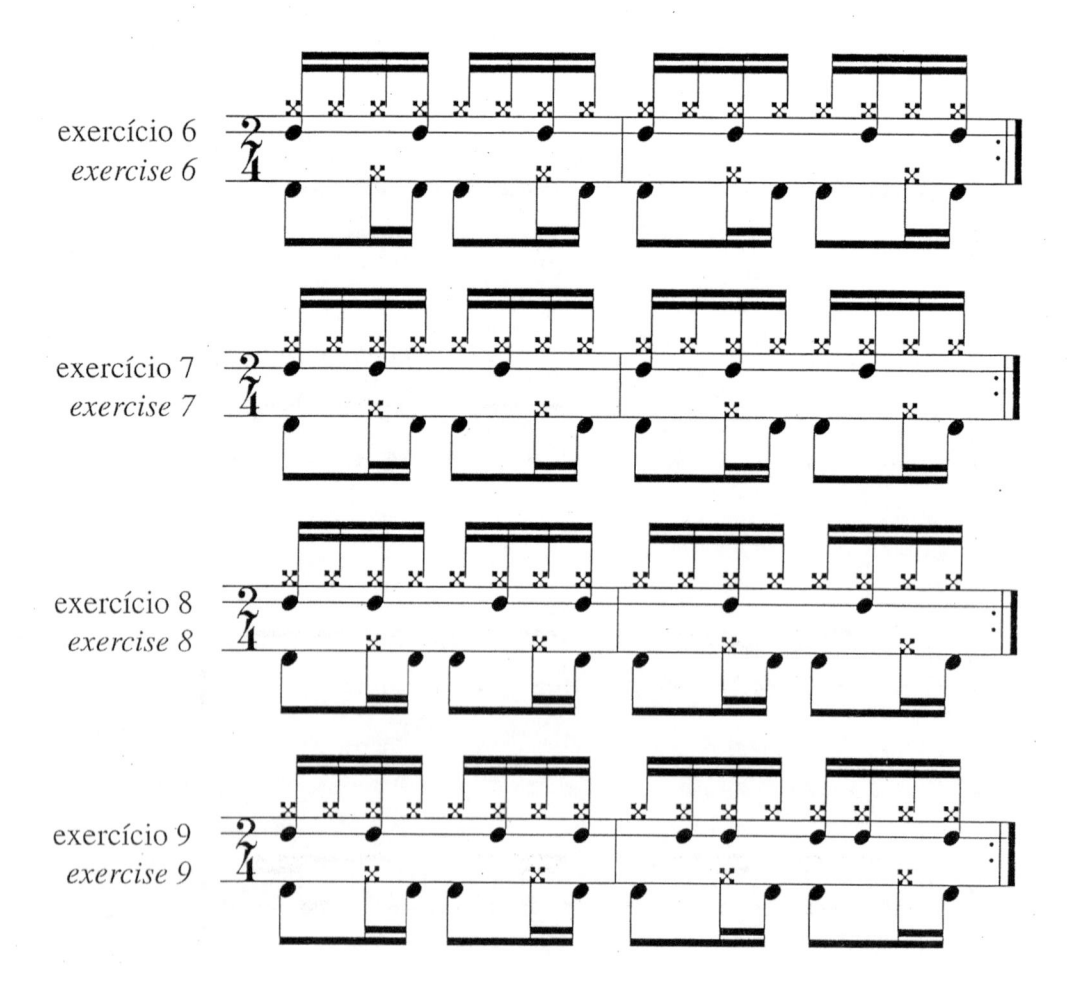

exercício 6 / exercise 6

exercício 7 / exercise 7

exercício 8 / exercise 8

exercício 9 / exercise 9

A princípio de caráter intimista, com o passar do tempo as frases utilizadas pelo tamborim no samba foram sendo incorporadas ao repertório da bossa nova, principalmente na sua fase instrumental.

At first, the character of the music was intimate. Then, tamborim phrases from samba were incorporated into the bossa nova, especially in its instrumental phase.

- Tocando com escovas

- *Playing with brushes*

Um artifício usado pelo baterista Hélcio Milito, do Tamba Trio, é raspar a pele com a escova da mão esquerda (movimento representado pelas semicolcheias com um traço) ao mesmo tempo em que a mão direita executa o ritmo na caixa. Os exercícios devem ser praticados com bumbo e pratos de choque tocando ao estilo da bossa nova. Os símbolos escritos sobre as semicolcheias indicam o movimento da mão.

An innovation of Hélcio Milito, drummer of the Tamba Trio, is to use a brush in the left hand (represented by the slashes through the stems of the sixteenth notes) at the same time that the right hand plays the rhythm on the snare drum. The exercises should be parcticed with the bass drum and high-hat playing in the bossa nova style. The symbols written above the sixteenth note stems indicate the movement of the hand.

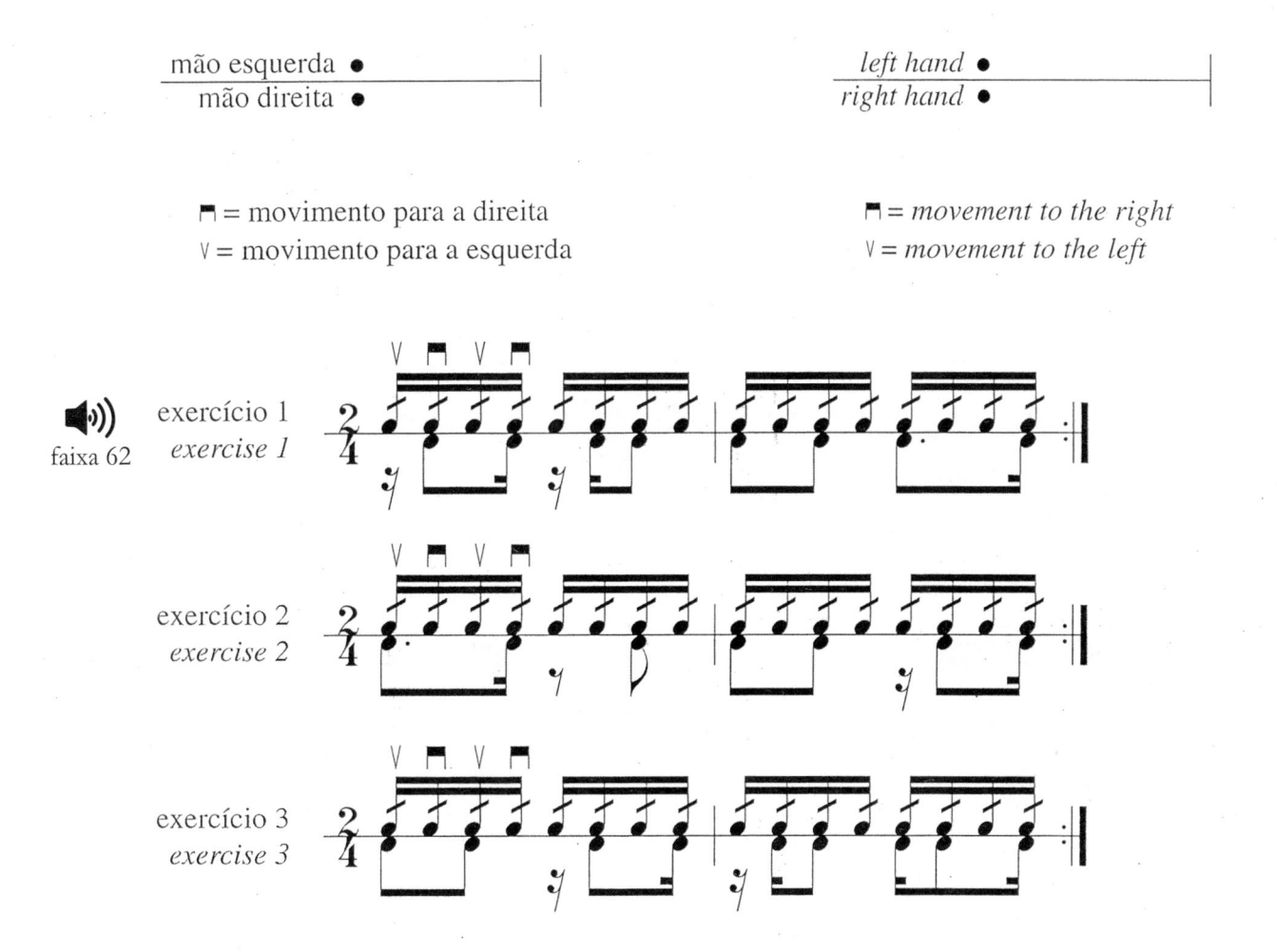

mão esquerda •
mão direita •

left hand •
right hand •

⊓ = movimento para a direita
V = movimento para a esquerda

⊓ = *movement to the right*
V = *movement to the left*

faixa 62 — exercício 1 / *exercise 1*

exercício 2 / *exercise 2*

exercício 3 / *exercise 3*

Aproveitando o mesmo fraseado da mão direita, podemos executar estes ritmos com toques alternados.

Using the same phrasing of the right hand, we can play these same rhythms by inserting the left hand between the notes of the right.

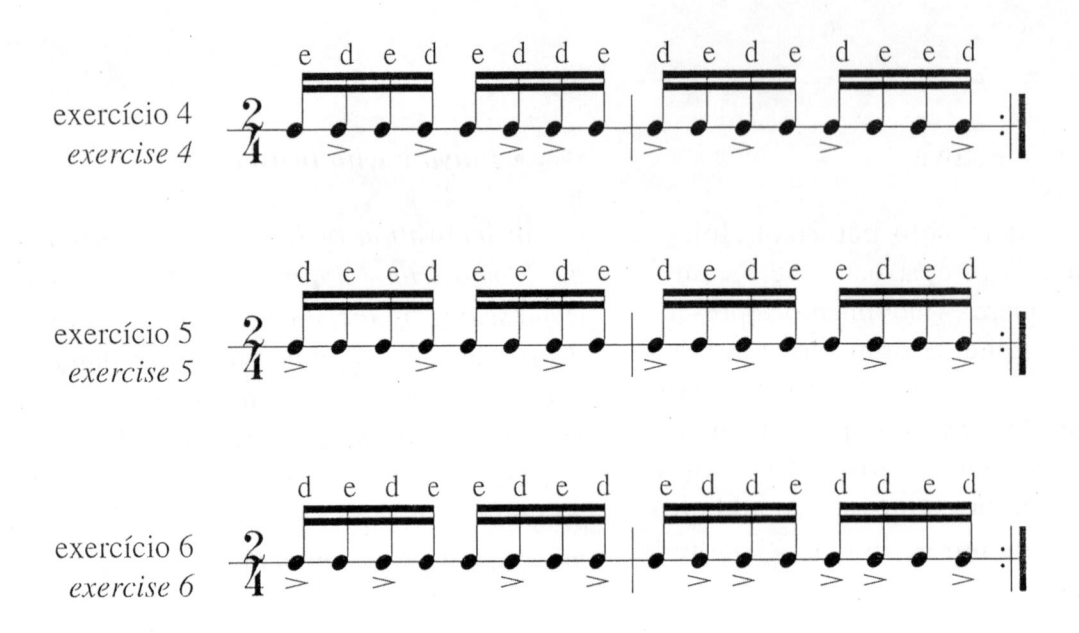

exercício 4 / exercise 4

exercício 5 / exercise 5

exercício 6 / exercise 6

2 CHORO

Os primeiros grupos de choro surgiram no Rio de Janeiro a partir da segunda metade do século XIX. Os músicos, em sua maioria funcionários da Alfândega, dos Correios ou da Estrada de Ferro, se reuniam em suas casas na Cidade Nova ou nos subúrbios para tocar, ao seu modo, as músicas consumidas nos salões da burguesia. Polcas, valsas e *schottisches* assumiam, pelas mãos dos chorões, feições bastante distintas da música que vinha da Europa. O choro era, na sua essência, uma maneira de tocar. Como gênero, somente por volta de 1910 é que o choro passou a ser uma forma musical definida, geralmente com três partes e tonalidade modulante.

2 *CHORO*

The first choro groups emerged in Rio de Janeiro in the second half of the nineteenth century. The musicians, the majority of whom worked at the customs office, post office, or on the railroad, had musical parties at their houses in the Cidade Nova area of Rio located in the suburbs. At these events they performed the popular salon music of the bourgeoisie, but in their own style. Polkas, waltzes, and schottisches became, in the hands of the choro musicians, distinct from their European roots. The choro was, in its essence, a way of playing. As a genre, only around 1910 did the choro take on a more defined form, which usually consisted of three distinct sections and modulating tonality.

Antonio Calado e Ernesto Nazareth, pioneiros do choro.
Antonio Calado and Ernesto Nazareth, choro pioneers.

2.1 A acentuação do choro

O choro e o samba possuem muitas afinidades quanto à maneira de se tocar. Muito embora as fórmulas rítmicas de um se ajustem ao outro, é importante perceber que cada gênero possui uma inflexão característica. Na execução do choro, por exemplo, é aconselhável se manter uma postura mais linear, evitando o excesso de variações. Selecionamos algumas frases cujos acentos são bastante apropriados ao gênero.

2.1 *The accentuation of choro*

Choro and samba have many similarities in the way they are performed. While rhythmic formulas from one fit the other, it is important to understand that each genre has its own characteristic inflections. In choro, for example, it is advisable to maintain a more linear approach to playing, avoiding overplaying and excess variations. We have selected some phrases whose accents are quite typical of the genre.

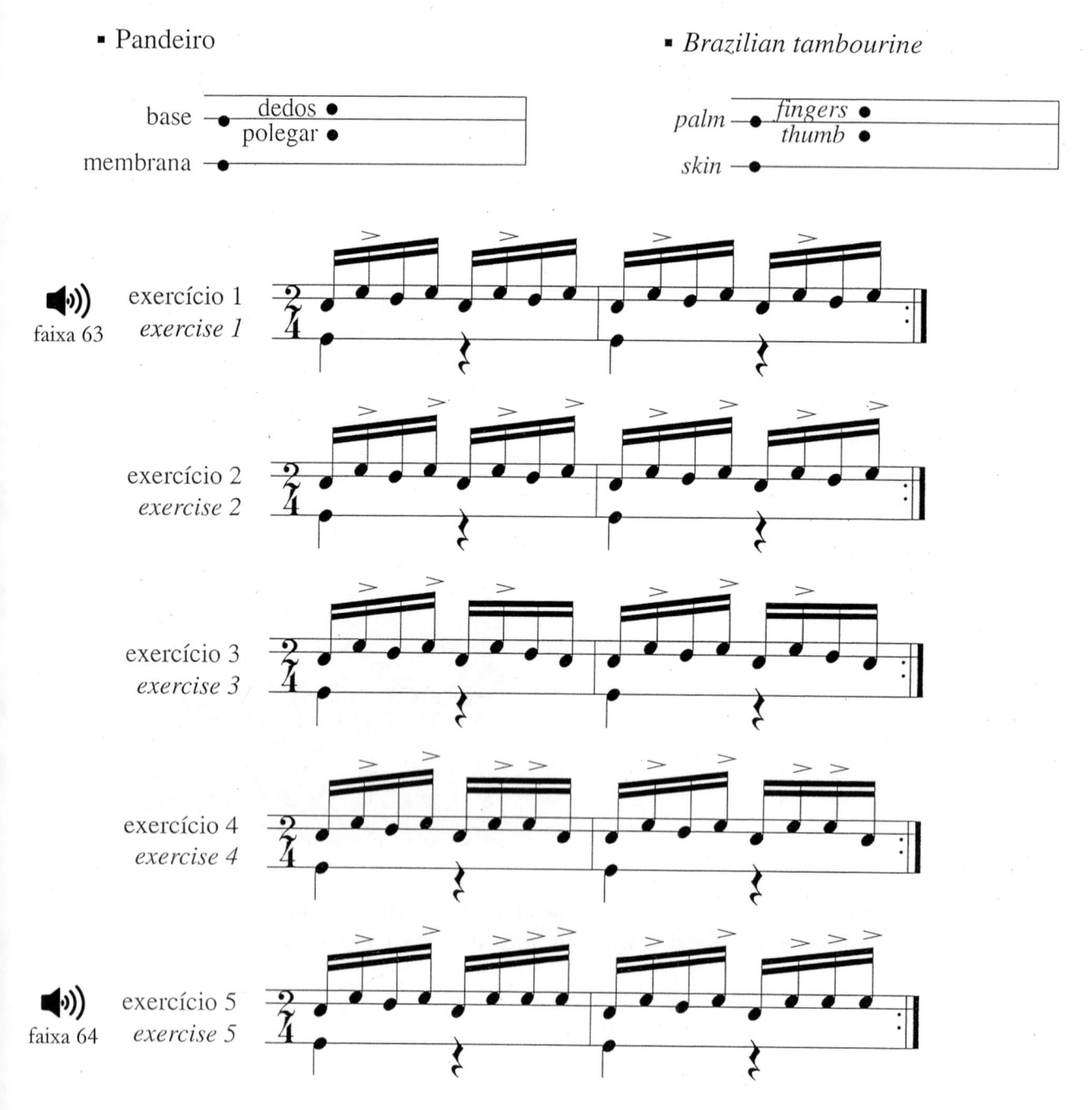

- Pandeiro
- *Brazilian tambourine*

Caixeta / *Wood-block*

Outro instrumento utilizado no acompanhamento do choro é a caixeta ou bloco de madeira (do inglês *wood block*). É feita de madeira maciça, com um entalhe lateral que serve de caixa de ressonância. Tocada com uma baqueta comum de caixa, sua execução é semelhante à do tamborim, usando-se o dedo indicador da mão que segura o instrumento para percutir a parte posterior do bloco de madeira. Os módulos abaixo apresentam frases pertinentes ao estilo do choro.

Another accompaniment instrument used in choro is the caixeta or wood block. It is made from a hard wood, with a lateral cavity that serves as a resonating chamber. Played with a common snare drum stick, the wood-block is played like a tamborim using the index finger to tap on the back side of the wood block. The patterns below are all common phrases used in choro.

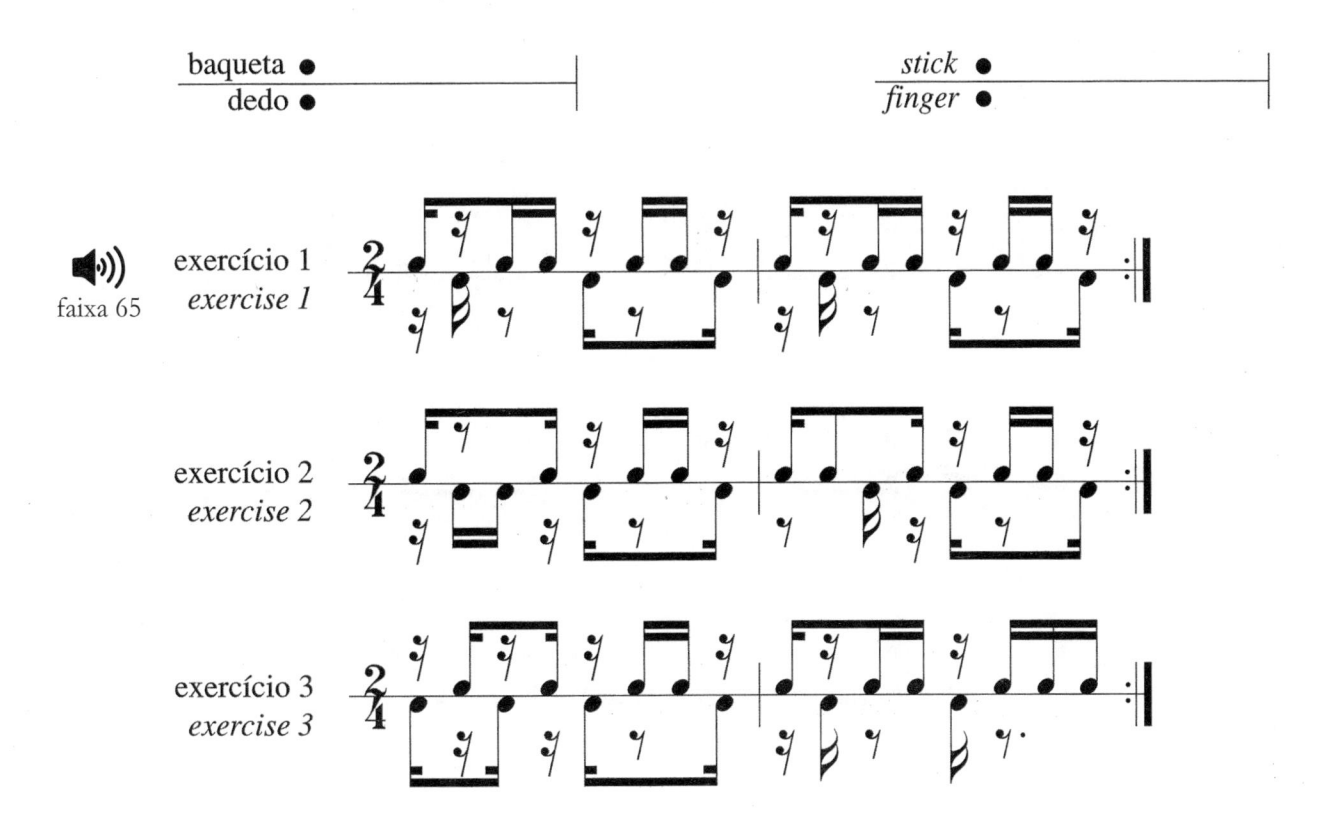

baqueta ●
dedo ●

stick ●
finger ●

faixa 65

exercício 1 / *exercise 1*

exercício 2 / *exercise 2*

exercício 3 / *exercise 3*

exercício 4
exercise 4

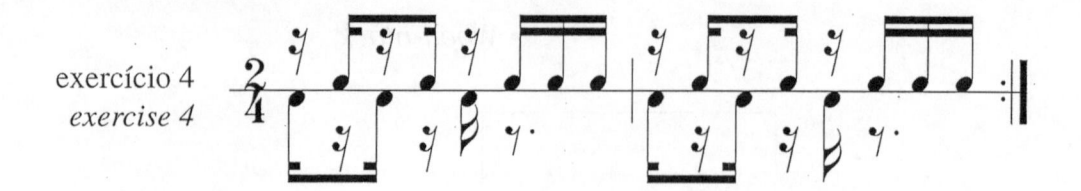

A caixeta também é usada no samba em substituição ao tamborim, devendo-se respeitar, apenas, as frases características do estilo.

The wood-block is also used in samba as a substitute for the tamborim where it plays phrases characteristic of that style.

2.2 A bateria no choro

- Bumbo e pratos de choque

Sugerimos três opções para bumbo e pratos de choque que servirão como apoio aos exercícios de caixa (como no samba-canção, o ritmo do bumbo se assemelha ao dedo polegar do pandeiro).

2.2 *Drum set in choro*

- *Bass drum and high-hat*

We offer thee options for the bass drum and high-hat that will serve as accompaniments to the snare exercises (as in the samba-canção, the bass drum rhythm is similar to the thumb strokes played on the pandeiro).

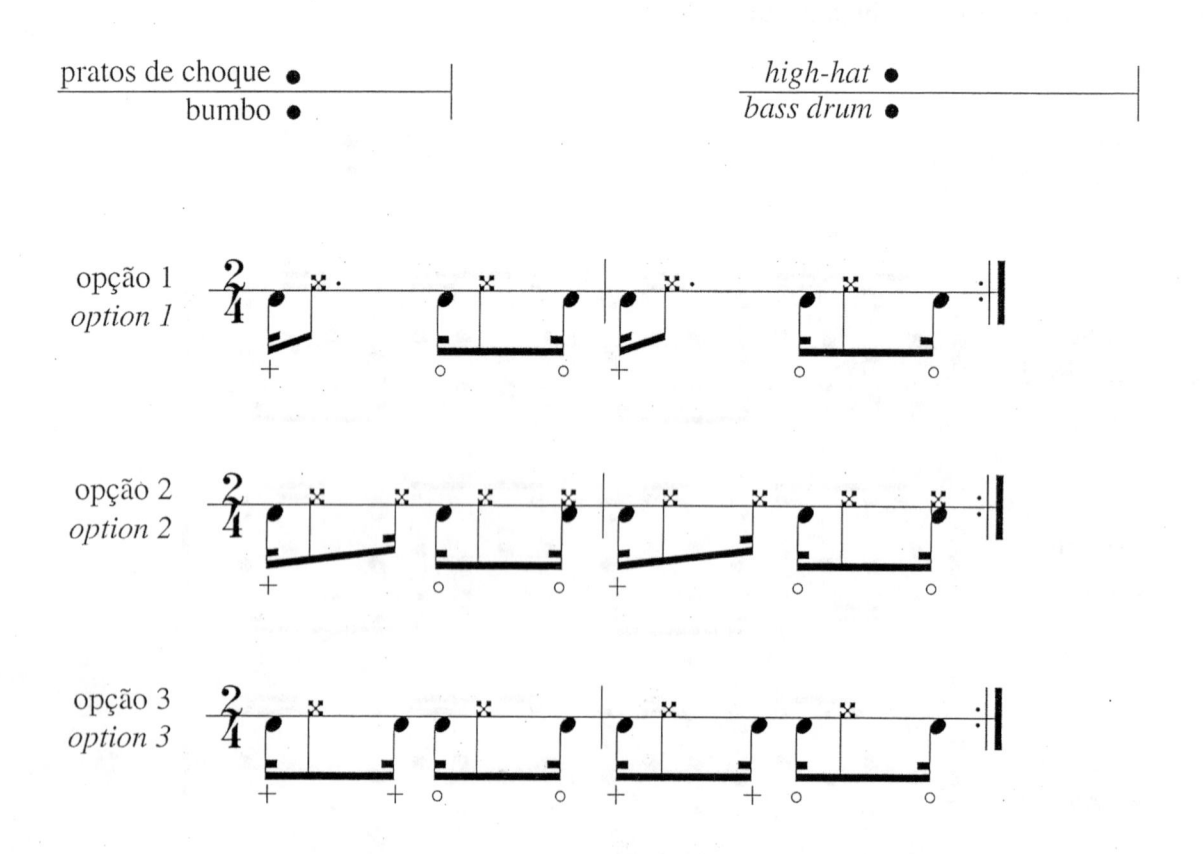

opção 1
option 1

opção 2
option 2

opção 3
option 3

- Tocando com escovas

Nos exercícios que se seguem, mostraremos diferentes manulações e acentos que caracterizam o ritmo.

- *Playing with brushes*

In the exercises that follow, we will demonstrate different hand sequences and accents that are characterize the rhythm.

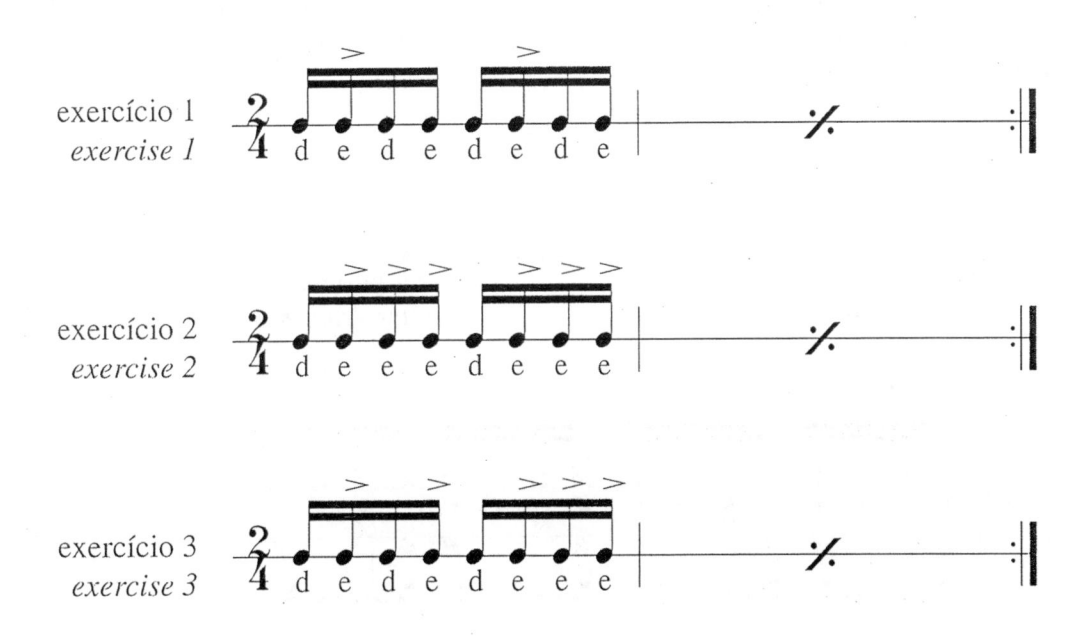

exercício 1 / exercise 1
d e d e d e d e

exercício 2 / exercise 2
d e e e d e e e

exercício 3 / exercise 3
d e d e d e e e

A semicolcheia com um traço indica que a escova deve raspar a pele.

The sixteenth notes with a slash on the stem indicate a scrape with the brush.

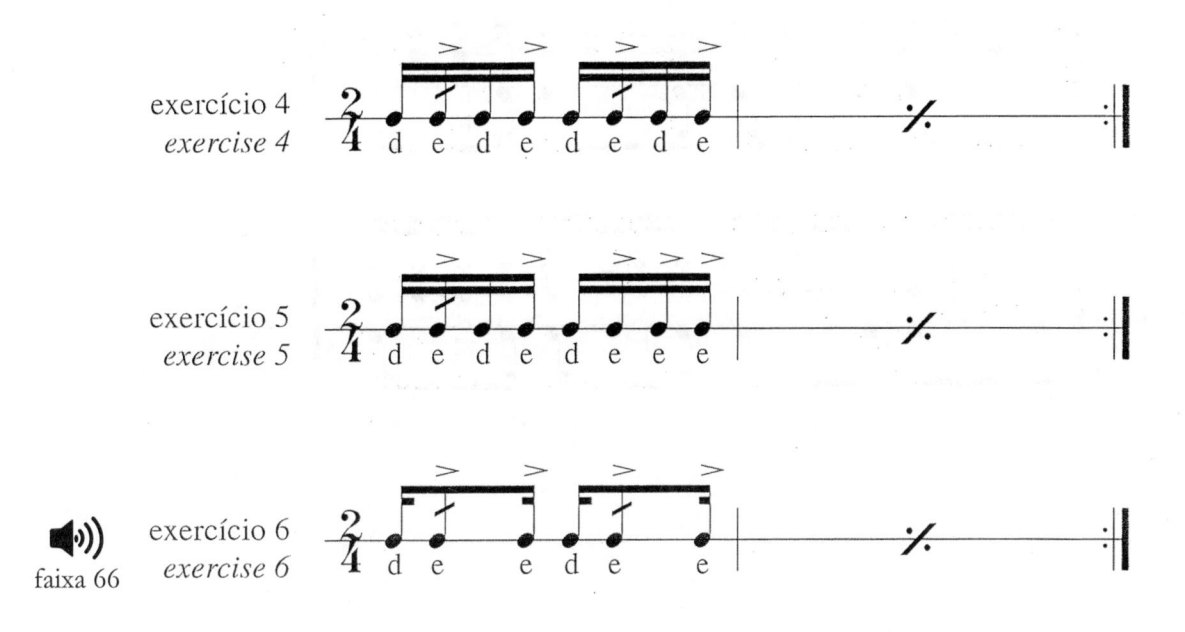

exercício 4 / exercise 4
d e d e d e d e

exercício 5 / exercise 5
d e d e d e e e

faixa 66 — exercício 6 / exercise 6
d e e d e e

- Tocando com baquetas

Uma alternativa para a execução do choro é o uso do prato de condução, especialmente nos andamentos lentos ou médios. Escolha uma opção de bumbo e pratos de choque e acrescente os exercícios de prato e caixa. Esta pode ser tocada na pele ou no aro e a condução pode ser feita, também, nos pratos de choque fechados.

- *Playing with sticks*

Another option is to play choro with a ride cymbal, especially in slow and medium tempos. Choose one of the bass drum/high-hat options and add the ride cymbal and snare drum exercises. This can be played on the skin or on the rim and the ride cymbal pattern can be played on a closed high-hat.

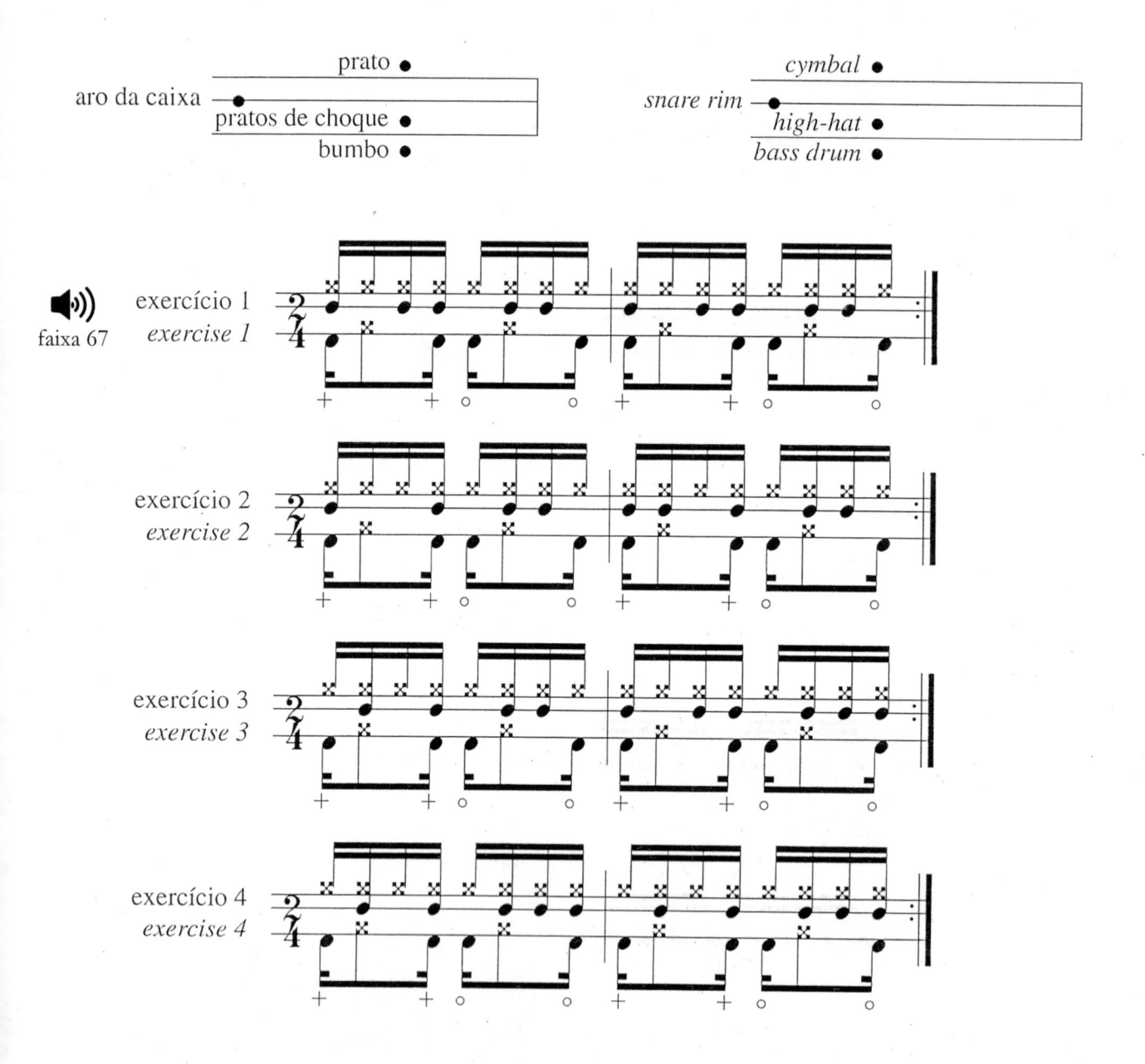

faixa 67

exercício 1 / exercise 1

exercício 2 / exercise 2

exercício 3 / exercise 3

exercício 4 / exercise 4

Ao contrário do samba, onde um único padrão rítmico pode servir como base de acompanhamento às composições do gênero, no choro – principalmente no choro ligeiro – o ritmo da bateria deve ser feito em cima da linha melódica. Usamos como exemplo *Brasileirinho*, de Waldir Azevedo. Reparem como os acentos da caixa são feitos com as notas agudas do cavaquinho.

Contrary to samba, where a single rhythmic pattern can serve as the basis for accompanying compositions in the genre, in choro – mainly in fast tempo choro – the drum set rhythm should be played on top of the melodic line. We will use the piece Brasileirinho *by Waldir Azevedo as an example. Note how the accents on the snare drum synchronize with the highest notes in the melodic line (played on a ukelele-like instrument known as the cavaquinho).*

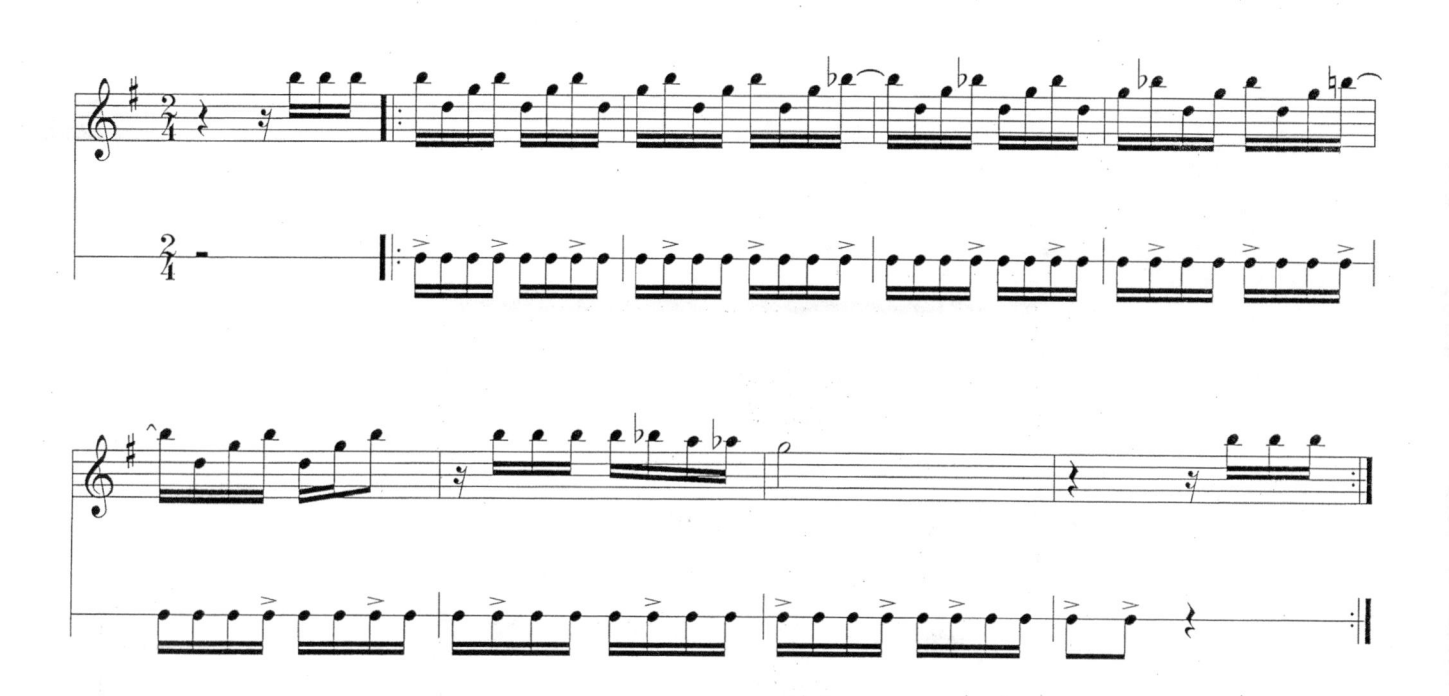

3 MAXIXE

Gênero musical brasileiro, de ritmo vigoroso e alegre, o maxixe surgiu no Rio de Janeiro por volta de 1870. Foi graças ao grande poder de transformação e improvisação dos músicos de choro, abrasileirando as músicas vindas de fora, que ele nasceu do resultado da fusão da polca com o lundu. Considerada uma dança lasciva, o maxixe obteve enorme sucesso nos palcos europeus nas décadas de 1910 e 1920 com o casal de dançarinos Duque e Gaby.

3 *MAXIXE*

Brazilian music genre, with a vigorous and cheerful rhythm, the maxixe developed in Rio de Janeiro around 1870. Thanks to the great improvisational skills and creativity of the choro musicians, who Brazilianized music from other countries, the maxixe was born from the fusion of the polka and the lundu. Considered a lascivious dance, the maxixe obtained enormous success on European stages in the 1910s and 1920s with the pair of dancers Duque and Gaby.

Maxixe dance.

Bumbo e pratos de choque

Nas bandas tradicionais utilizam-se três percussionistas para executar o bumbo, a caixa e os pratos. Os exercícios aqui adaptados à bateria podem ser tocados, também, individualmente.* Iniciaremos a prática do maxixe com o bumbo e os pratos de choque. O apoio natural é feito no segundo tempo, com os pratos de choque tocando no contratempo.

Bass drum and high-hat

The traditional bands that performed maxixe used three percussionist to play the bass drum, the snare, and the pair of hand cymbals. The exercises given here, adapted for the drum set, can also be performed individually.* We will begin the practice of the maxixe with the bass drum and high-hat. The natural help is done on the second time, with the high-hat playing on back beats.

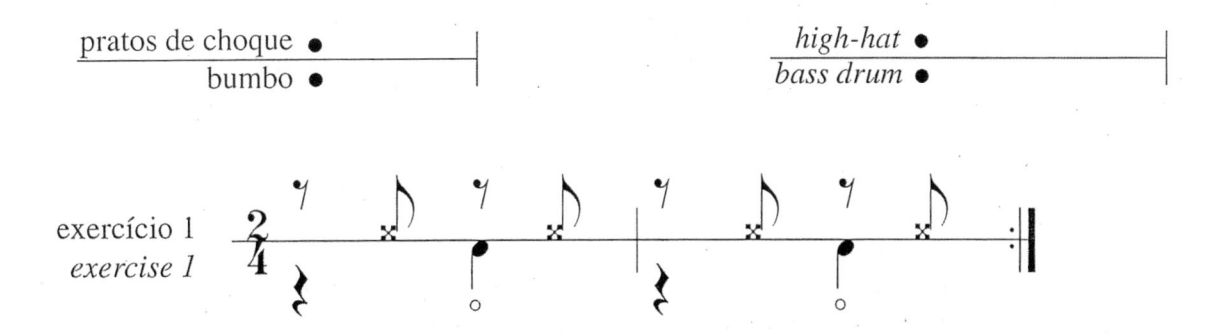

exercício 1 / exercise 1

Uma característica muito importante dos pratos de choque é dar brilho à primeira parte da música (ou ao estribilho). Para tanto eles são tocados de forma a proporcionar um som aberto, com o pé voltando à posição de partida imediatamente após o choque dos pratos.

One important characteristic of the high-hat is to add brightness to the first section of the music (or to the refrain). As such, it is played with an open sound, with the foot lifting off the pedal immediately after the cymbals make contact.

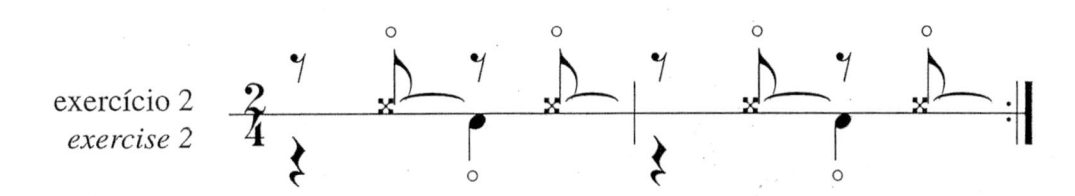

exercício 2 / exercise 2

Seguem-se algumas variações dos pratos de choque.

The following are some variations for the high-hat.

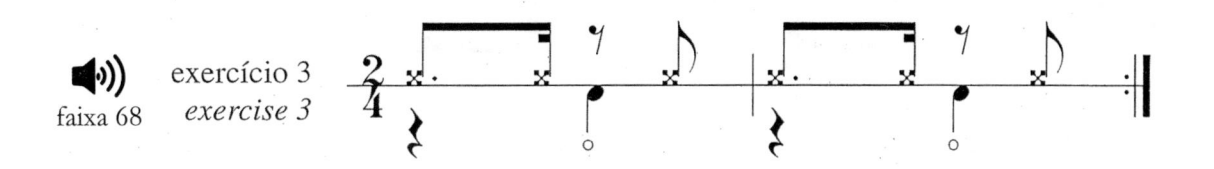

faixa 68 — exercício 3 / exercise 3

---

* Esta prática se estende aos capítulos da marchinha, da polca e da valsa brasileira.

* *This can also be done with the exercises in the chapters on the marchinha, polka, and Brazilian waltz.*

exercício 4 / exercise 4

exercício 5 / exercise 5

exercício 6 / exercise 6

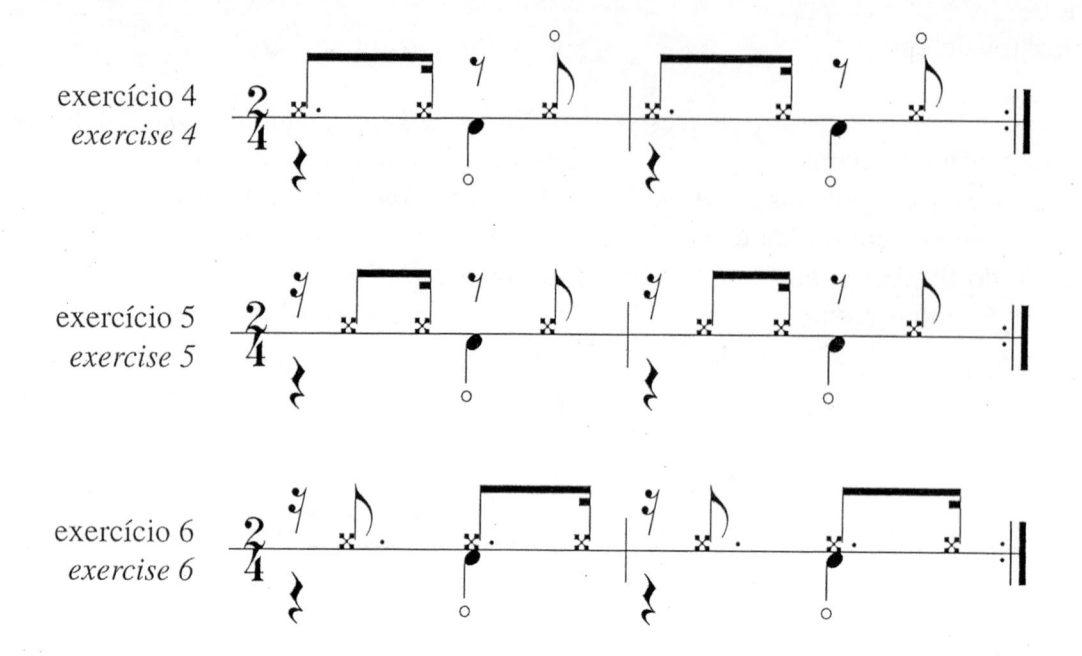

O bumbo, de acordo com a pulsação da música, pode também apresentar diferentes padrões de marcação, devendo-se evitar o desenho rítmico de colcheia pontuada e semicolcheia no primeiro tempo, que é característica do baião. Os exercícios 7 e 8 podem ser executados com pausa nos primeiros tempos dos compassos.

The bass drum, in accordance with the pulse of the music, can also employ different marking patterns, avoiding the use of the dotted eighth and sixteenth note pattern on the first beat of the measure that characterizes another Brazilian rhythm, the baião. Exercises 7 and 8 can be played with a rest on the first beat of the measure.

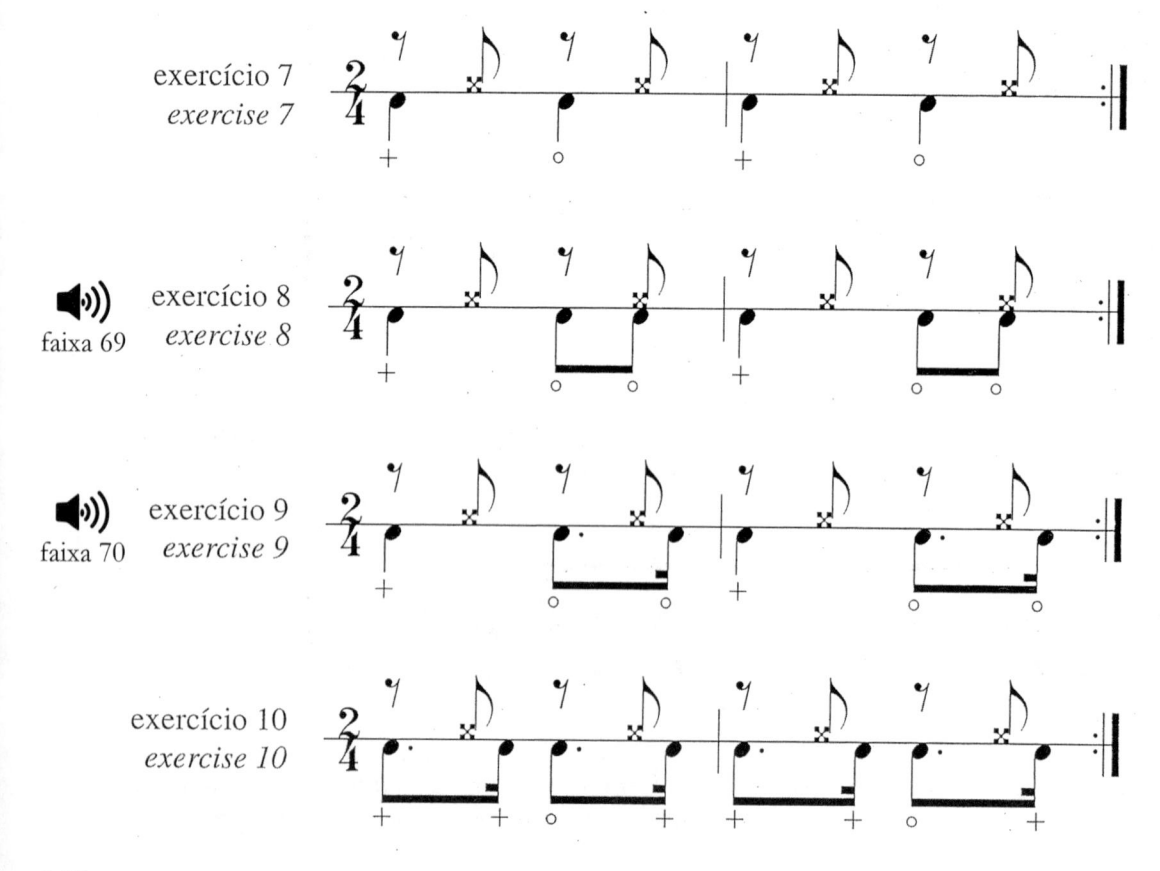

exercício 7 / exercise 7

faixa 69 — exercício 8 / exercise 8

faixa 70 — exercício 9 / exercise 9

exercício 10 / exercise 10

▪ Tocando com baquetas

As fórmulas rítmicas seguintes, características do maxixe, são executadas na caixa com toques alternados (d-e-d-e). As notas cuja haste contém dois traços referem-se ao rulo (de maior duração) ou a um simples toque múltiplo. Faça combinações de bumbo e pratos de choque e use como acompanhamento.

▪ *Playing with sticks*

The following rhythmic formulas, characteristic of the maxixe, are played on the snare drum with alternating hands (r-l-r-l). The notes with slashes on the stems should be played as rolls (when of long duration) or as multiple bounce strokes.

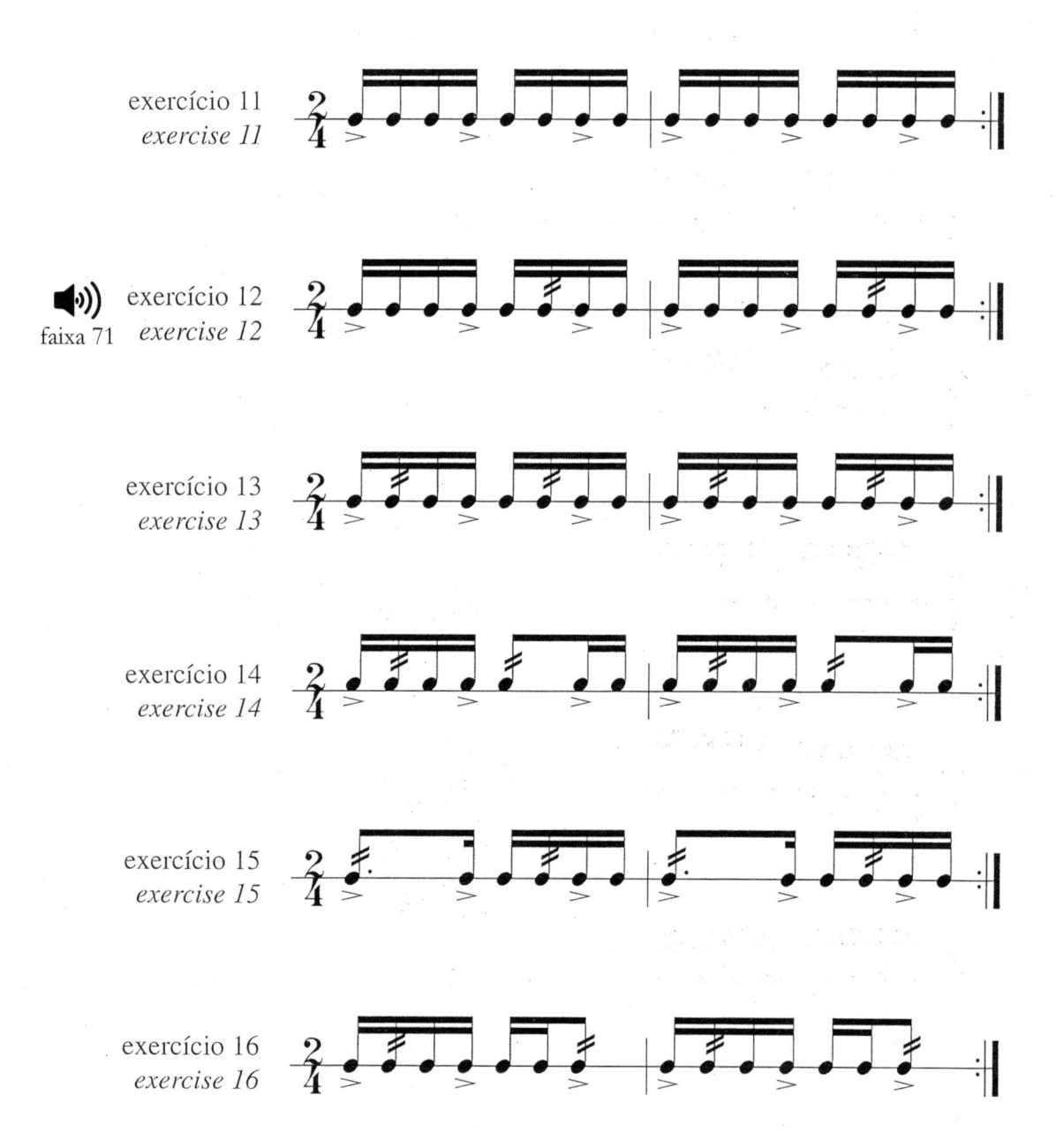

Tocando com escovas

O maxixe tocado com escovas tem manulações variadas. A semicolcheia com um traço indica que a escova deve raspar a pele.

Playing with brushes

The maxixe played with brushes uses various sticking patterns. The sixteenth note with slashes on the stem should be played with a scrape of the skin.

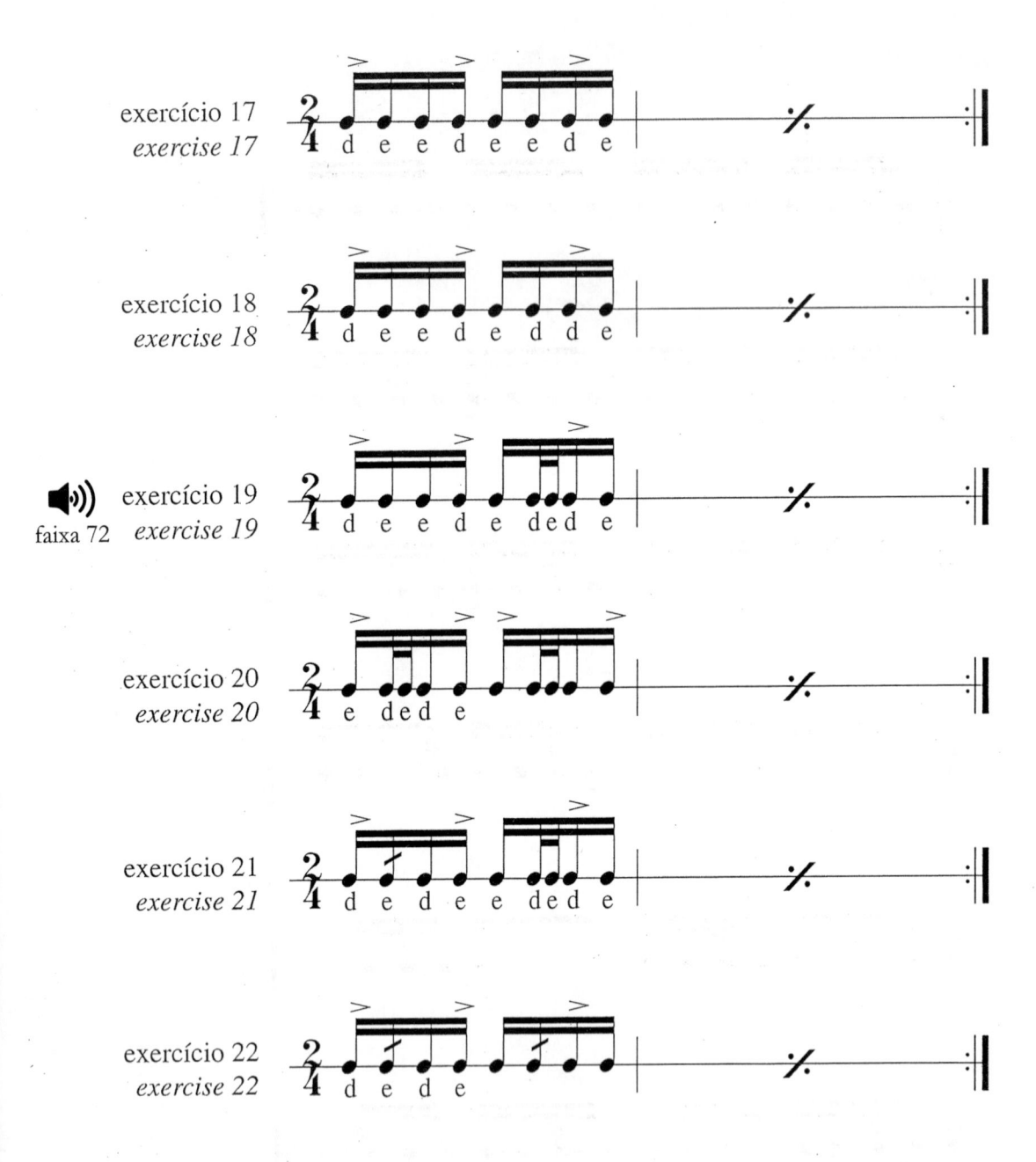

exercício 17 / exercise 17

exercício 18 / exercise 18

faixa 72 — exercício 19 / exercise 19

exercício 20 / exercise 20

exercício 21 / exercise 21

exercício 22 / exercise 22

- Pandeiro

O maxixe também faz parte do repertório dos grupos de choro. Como nesta formação o pandeiro é o instrumento de percussão mais utilizado, apresentamos alguns padrões de ritmo apropriados ao gênero.

- *Brazilian tambourine*

The maxixe also is part of the repertoire of the choro groups. In this type of ensemble, the pandeiro is the percussion instrument most utilized. Here are a some rhythmic patterns in the genre.

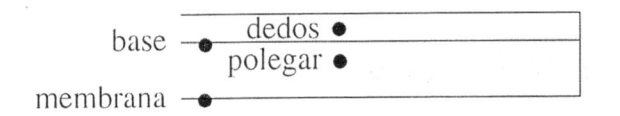

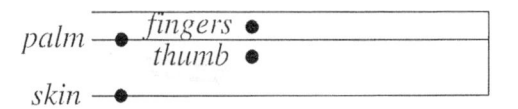

base — dedos / polegar
membrana

palm — fingers / thumb
skin

exercício 1 / *exercise 1*

exercício 2 / *exercise 2*

exercício 3 / *exercise 3*

O toque rulado da caixa no maxixe pode ser conseguido no pandeiro usando-se o rulo como efeito.

The rolled stroke of the snare drum in the maxixe can be accomplished on the pandeiro using a finger roll as an effect.

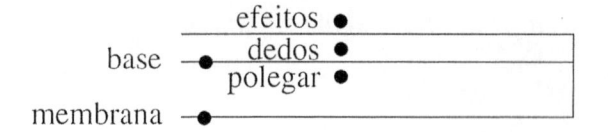

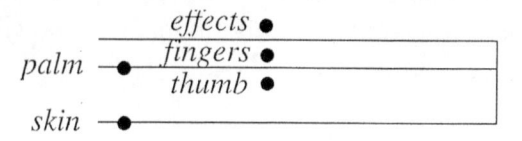

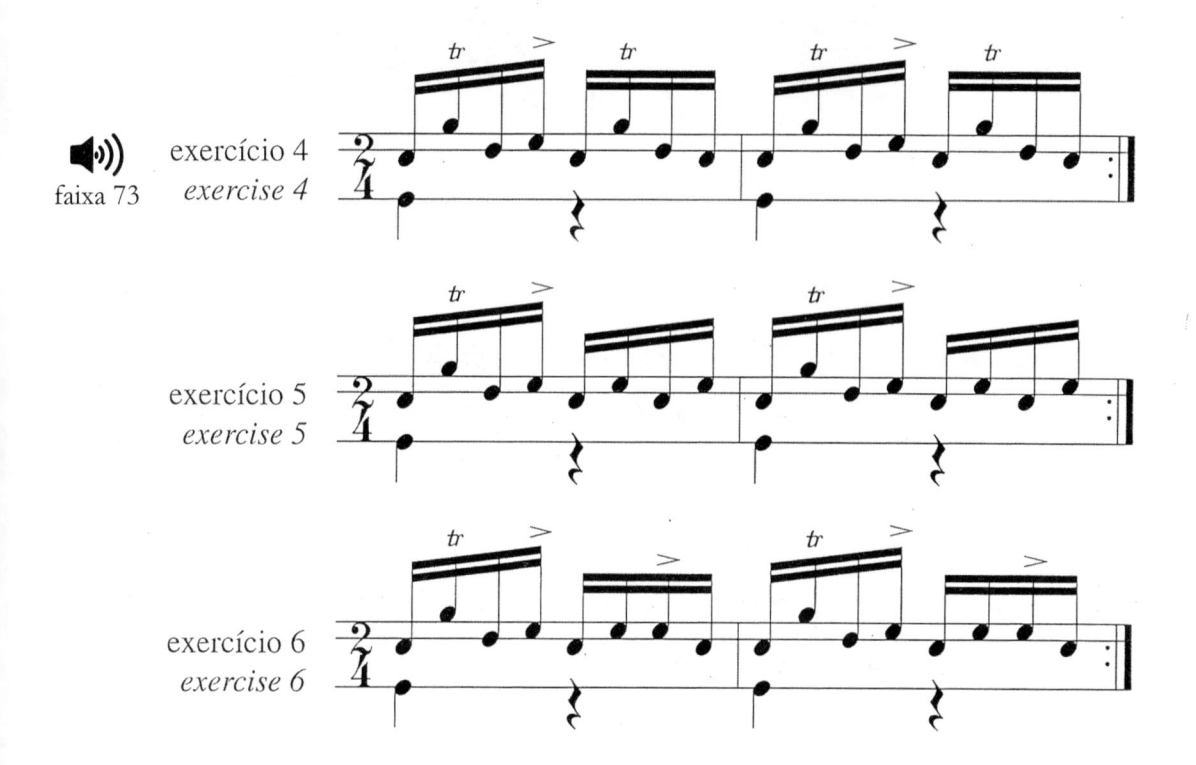

base — efeitos •
       dedos •
       polegar •
membrana •

palm — effects •
       fingers •
       thumb •
skin •

🔊 faixa 73 exercício 4 / *exercise 4*

exercício 5 / *exercise 5*

exercício 6 / *exercise 6*

4 MARCHINHA

As marchinhas são provenientes, provavelmente, dos pastoris – autos religiosos encenados à época do Natal e que aqui chegaram com os jesuítas. Bastante difundidos na Europa do século XVI, estes folguedos eram apresentados nas ruas ou em teatros improvisados. Pandeiros e maracas eram os instrumentos usados em seu acompanhamento, mas há informações de que, em antigos pastoris, trombones, trompetes, clarinetes, bombardinos e bumbos eram também utilizados. A princípio tocadas em ritmo lento, as marchinhas, com o tempo, tiveram seu andamento modificado. Adquirindo caráter profano e sendo produzidas com regularidade, aos poucos foram sendo dirigidas especificamente para o carnaval, com letras maliciosas e de duplo sentido. As marchas-rancho, ao contrário, se caracterizam pelo tom romântico de suas letras e pelas melodias executadas lentamente, tendo sua origem ligada aos desfiles de antigos ranchos carnavalescos.

4 *MARCHINHA*

The marchinhas most likely derived from the pastoris – *a religious play staged during Christmas season that was introduced into Brazil by Jesuit priests. Quite widespread in sixteenth-century Europe, these pastime entertainments were performed in the street or in improvised theatres. Pandeiros and maracas were used to accompany them, but there is also evidence that trombones, trumpets, clarinets, bombardinos, and bass drums were also used at one time. Played at a slow tempo at first, the marchinhas, over time, had the tempo changed. It acquired a secular character as it became regularly performed during carnival with malicious lyrics and double entendre. The marchas-rancho, to the contrary, are characterized by the romantic tone of their lyrics and their slow melodies that derived from the parades of the old carnaval groups known as ranchos carnavalescos.*

Braguinha e Lamartine Babo, autores de famosas marchinhas de carnaval.

Braguinha and Lamartine Babo, famous carnival marchinha composers.

▪ Bumbo e pratos de choque

O primeiro exercício refere-se à marcação do tempo da marchinha. As notas escritas abaixo da linha referem-se ao bumbo e acima dela, aos pratos de choque.

▪ *Bass drum and high-hat*

The first exercise relates to the marking of the tempo of the marchinha. The notes written below the line are for the bass drum and those above the line for the high-hat.

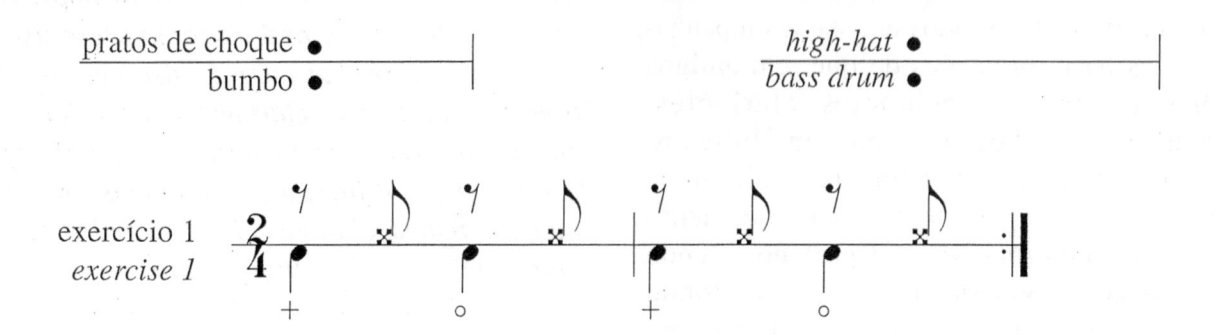

pratos de choque •
bumbo •

high-hat •
bass drum •

exercício 1 / *exercise 1*

O exercício 2 serve para a execução do refrão, com os pratos de choque abertos dando volume e vivacidade ao ritmo. Ao entrar novamente na segunda parte, eles passam a produzir um som fechado.

Exercise 2 is used for the refrain, with the high-hat played with an open sound giving a liveliness to the rhythm. On the return of the second section, they should be played in a closed manner.

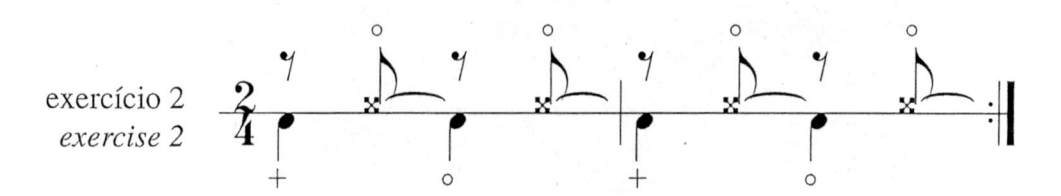

exercício 2 / *exercise 2*

O exercício 3 costuma ser usado como preparação para o início da segunda parte da música ou para o retorno ao refrão inicial. Os contratempos dos pratos de choque abertos são tocados com baqueta e fechados com os pés quando caem no apoio.

Exercise 3 is commonly used as lead-in to beginning of the second section of the music or to prepare the return of the initial refrain. The off-beats on the high-hat are played with a stick while in open position followed by closing the high hat with the pedal.

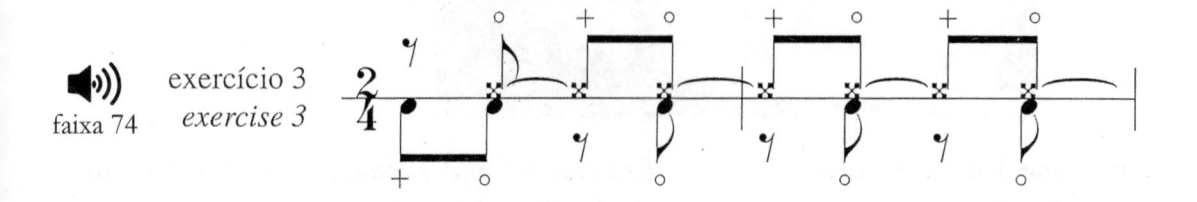

faixa 74 — exercício 3 / *exercise 3*

- Caixa

Os exercícios que se seguem apresentam variadas formas de execução da marchinha na caixa. Pratique-os, usando bumbo e pratos de choque.

- *Snare drum*

The exercises that follow present varied forms of playing the marchinha on the snare drum. Practice them using the bass drum and high-hat as accompaniment.

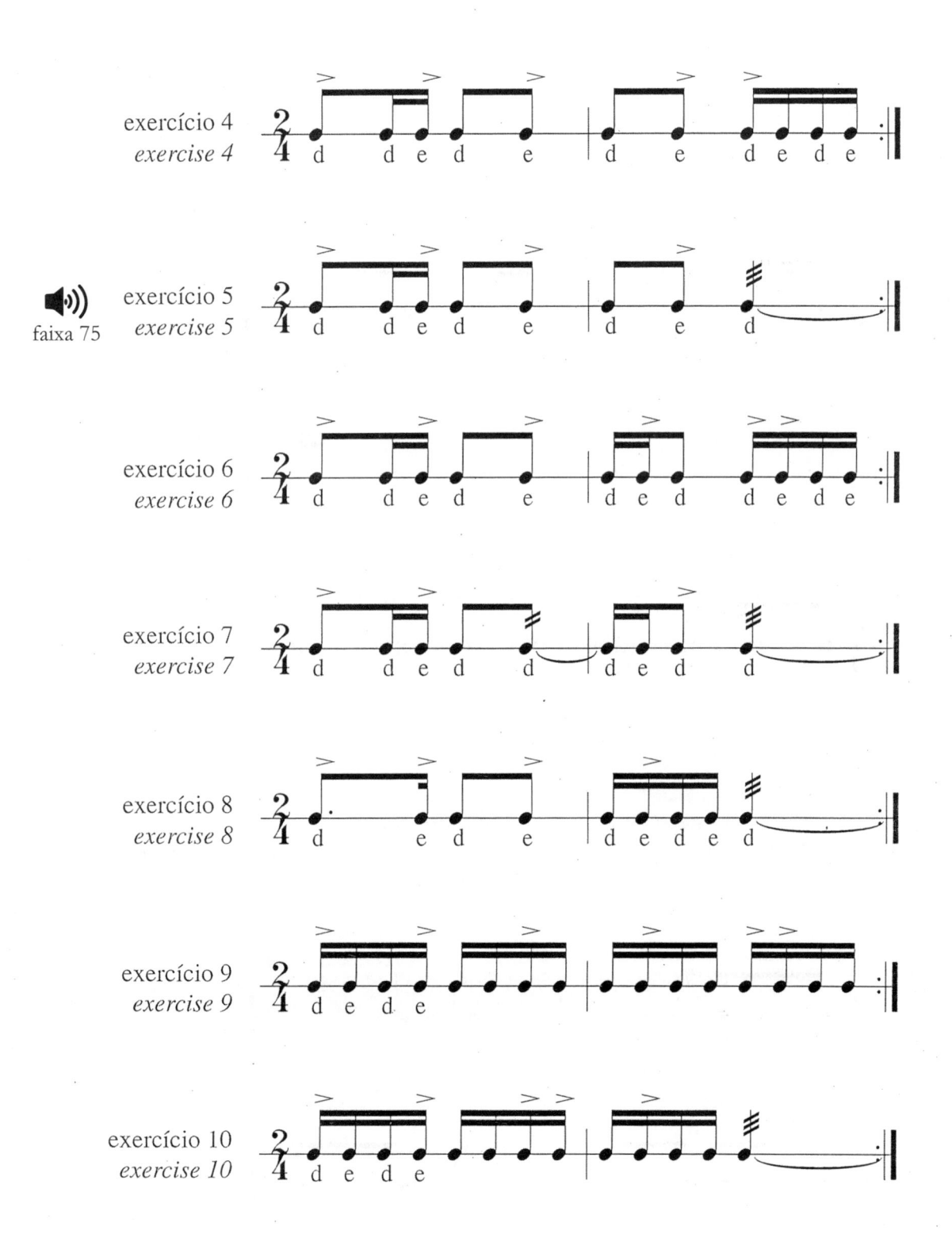

exercício 4 / *exercise 4*

exercício 5 / *exercise 5* — faixa 75

exercício 6 / *exercise 6*

exercício 7 / *exercise 7*

exercício 8 / *exercise 8*

exercício 9 / *exercise 9*

exercício 10 / *exercise 10*

• Condução

A marchinha pode ser tocada também nos pratos de condução ou nos pratos de choque fechados, de acordo com a dinâmica da música. Os exercícios 11, 12, 13 e 14 apresentam alguns ostinatos que podem ser empregados.

• *Ride cymbal*

The marchinha can also be played with the ride cymbal or closed high-hat depending on the dynamics of the music. Exercises 11, 12, 13 and 14 feature some ostinatos that can be used.

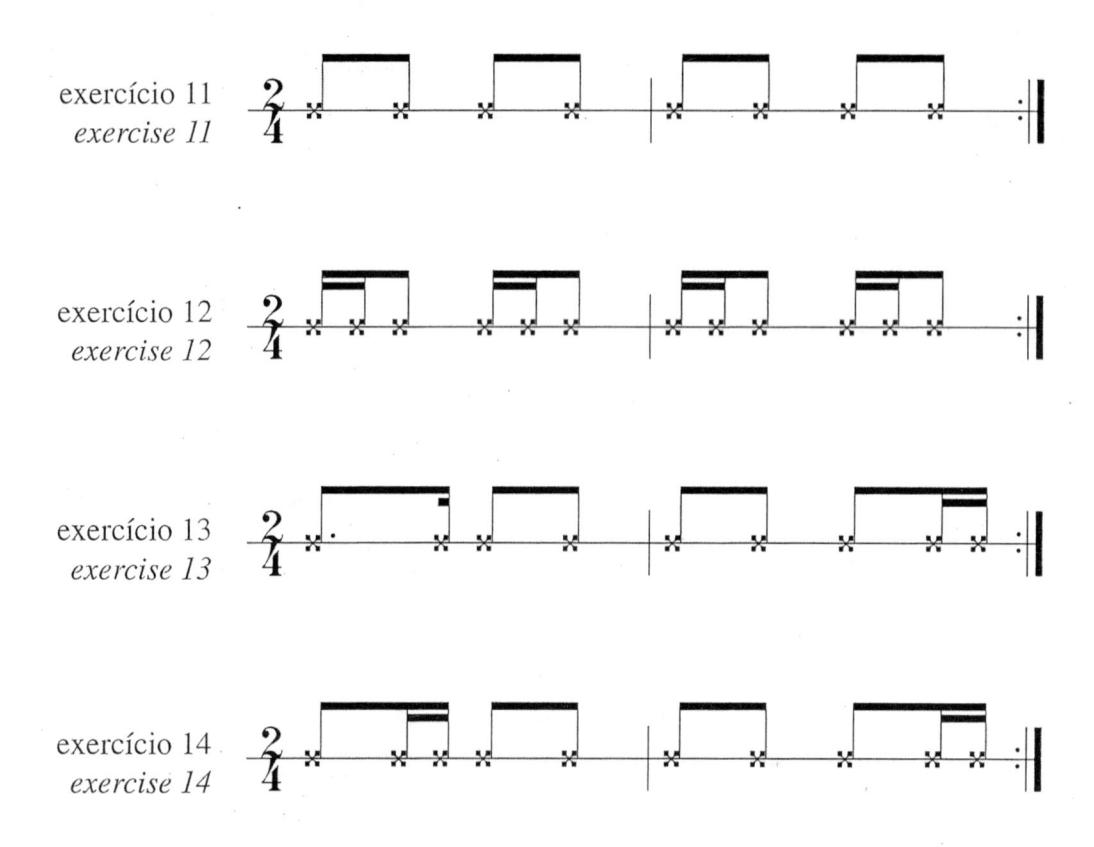

exercício 11 / *exercise 11*

exercício 12 / *exercise 12*

exercício 13 / *exercise 13*

exercício 14 / *exercise 14*

Os módulos seguintes podem ser executados na pele ou no aro da caixa com o prato de condução.

The following modules may be performed on the skin or on the rim of the snare drum together with the ride cymbal.

exercício 15 / *exercise 15*

exercício 16 / *exercise 16*

exercício 17
exercise 17

exercício 18
exercise 18

Os ritmos abaixo são feitos na pele da caixa e, da mesma forma que os anteriores, devem ser acompanhados do prato de condução.

The rhythms below are done on the skin of the snare drum and should be accompanied by the ride cymbal.

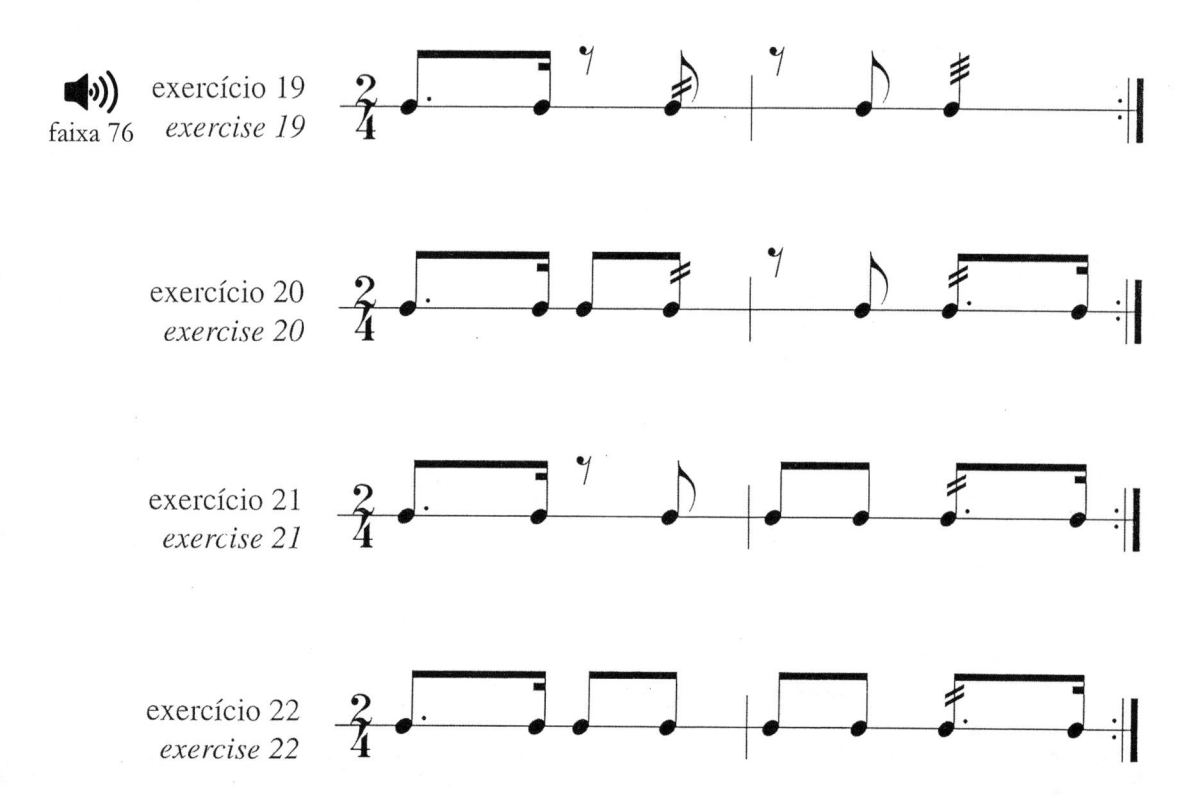

faixa 76 exercício 19
exercise 19

exercício 20
exercise 20

exercício 21
exercise 21

exercício 22
exercise 22

Pandeiro

A seguir apresentaremos alguns módulos de ritmo apropriados ao pandeiro na execução da marchinha.

Brazilian tambourine

The next rhythmic modules are typical for the pandeiro in the marchinha.

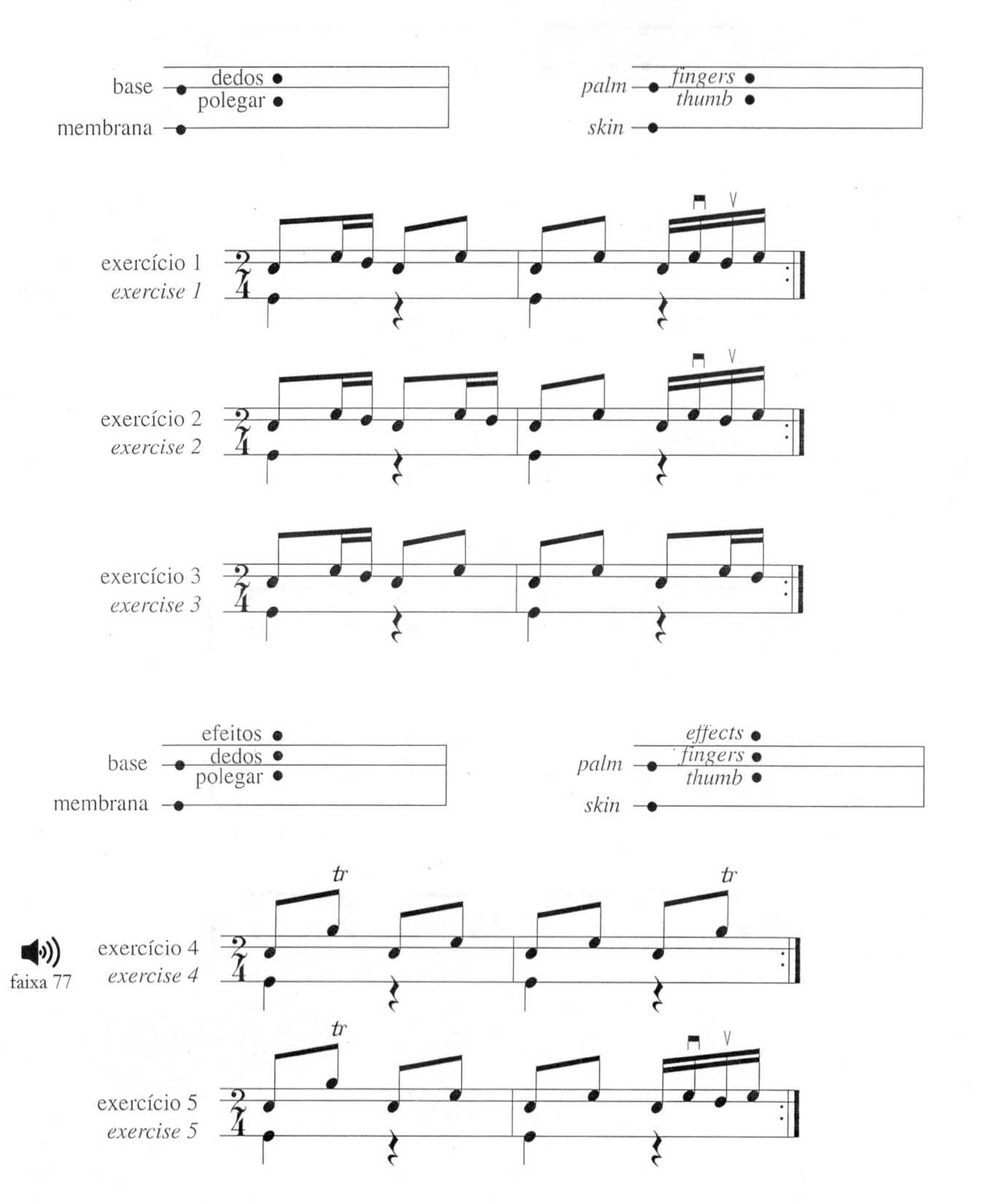

5 POLCA

Dança originária da Boêmia (antiga Tcheco-Eslováquia), a polca chegou ao Brasil em 1845 como dança de salão. A princípio tocada ao piano, devido ao seu grande sucesso e conseqüente popularização, foi logo incorporada ao repertório dos conjuntos de choro, adquirindo, com isso, sotaque bem brasileiro. Mesclando-se a outros gêneros musicais da época, era também conhecida como polca-lundu ou polca-militar, gênero consagrado por Anacleto de Medeiros, compositor, chorão e maestro da Banda do Corpo de Bombeiros.

5 POLKA

A dance of Bohemian origin (ancient Czechoslovakia), the polka arrived in Brazil in 1845 as a salon dance. At first it was played on the piano, and due to its enormous success and consequent popularization, it was incorporated into the repertoire of the choro groups where it acquired a Brazilian accent. Mixing with other musical genres of the time, it was also known as the polca-lundu or polca-militar, a genre championed by Anacleto de Medeiros, composer, choro musician, and band master of the Fire Guards Band.

Anacleto de Medeiros

- Bumbo e pratos de choque

O primeiro exercício deste capítulo apresenta a marcação básica da polca.

- *Bass drum and high-hat*

The first exercise in this section presents the basic polka pattern.

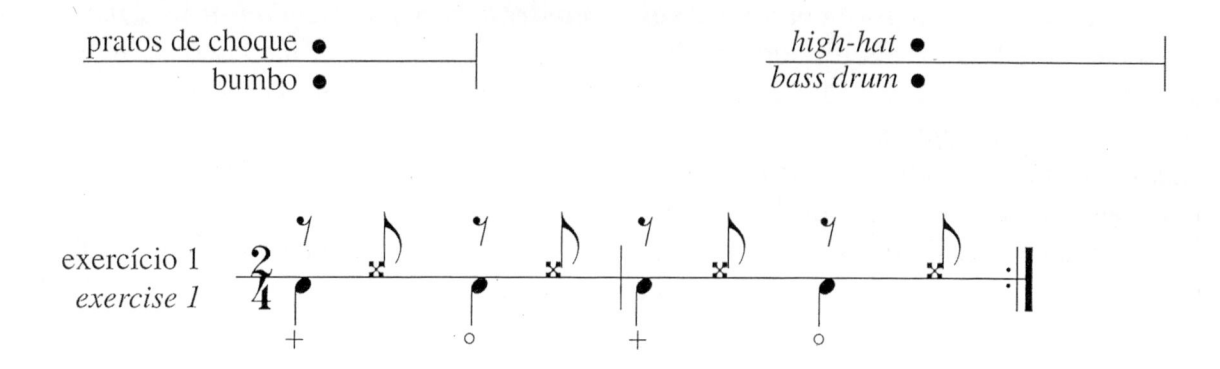

pratos de choque •
bumbo •

high-hat •
bass drum •

exercício 1
exercise 1

Utiliza-se, também, uma variação de bumbo no segundo compasso.

A bass drum variation in the second measure is also used.

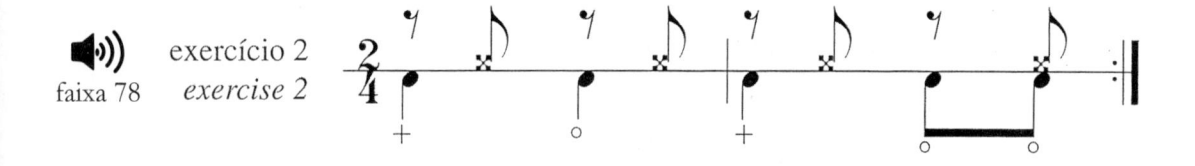

faixa 78 exercício 2
exercise 2

Assim como no maxixe ou na marchinha, no refrão, ou volta à primeira parte, os pratos de choque soam abertos.

As with the maxixe or the marchinha, in the refrain or the return of the first section the high-hat should be open.

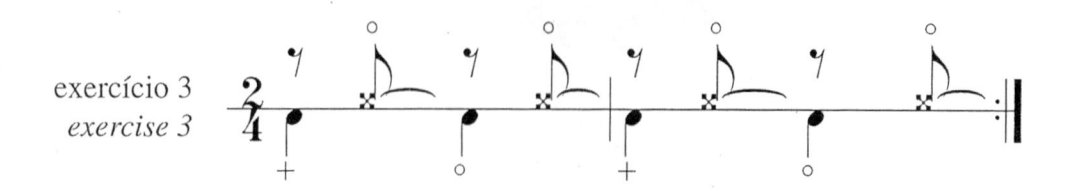

exercício 3
exercise 3

- Caixa

Quatro versões do ritmo da caixa podem ser empregadas durante a execução da música. A manulação fica a critério do executante.

- *Snare drum*

Four versions of the snare drum rhythm can be used when playing a piece of music. The sticking is left to the performer.

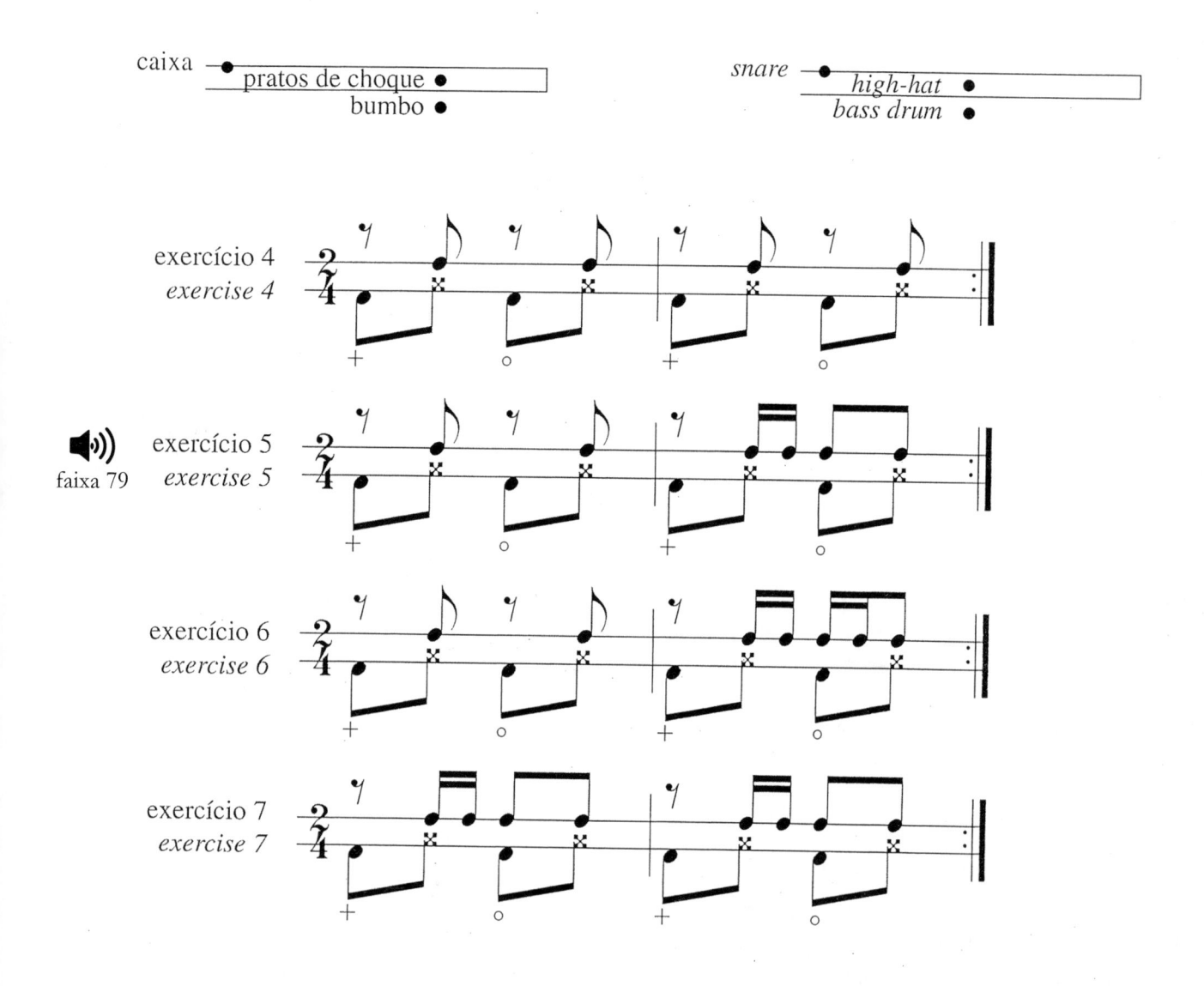

caixa — pratos de choque • / bumbo •

snare — *high-hat* • / *bass drum* •

exercício 4 / *exercise 4*

faixa 79 — exercício 5 / *exercise 5*

exercício 6 / *exercise 6*

exercício 7 / *exercise 7*

O rulo pode ser aplicado em substituição ao toque aberto da caixa.

The roll can be substituted for the open stroke.

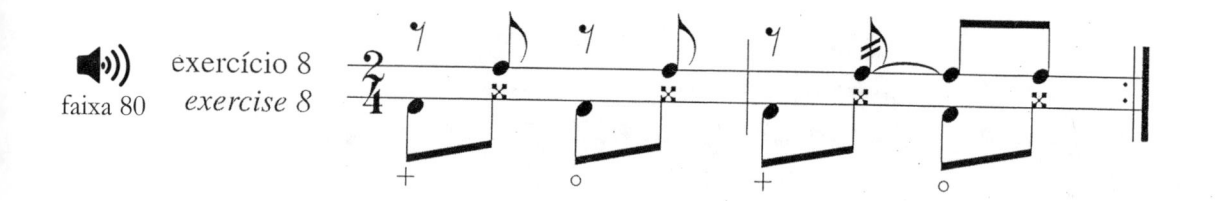

faixa 80 — exercício 8 / *exercise 8*

exercício 9
exercise 9

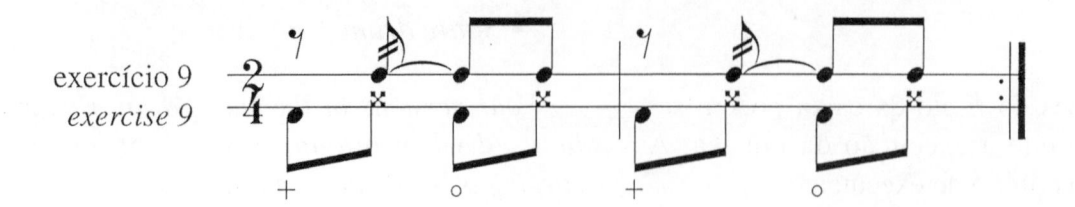

A apojatura é um recurso usual na polca.

The grace note is a common element in the polka.

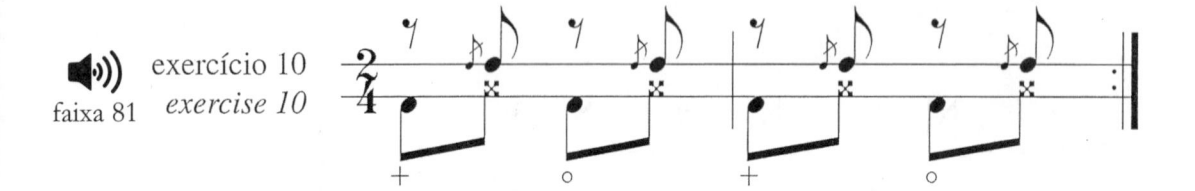

faixa 81 — exercício 10
exercise 10

Na conclusão de um trecho musical, usa-se esta convenção tanto para voltar à primeira parte quanto para iniciar a segunda.

At the end of a musical section, this convention is used to return to the first section and to initiate the second section.

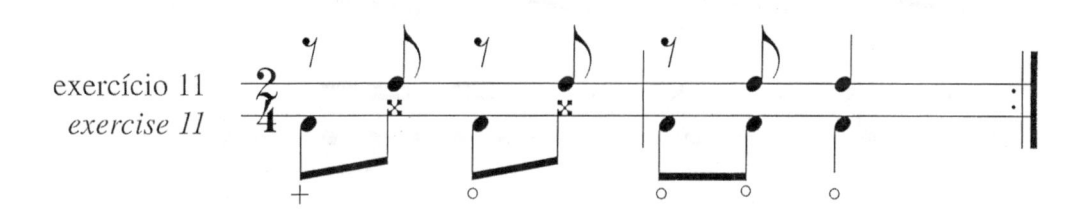

exercício 11
exercise 11

- Pandeiro

A polca, como o maxixe, é bastante executada pelos músicos de choro. Destacamos alguns padrões de ritmo adaptados ao pandeiro.

- *Brazilian tambourine*

The polka, like the maxixe, is frequently performed by choro musicians. We will add a few rhythmic patterns adapted to the pandeiro.

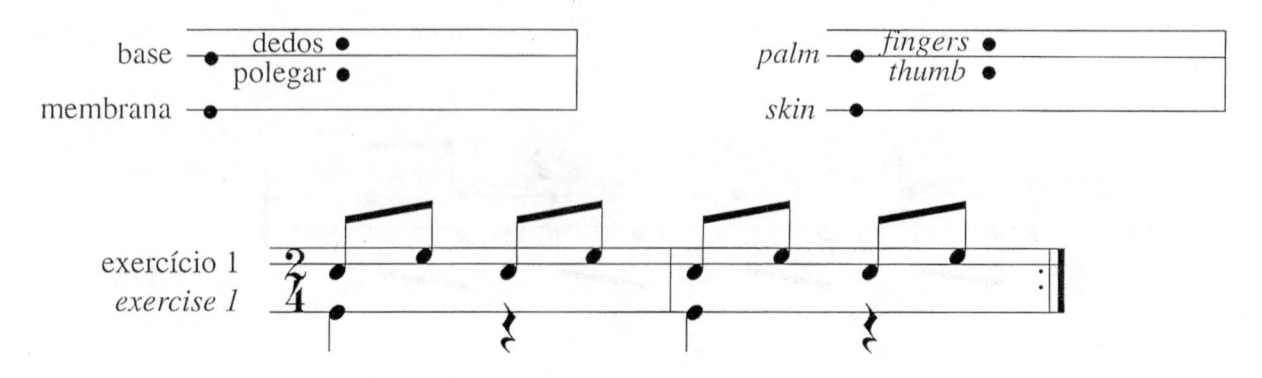

base — dedos ● / polegar ●
membrana ●

palm — fingers ● / thumb ●
skin ●

exercício 1
exercise 1

BATUQUE É UM PRIVILÉGIO / *BATUQUE IS A PRIVILEGE*

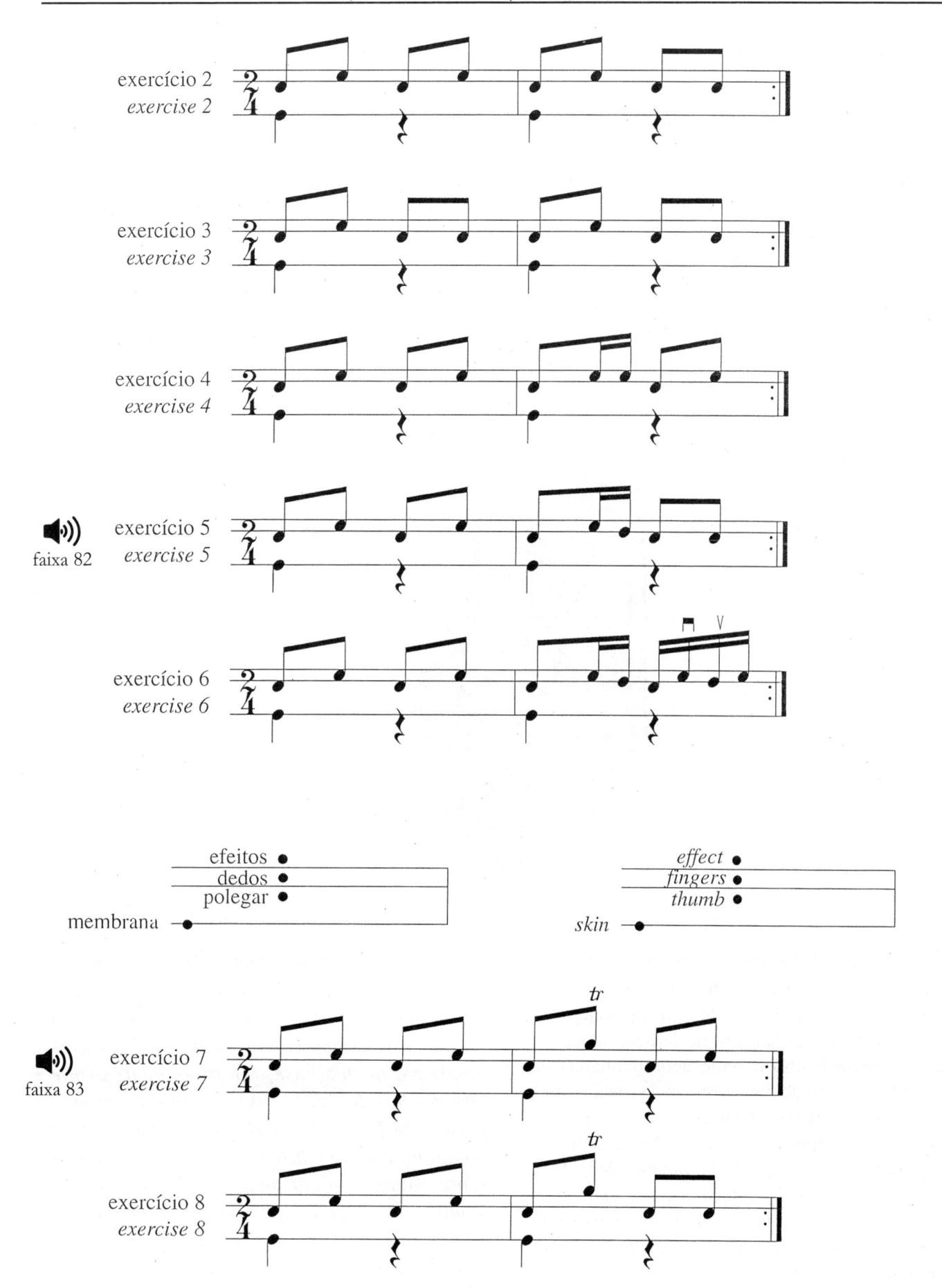

6 VALSA BRASILEIRA

Gênero de música e dança oriundas da Áustria, a valsa desembarcou no Brasil com a família real portuguesa. Bastante difundida, em andamento vivo ou moderado, ela ganhou nas interpretações dos grupos de choro um caráter seresteiro. Ritmo indispensável ao repertório dos salões, com o tempo passou a fazer parte da criação de compositores populares. Cantada, tal qual a modinha aqui produzida em compassos binários e ternários, a valsa transforma-se, então, num dos gêneros mais apreciados pelos cantores de seresta. Abaixo, foto do compositor e flautista Patápio Silva, autor da célebre valsa *Primeiro amor*.

6 BRAZILIAN WALTZ

The waltz originated in Austria and arrived in Brazil via the royal Portuguese family. Disseminated widely, in lively or moderate tempo, it acquired a serenade quality in the hands of choro musicians. It was an indispensable rhythm in the salon repertoire and with time, became a favored genre for popular composers in Brazil. As a song, like the modinha in duple or triple meter, the waltz became one of the most popular genres among the serenade singers. Below is a photo of the flutist and composer Patápio Silva, author of the celebrated waltz Primeiro amor *(First love).*

As valsas seresteiras, de andamento lento e caráter romântico, na maioria das vezes, dispensam o uso da percussão. Valsas brejeiras e virtuosísticas, de andamento acelerado, adquirem maior vigor e brilho quando acompanhadas da bateria ou mesmo do pandeiro. Neste caso, os três tempos do compasso ternário soam como um único pulso composto, podendo ser representados por uma fórmula de compasso binário (6/8). Esta representação é preferível, pois deixa clara uma diferenciação dos tempos de apoio e impulso, que serão caracterizados, na execução, pelo abafamento ou não da pele do instrumento.

The serenade waltzes, with a romantic character and slow tempo, usually do not include percussion. Fast and virtuosic waltzes are given brilliance and vigor with the addition of drums or pandeiro. In this case, the three beats of the measure are felt more like a single compound pulse. The fast waltz could be combined into a compound binary 6/8 measure. This kind of representation might be preferable because it would also clearly represent the primary and secondary pulses of the rhythm that are articulated by closed and open strokes.

- Tocando com escovas

Para realçar o ritmo da caixa, os exercícios seguintes dispensam o uso dos pratos de choque. As colcheias devem ser executadas com o seu valor real, evitando o emprego da "colcheia americana", que, principalmente no *jazz*, é interpretada com se fosse uma tercina. A manulação fica a critério do executante.

- *Playing with brushes*

To emphasize the rhythm on the snare drum, the following exercises will dispense with the high-hat. The eighth notes should be performed as written, avoiding the swing feel from American jazz. Sticking is up to the discretion of the performer.

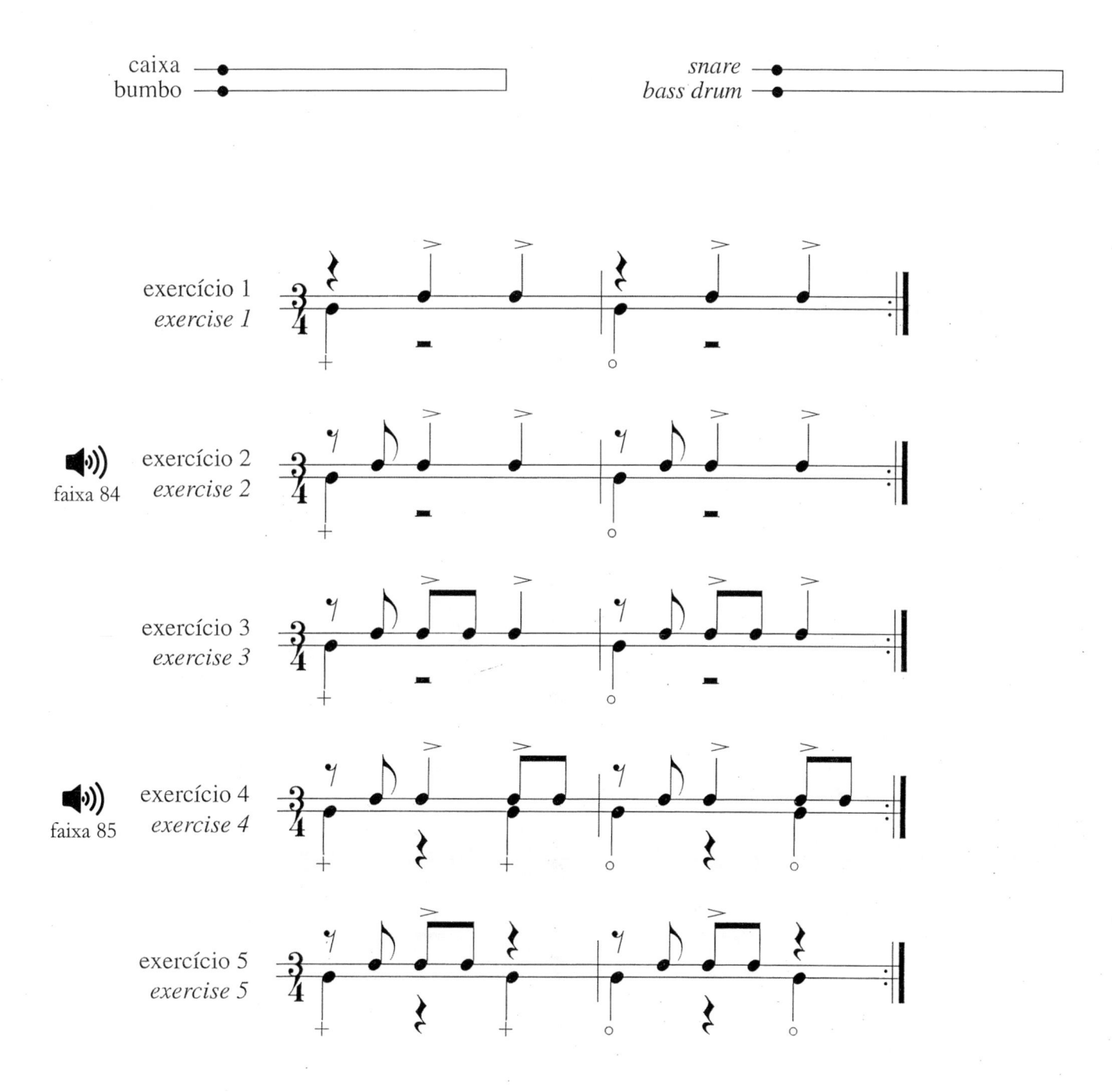

exercício 1 / exercise 1

faixa 84 — exercício 2 / exercise 2

exercício 3 / exercise 3

faixa 85 — exercício 4 / exercise 4

exercício 5 / exercise 5

exercício 6 / exercise 6

exercício 7 / exercise 7

Para a execução das valsas de andamento vivo, aconselha-se praticar os exercícios lentamente, apressando o andamento à medida que forem sendo assimilados.

For the performance of lively waltzes, it is advised that you practice the exercises slowly, increasing the tempo as the patterns become easier.

- Tocando com baquetas

Nos exercícios com baquetas, faremos uso dos pratos de choque.

- *Playing with sticks*

In the exercises with sticks, we will use the high-hat.

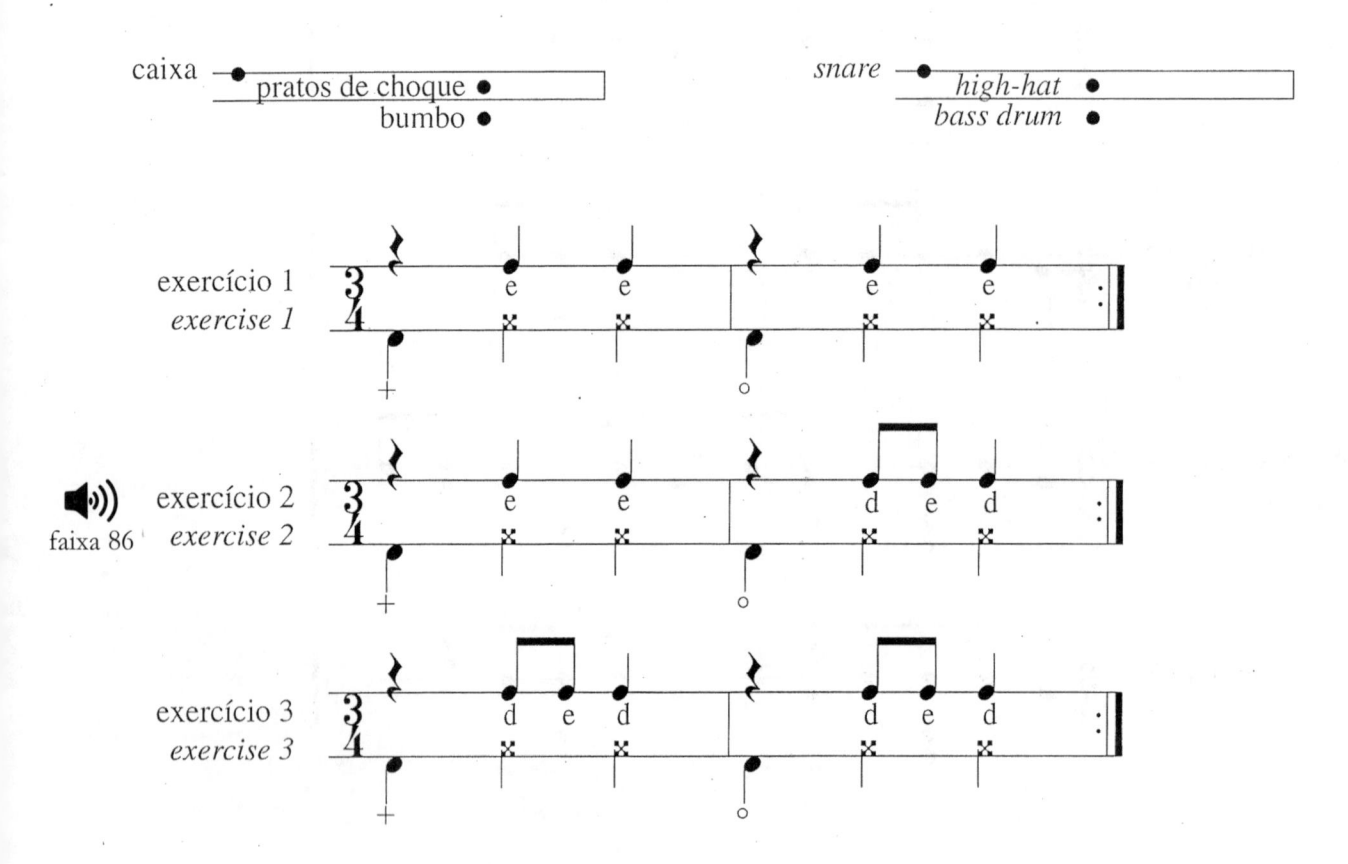

caixa — pratos de choque • / bumbo •

snare — *high-hat* • / *bass drum* •

exercício 1 / exercise 1

faixa 86 — exercício 2 / exercise 2

exercício 3 / exercise 3

faixa 87   exercício 4 / exercise 4

exercício 5 / exercise 5

faixa 88   exercício 6 / exercise 6

exercício 7 / exercise 7

exercício 8 / exercise 8

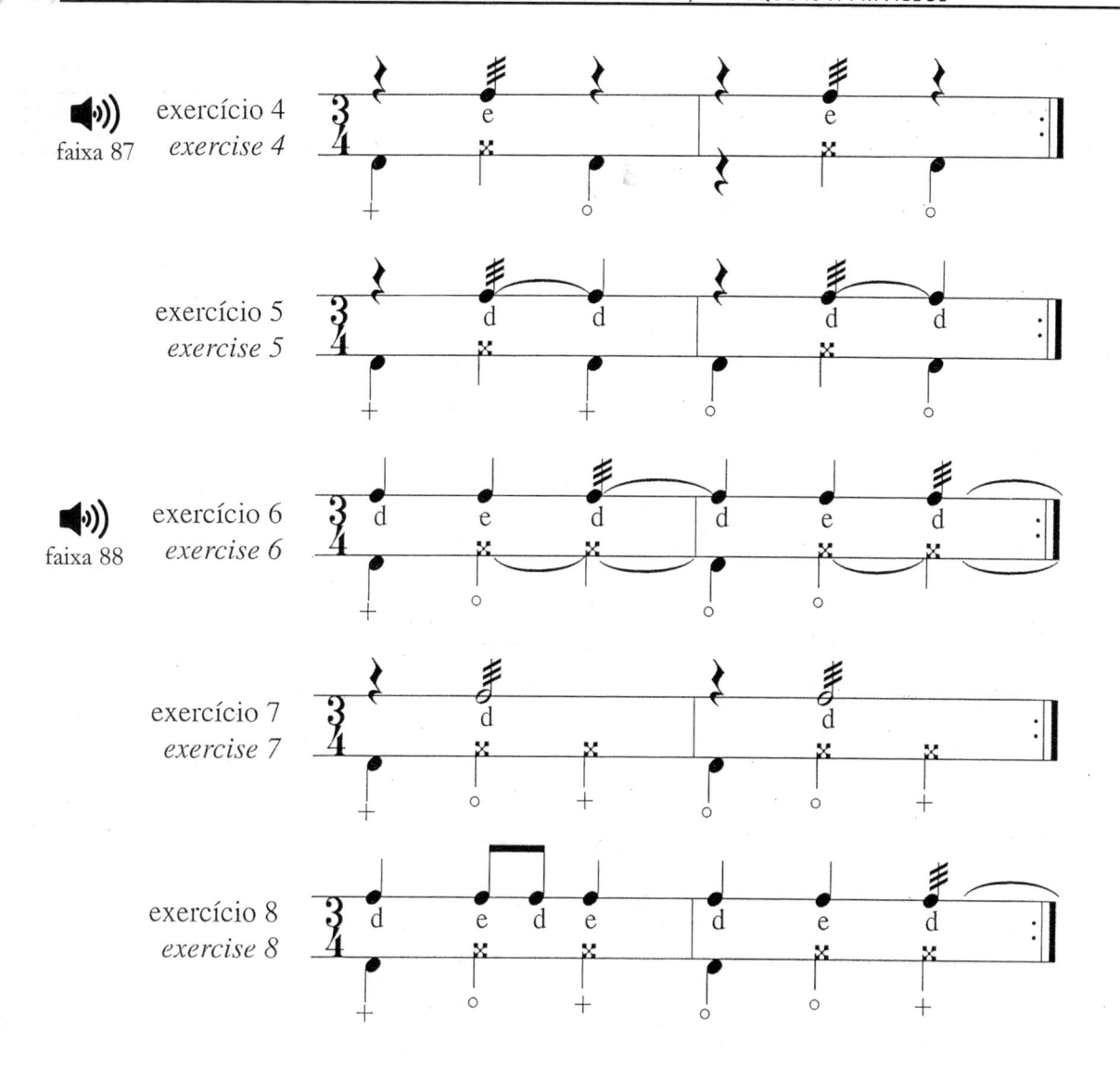

- Pandeiro

Como foi dito antes a respeito da polca e do maxixe, a valsa brasileira – comumente encontrada no repertório dos chorões – pode ser tocada também ao pandeiro.

- *Brazilian tambourine*

As mentioned earlier in respect to the polka and the maxixe, the Brazilian waltz – commonly found in the choro repertoire – also can be played with a pandeiro.

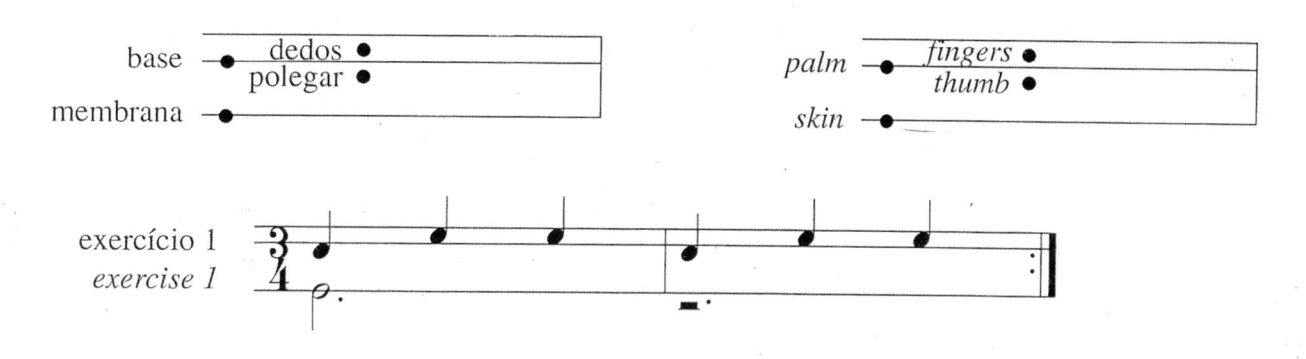

base — dedos / polegar
membrana

palm — *fingers / thumb*
skin

exercício 1 / exercise 1

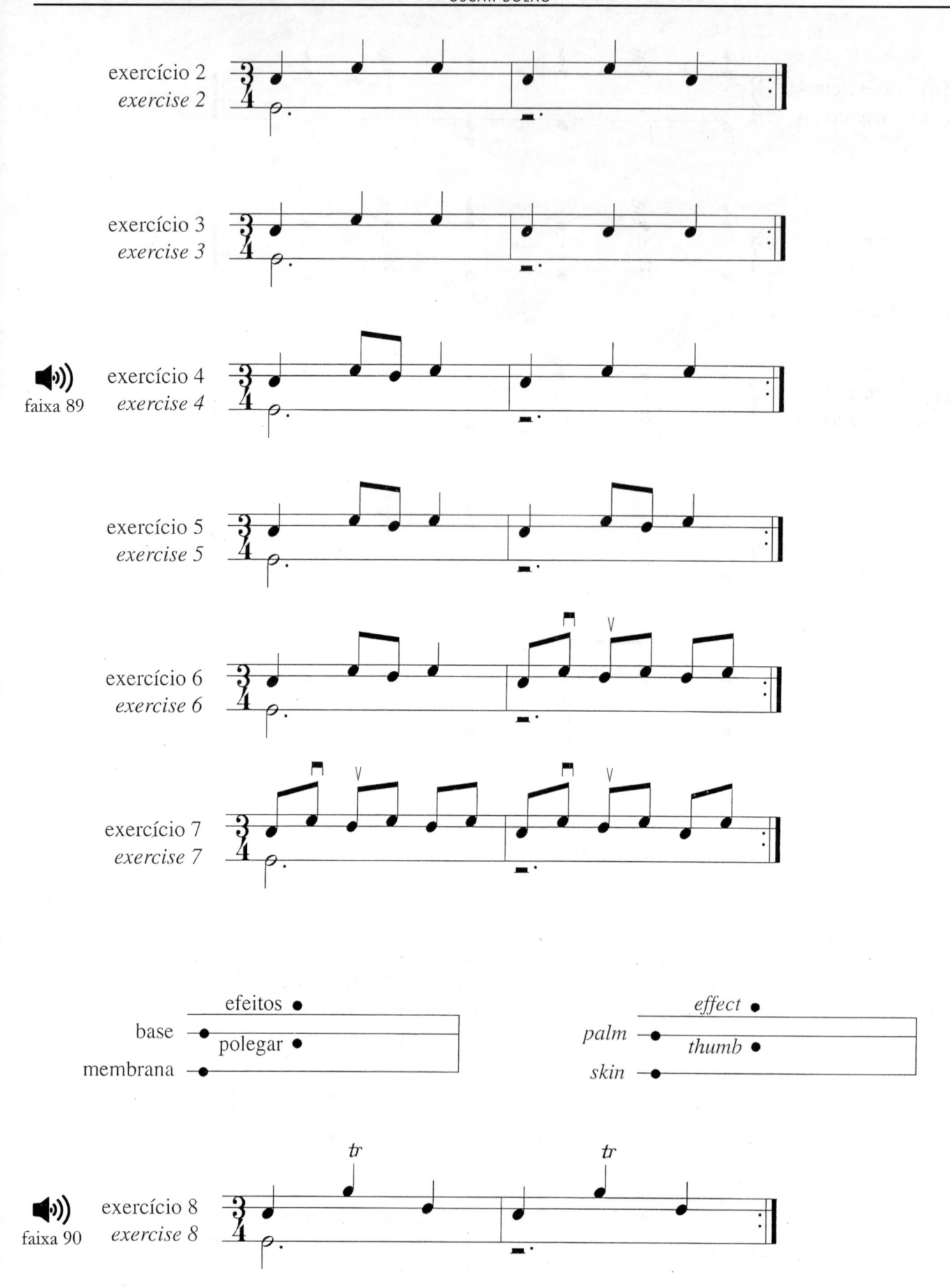

exercício 2 / exercise 2

exercício 3 / exercise 3

faixa 89 — exercício 4 / exercise 4

exercício 5 / exercise 5

exercício 6 / exercise 6

exercício 7 / exercise 7

efeitos ●	effect ●
base ●	palm ●
polegar ●	thumb ●
membrana ●	skin ●

faixa 90 — exercício 8 / exercise 8

PARTE II / O SAMBA DE LUCIANO PERRONE
―――――――――――――――――――――――――――――
PART II / LUCIANO PERRONE'S SAMBA

1 BREVE BIOGRAFIA*

Um dos expoentes da percussão no Brasil, considerado por muitos o pai da bateria brasileira, Luciano Perrone é um músico de muita personalidade. Sua maneira de tocar o samba é peculiar e inconfundível. Nascido no Rio de Janeiro em 1908, aos 14 anos começou a tocar profissionalmente no antigo cinema Odeon. Nessa época, a bateria ainda não era como hoje a conhecemos: resumia-se a uma caixa colocada sobre uma cadeira e um prato pendurado na grade que separava os músicos da platéia. Em 1924, ao atuar em bailes, acompanhando pianistas de renome, como Osvaldo Cardoso de Menezes, seu prestígio aumentou muito e, a partir daí, percorreu diversos cinemas e teatros, tocando em variadas orquestras e *jazz-bands*. Em 1929, atuando no Cassino Éden, em Lambari, MG, conheceu Radamés Gnattali, de quem se tornou amigo e com quem tocaria por toda a vida. Alguns anos depois o maestro, inclusive, lhe dedicou duas peças: o *Samba em três andamentos* e *Bate-papo a três vozes*, onde a bateria de Luciano tem lugar de destaque como solista. No dia 12 de setembro de 1936, participou do programa inaugural da Rádio Nacional e passou a integrar as diversas orquestras e conjuntos da emissora. Texto publicado na revista *Carioca*, em outubro desse mesmo ano, diz ter sido Perrone "o primeiro a oferecer ao público um concerto de bateria, o que aconteceu na Rádio Cajuti, e ter sido o primeiro a gravar este instrumento em discos". E conclui: "Sonha ele com uma orquestra bem organizada e bem ensaiada, que possa levar ao mundo, em interpretações perfeitas, a magnitude da nossa melodia e a riqueza incomparável dos nossos ritmos..." Em 1939, participou da histórica gravação de *Aquarela do Brasil*, na voz de Francisco Alves e arranjo de Radamés Gnattali. A essa altura, Luciano Perrone se tornara o dono da bateria no Brasil. A legenda de uma fotografia

---

* Artigo escrito por Oscar Bolão com elementos retirados da biografia de Perrone, ainda inédita, assinada por Ary Vasconcellos.

1 BRIEF BIOGRAPHY*

*A major exponent of Brazilian percussion and considered by many the father of Brazilian drum set players, Luciano Perrone is a musician with great personality. His samba playing style is both unique and unmistakable. Born in Rio de Janeiro in 1908, at the age of 14 he began playing professionally at the venerable Odeon cinema. During this era, the drum set was different from the one we know: it had a snare rested on a chair and a cymbal suspended from the railing that separated the musicians from the audience. In 1924, performing in dances with well known pianists like Osvaldo Cardoso de Menezes, his reputation grew and he was soon performing in cinemas and theatres with various orchestras and jazz bands. In 1929, he was active at the Cassino Éden in Lambari in the state of Minas Gerais where he met Radamés Gnattali, with whom he became a close friend and for whom he subsequently played for the rest of his life. Some years later, Maestro Gnattali dedicated two of his works (*Samba em três andamentos* and *Bate-papo a três vozes*) to Luciano which featured solo parts for drum set. On the 12th of September, 1936, he participated in the inaugural program of the Radio Nacional and went on to perform in several orchestras and combos of the broadcasting station. In a text published in the newspaper* Carioca *in October of 1936, Perrone was cited as "the first musician to perform a concerto for drum set in public, the event having occurred at the Radio Cajuti and the first to record for the drum set on disk." It went on to state that "He dreams of a well organized and rehearsed orchestra that he can take around the world, with perfect interpretations, demonstrating the magnitude of our melodies and the incomparable richness of our rhythms..." In 1939, he participated in the historic recording of* Aquarela do Brasil *featuring the voice of Francisco Alves and the arrangement of Radamés Gnattali. At the height of his career, Luciano Perrone became the*

---

* *This is written by Oscar Bolão with elements taken from the biography of Perrone, still unpublished, by Ary Vasconcellos.*

publicada em uma revista da época diz: "Luciano Perrone é, sem favor, o mais completo 'bateria' do nosso *broadcasting*. Homem dos sete instrumentos, dispondo de uma agilidade extraordinária, as suas atuações constituem um verdadeiro espetáculo." Em 1960, com Radamés e Aída Gnattali, Edu da Gaita, Chiquinho do Acordeom, José Menezes, Vidal e Luis Bandeira, integrou a 3ª Caravana Oficial da Música Popular Brasileira, que excursionou pela Europa, apresentando-se em Portugal, França, Inglaterra e Itália. Nessa excursão, segundo Ary Vasconcellos, "o baterista brasileiro recebe as melhores referências da imprensa e da crítica do Velho Mundo, às quais a vibração das platéias diante dos nossos ritmos parece ter-se comunicado". Luciano continuou atuando até 1994, quando foi homenageado, em outubro, pelos seus 70 anos de atividade, resolvendo, então, aposentar as baquetas. Faleceu no dia 13 de fevereiro de 2001.

"Don" of the drum set in Brazil. The caption under a photograph published in a newspaper of the time said that "Luciano Perrone is, without exaggerating, the most complete drummer of our broadcasting system. A man of seven instruments, exhibiting extraordinary agility, his performances constitute a true spectacle." In 1960, with Radamés and Aída Gnattali, Edu da Gaita, Chiquinho do Acordeom, José Menezes, Vidal and Luiz Bandeira, he took part in the "Third Official Caravan of Brazilian Popular Music" that toured Europe giving performances in Portugal, France, England, and Italy. During this trip, according to Ary Vasconcellos, "the Brazilian drummer receives the best critical acclaim from members of the Old World press, for whom the vibration of the audience in the presence of our rhythms appears to have been communicated". Luciano continued performing frequently until 1994, when he was honored, in October, for his seventy years of activity, resolving, at that point, to retire his drum sticks. Died in Feb. 13th, 2001.

"Eu nunca me preocupei em imitar o Gene Krupa porque o que me interessava era o batuque do samba."

"I have never worried about imitating Gene Krupa because I was interested in the 'batuque' of the samba."

Luciano Perrone

2 O TOQUE DO MESTRE

"O samba com o Luciano é assim,
ritmado, sincopado.
Parece até que se ouve o tamborim,
tem balanço do começo ao fim..."

Os versos de Luis Bandeira definem muito bem Luciano Perrone. Dono de um estilo inconfundível, é mestre na arte do ritmo. Executava com desenvoltura qualquer que fosse o gênero de música, mas especialmente o samba adquiria com ele um molho especial. Perrone sempre surpreendia pela criatividade. Como ele disse uma vez, o baterista tem de contar uma história, tem de saber abrir e fechar na hora certa, tem de participar da melodia, preenchendo os espaços por ela oferecidos e usando toda a bateria. O Perrone solava acompanhando. Ora tirava a esteira, ora tocava com a mão, ora fechava nos pratos de choque para abrir no prato e voltar depois tocando os tambores, ora tocava a caixeta, ora o agogô, e assim ele passeava pelo instrumento numa *performance* inacreditável. Como dizia Radamés Gnattali: "O Luciano toca com a música, não faz ritmo de base simplesmente."

A seguir estão alguns padrões rítmicos usados por Perrone no samba. As semicolcheias com traços indicam o toque múltiplo.

2 THE BEAT OF THE MASTER

*"The samba with Luciano is like this,
rhythmic and syncopated.
It even seems like you're listening to a tamborim,
It has a swing from beginning to end..."*

The lines of Luiz Bandeira define Luciano Perrone very well. Owner of an unmistakable style, he is the master of the art of rhythm. He played all styles of music with maximum agility, but the samba, particularly, acquired a special flavor with him. Perrone always surprised us with his creativity. As he once said, the drummer has to tell a story, has to know how to open and close at the right moment, has to participate in the melody, filling the spaces offered by the melody and using the entire drum set. Perrone soloed while he was accompanying. He might flip off the snares, then play with his hands, then close the high-hat and open the cymbal and return to playing the drums, then play the wood block, then the agogô, and it was like that that he went around the instrument during an incredible performance. As Radamés Gnattali would say, "Luciano plays with the music, he doesn't just play a simple basic rhythm."

The following are some rhythmic patterns used by Perrone in the samba. The sixteenth notes with slashes on the stems should be played as multiple bounces.

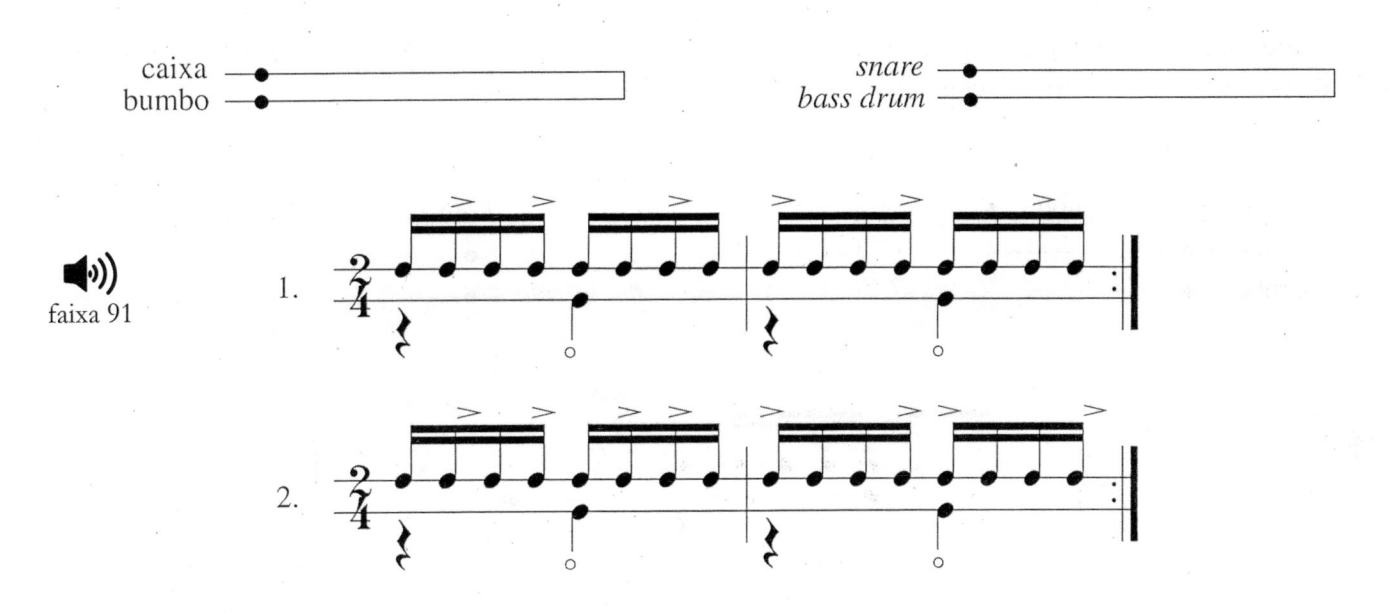

faixa 91

faixa 92

3.

4.

Um efeito bastante utilizado por Perrone era o emprego dos pratos de choque finalizando uma frase de dois compassos.

A frequently used effect by Perrone was to employ the high-hat to complete a two measure phrase.

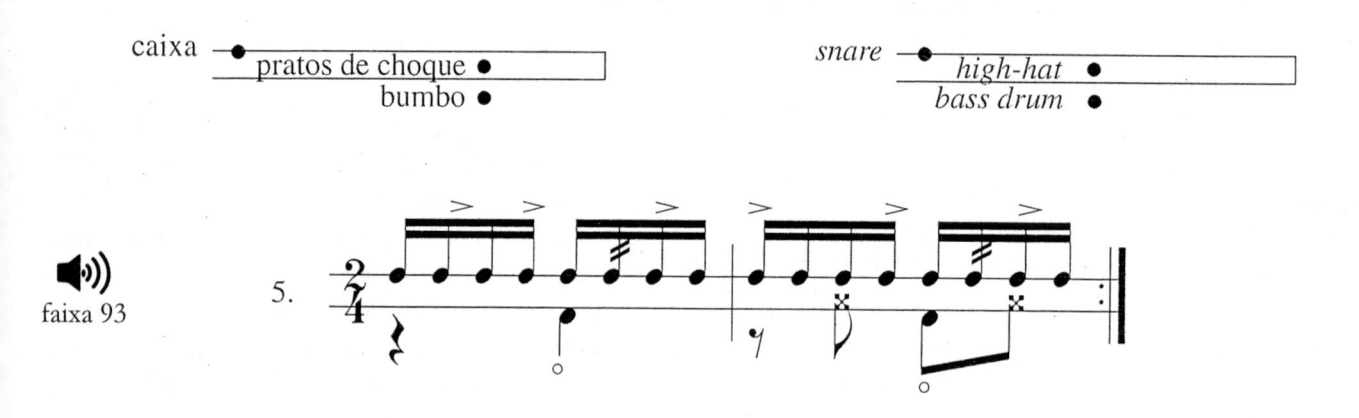

faixa 93

5.

A mesma idéia era empregada usando as baquetas nos pratos de choque fechados.

The same idea was employed, using sticks on closed high-hat.

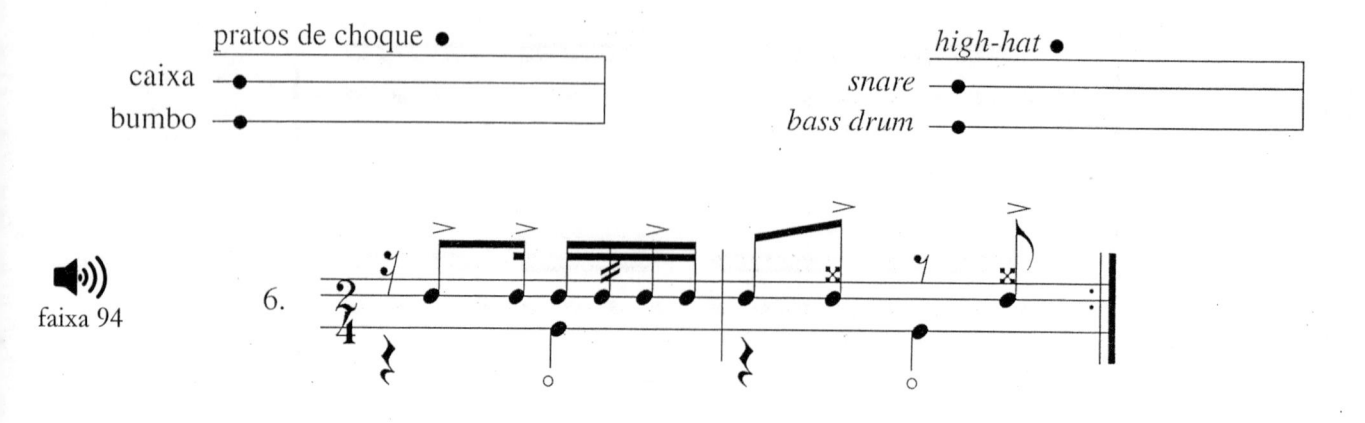

faixa 94

6.

Uma característica do seu estilo era usar esta preparação para voltar à primeira parte do samba.

Another characteristic of his style was to use the following pattern to return to the first section of a samba.

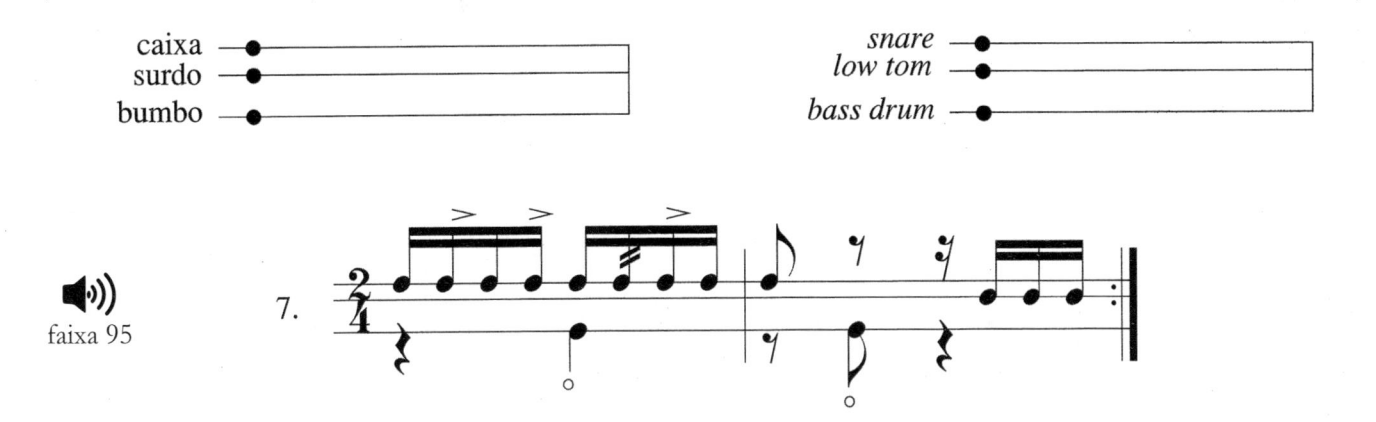

caixa
surdo
bumbo

snare
low tom
bass drum

🔊 faixa 95

7.

Nesta frase da caixa, Perrone percutia uma baqueta na outra, que ficava encostada à pele, produzindo um som estalado. A esse mecanismo daremos o nome de BAQUETAS.

In this next phrase, for the snare drum, Perrone hits one stick on the other stick, which is in contact with the skin producing a sharp attack. This technique will be called CROSS STICKS.

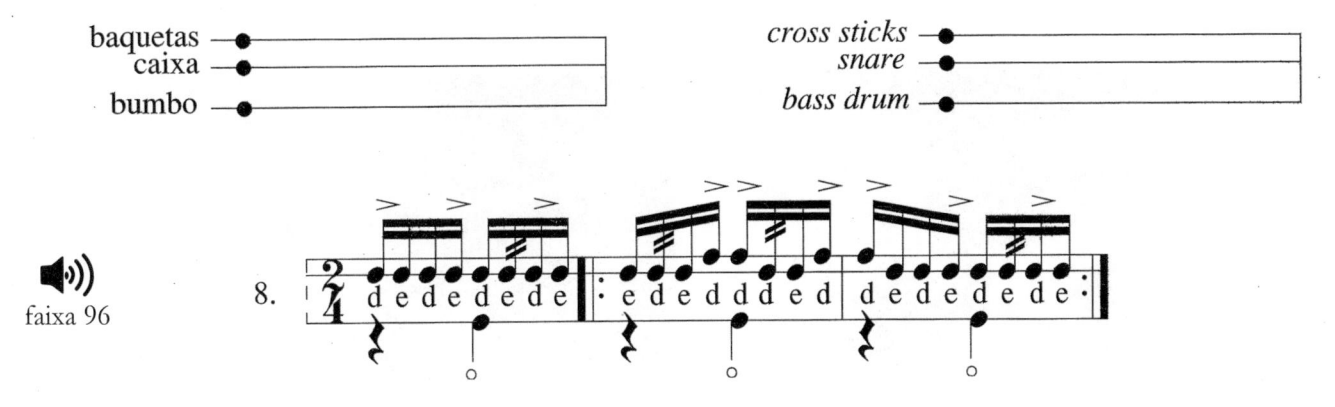

baquetas
caixa
bumbo

cross sticks
snare
bass drum

🔊 faixa 96

8.

Luciano utilizava-se muito da caixa surda (sem as esteiras). Com uma das mãos ele abafava a pele, que era percutida com a outra segurando a baqueta. À função da mão sobre a pele daremos a designação de MÃO.

Luciano frequently played with the snares off. With one of his hands he muffled the drum while he played with a stick in the other hand. The hand technique will be designated HAND.

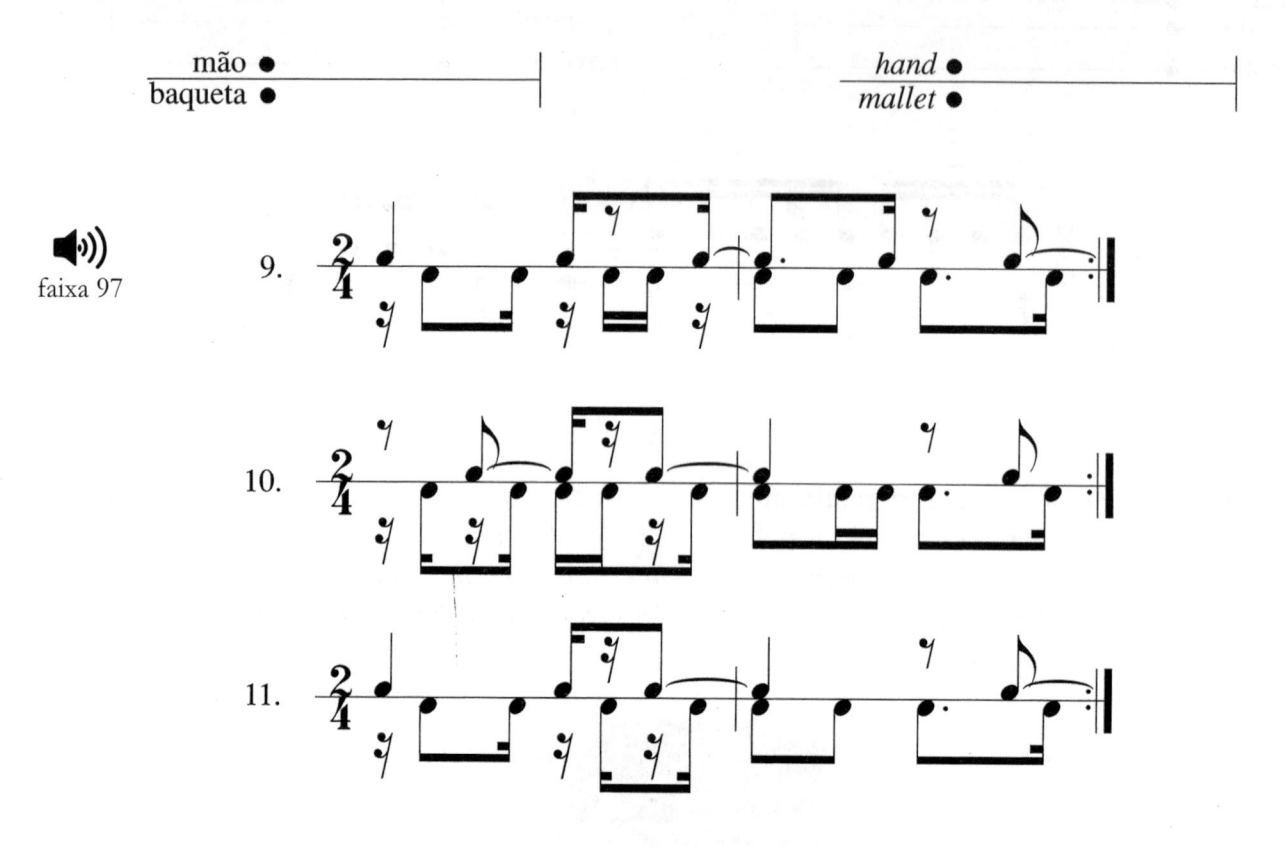

```
   mão  ●                        hand   ●
   baqueta ●                     mallet ●
```

faixa 97

9.

10.

11.

Perrone costumava fazer ritmo em um prato *splash* de 10 polegadas. Com a baqueta esquerda ele percutia o prato por baixo, ao mesmo tempo em que o segurava para extrair um som fechado ou para abafar as notas – a este mecanismo chamaremos MÃO. Com a baqueta da direita ele tocava ora na BORDA ora no TOPO do prato. O traço colocado nas semicolcheias indica que se deve usar o toque múltiplo.

Perrone was used to playing rhythm on a 10" splash cymbal. With a stick in his left hand he played on the underside of the cymbal while at the same time he held the cymbal and extracted a closed or muffled sound – his technique will be designated HAND. With a stick in the right hand he played on the rim or on the top of the cymbal. The sixteenth note with slashes on their stems should be played as multiple bounces.

topo
borda
mão

top
rim
hand

faixa 98

12.

Este efeito é utilizado na gravação do samba *Bate-papo a três vozes*, que Radamés Gnattali escreveu especialmente para Luciano. O próprio Radamés está ao piano, acompanhado de Vidal no contrabaixo.

This effect is used on the recording of the samba Bate-papo a três vozes that Radamés Gnattali composed specifically for Luciano. On the recording Radamés is on the piano accompanied by Vidal on double bass.

PARTE III / BIOGRAFIA, BIBLIOGRAFIA E DISCOGRAFIA

PART III / BIOGRAPHY, BIBLIOGRAPHY AND DISCOGRAPHY

OSCAR BOLÃO, DOUTOR EM SAMBA

Numa sexta-feira de 1976, à noite, com sede de chope, Oscar estacionou o fusca vinho na Avenida Atlântica, defronte do Alcazar. Sabia que Annibal Pellon estaria no bar com os amigos de boemia. Sem dinheiro, o plano era pedir que sua mesa corresse por conta do pai, um apelo que já dera certo em outras oportunidades. Dessa vez, porém, antes que emitisse qualquer palavra, foi saudado por uma sentença irônica. Sem olhar para o filho, Dr. Annibal comentou com um de seus pares, em voz alta:

– Pois é, Peixoto, esta besta largou a Faculdade de Direito para tocar tambor!

Aquele "tambor", pronunciado com deleite e mordacidade, carregado no "r", ficará para sempre gravado na memória de quem ouviu.

Dr. Annibal era advogado. Magro, alto, cabelo e bigode pretos aparados com capricho; porte elegante, sempre bem vestido, do terno ao *robe de chambre*, com direito a cachecol de seda e cachimbo; homem culto, autor do Dicionário da Legislação Desportiva Brasileira, preferia viver de madrugada, mesmo quando solitário, rodeado por seus livros e pensamentos, na casa da Rua Humberto de Campos, no Leblon, Zona Sul do Rio de Janeiro.

Maria Luiza Werneck, Pellon após o casamento com Annibal, era o tipo da mulher caseira: gorducha, sem vaidade, sensível ao extremo, generosa e compreensiva. Adorava o assunto "família". Estudara canto lírico na mocidade, chegara a dar alguns recitais, e encantava os amigos do filho ao interpretar, com voz sopraníssima, *Carinhoso*. Era por todos querida e chamada de Dona Marily.

Oscar Luiz, o segundo rebento do casal, nascido em 6 de fevereiro de 1954, puxou a ambos. Boêmio por parte de pai, artista por parte de mãe, é uma perfeita mistura dos dois.

A música entrou em sua vida pela alma e pela janela. Porque a casa da Humberto de Campos 735, para a qual se mudou aos 2 anos (antes morou na mesma rua, alguns números

OSCAR BOLÃO, DOCTOR IN SAMBA

On a Friday in 1976, at night, thirsty for a beer, Oscar parked his Volkswagen Bug on Atlântica Avenue, in front of the Alcazar. He knew that Annibal Pellon would be at the bar with his bohemian friends. Without money, the plane was to ask that his table be put on his father's tab, a plan that had worked before. This time, however, before he could utter a word, he was saluted in an ironic manner. Without looking at his son, Dr. Annibal exclaimed to one of his partners, in a loud voice:

"That's it, Peixoto, this idiot quit Law School to play the drum!"

That drum, pronounced with pleasure and biting satire, with heavy emphasis on the "r" will forever remain etched in the memory of those who heard it.

Dr. Annibal was a lawyer. Thin, tall, black hair and a mustache, well-trimmed; elegant deportment, always well dressed, from his suit to his bath robe, able to wear a silk ascot and smoke a pipe, a cultured man, author of the Dicionário da Legislação Desportiva Brasileira, he preferred to live early in the morning, even when he was single, surrounded by his books and his thoughts, at his house on Rua Humberto de Campos, in Leblon, South Zone in Rio de Janeiro.

Maria Luiza Werneck, Pellon after marriage with Annibal, was a homemaker type of woman. A little plump, without vanity, extremely sensible, generous and intelligent. She loved family life. She had studied lyric singing in her youth, and had reached the point of giving recitals, and enchanted her son's friends with her extremely high soprano interpretation of Carinhoso. *She was loved by all and known as "Miss Marily."*

Oscar Luiz, the second offshoot of the couple, born on the sixth of February, 1954, took something from each of them. Bohemian from his father, artist from his mother, he is a perfect mixture of the two.

Music entered his life through his soul and through the window. From the age of two he lived in a house on Humberto de Campos street,

acima), ficava a um quarteirão da Praia do Pinto, uma favela no coração do Leblon, cujos sambas atingiam em cheio os ouvidos do menino. Foram os primeiros "tambores" de Oscar.

A favela, com seus barracões de madeira e zinco, se estendia do campo do Flamengo até sua rua; da Cupertino Durão até a Afranio de Mello Franco.

No carnaval, os blocos de sujo passavam, com seus instrumentos de lata, pela porta da família Pellon. Os filhos de Annibal e Marily não resistiam e seguiam o cortejo. No resto do ano, eram favelados que atravessavam para comprar querosene e carvão numa venda quase em frente (a maioria não tinha luz elétrica nem fogão a gás); eram as peladas a que Oscar assistia, todo fim de semana, no campo de terra batida, ao som do samba que se instalou de forma irrevogável em seu coração adolescente.

O Grêmio Recreativo Escola de Samba Independentes do Leblon tinha sede e quadra na favela. Quando Oscar estava com 13 ou 14 anos de idade, Dr. Annibal levou a família para o desfile na Avenida Presidente Vargas. O cotidiano criara um laço afetivo com os moradores da Praia do Pinto, e estes insistiam para que prestigiassem sua agremiação. Uma chuva torrencial fez com que os couros ficassem ensopados e a Independentes descesse para o segundo grupo. De qualquer modo, Dr. Annibal deve ser arrolado como cúmplice dessa aproximação. A partir desse momento, seu filho passou a freqüentar, cada vez com maior assiduidade, os ensaios da Portela, do Salgueiro e da Mangueira, sem esquecer os Acadêmicos do Vidigal e o Bloco Baba de Quiabo, da Cruzada São Sebastião.

De tanto ver e ouvir, surgiu o desejo de tocar. Oscar experimentou toda a bateria, do tamborim ao surdo. O primeiro que dominou foi o pandeiro. Aprendeu sozinho, ou quase. Numa noite, batucava num botequim, quando um cidadão se aproximou:

— Me empresta um minutinho?

E continuou:

— O seu ritmo está bom, mas você não está

number 735 (prior to this he lived a few houses down the same street), which was located one long block from the Praia do Pinto slums in the heart of Leblon, whose sambas reached the ears of the young boy. These were the first "drums" Oscar.

The slum, with its shacks of wood and zinc, extended from Flamengo field to his street and from Cupertino Durão all the way to Afranio de Mello Franco.

At carnival time, the blocos de sujo (literally "dirty groups", blocos de sujo are carnival groups made up primarily of slum dwellers) with their tin can instruments passed by the door of the Pellon family. Annibal and Marily's children could not resist and used to follow the procession. The rest of the year slum dwellers frequented a nearby shop to buy charcol and kerosene (most of them had neither electric lights nor gas ovens). Every weekend Oscar attended informal soccer games for kids and it was there that the sound of samba made an indelible mark on his young heart.

The Grêmio Recreativo Escola de Samba Independentes do Leblon had its headquarters and rehearsal space in the nearby slums. When Oscar was 13 or 14, Dr. Annibal took his family to the see the parade on President Vargas Avenue. Daily life had created affectionate bonds between the family and the residents of the Praia do Pinto slums and the members of the carnival group insisted that the family join them. A torrential rain completely soaked the drum skins and the Independentes fell into the second classification of groups. At any rate, Dr. Annibal should be cited as an accomplice. From this time on, his son started attended, with more and more frequency, the rehearsals of the samba schools such as Portela, Salgueiro, and Mangueira, not to mention the Acadêmicos do Vidigal and the Bloco Baba de Quiabo of Cruzada São Sebastião.

From seeing and hearing so much developed the desire to play. Oscar tried his hand at the entire percussion battery, from the tamborim to the surdo. The first instrument that he learned well was the pandeiro. He learned it entirely by himself, or almost entirely by himself.

usando o dedo por baixo da pele. Ele é muito importante.

Ensinou os toques preso e solto, referentes ao primeiro e ao segundo tempos do compasso. Dica fundamental. Devolveu o pandeiro, observou o "discípulo" bater, deu um sorriso de aprovação e partiu. Noel Rosa tem toda a razão: "Ninguém aprende samba no colégio."

Em 1972 ou 73, chegou a hora de Oscar "prestar exame" de tarol. Por essa época, começou a freqüentar os ensaios da Mangueira, no Esporte Clube Garnier, na Rua Ana Nery. Quem estava à frente da bateria era Saratoga, um policial de musculatura avantajada e mal-humorado, para completar o perfil. Estava Saratoga a tocar, quando Bolão resolveu pedir-lhe a peça emprestada. Impávido colosso, como no hino, fingiu que não era com ele. De tanto Oscar perturbar, o gigante decidiu ceder o instrumento. Na verdade, atirou-lhe o tarol em cima, com cara enfezada. A truculência fazia parte do jogo. Quem errava recebia na cabeça um golpe aplicado com baqueta de surdo. Era a versão mangueirense para a palmatória. Desse ângulo, Noel Rosa não tem razão: a aprendizagem do samba lembra um colégio antigo. Bolão batucava no tarol; Saratoga, com o ouvido encostado, permanecia atento a qualquer desvio. Como o garoto não errava, o policial-sambista dirigiu-lhe um olhar de aprovação. A partir dessa data, sempre que estivesse no comando e houvesse "tambor" disponível, Bolão podia pegar sem pedir permissão. Estava aprovado.

Na hierarquia da Mangueira, a autoridade suprema na bateria era Mestre Waldomiro. Saratoga era apenas um substituto. Leci Brandão defendia sua música no Palácio do Samba, a nova quadra da escola, quando Oscar subiu e tomou conta de um surdo. Dos grandes. De início, a bateria ficava muda. Waldomiro, com a cabeça enfiada no alto-falante, apito na boca, aguardava a hora de dar a entrada. De repente, sem ordem do diretor, o repique executou o toque de chamada. Bolão, seguindo o falso comando, fez o surdo vibrar. Metade da bateria entrou, metade ficou de fora. Waldomiro saiu de dentro do alto-falante.

One night, he was playing in a small bar, when a fellow approached him:
– Would you lend me [the pandeiro] for a minute?"

And continued:

– Your rhythm is fine, but you're not using your finger underneath the skin. It's very important.

He showed me the closed and open strokes relating to the first and second beats of the measure. A fundamental tip. He gave me back the pandeiro, observed his new "disciple" play, gave a smile of approval, and then left. Noel Rosa (Noel Rosa is one of Rio de Janeiro's most famous samba composers and active during the 1920s and 1930s) was right when he said "Nobody learns to play samba at school."

In 1972 or 1973, the hour arrived for Oscar to turn his attention to the tarol. During this time, he began frequenting the rehearsals of Mangueira that took place at the Garnier Sport Club on Ana Nery street. In front of the percussion was Saratoga, a muscular policeman with a bad sense of humor to complete the profile. Saratoga was playing when Bolão decided to ask him if he could borrow an instrument. "Colossal bravery," as the hymn says, Saratoga didn't even pay attention to him. But Oscar pestered him so much that the giant decided to loan him the instrument. In truth, he threw the tarol at him with a mad look on his face. Hostility is part of the game. Whoever made a mistake receives a smack on the head with a surdo mallet. This was the Mangueira way to acknowledge a mistake. About this aspect, Noel Rosa was not quite right: learning samba does remind you of school in the old days. Bolão played on the tarol; Saratoga, listening closely, paid attention to every mistake. As the young boy didn't err, the samba-policeman shot him an approving look. From this date on, whenever Saratoga was in charge and a drum was available, Bolão could grab it without asking. He was approved.

In the hierarchy of Mangueira, supreme authority in the percussion battery was with Mestre Waldomiro. Sarartoga was merely a

Furibundo, correndo desajeitadamente, pois mancava de uma perna, aplicou ao músico do repique o castigo mangueirense: uma bordoada com a baqueta na cabeça do infrator. Bolão analisou a situação e disse para si mesmo:

— Agora sou eu... Estou morto...

De fato, em seguida, o mestre partiu em sua direção. Olhou bem dentro de seus olhos:

— Tudo bem, você tá certo! Pode ficar aí... Esse filho da puta é que deu a entrada sem eu mandar!

Por dentro, todo medo; por fora, cheio de moral. Com Waldomiro na banca examinadora, Oscar passou no teste do surdo. São diferentes os diplomas do samba.

Houve apenas um momento em que fraquejou. Em 1972, o nosso bacharel em percussão se apaixonou e decidiu se enquadrar. De uma hora para a outra, eis Oscar como bancário, na agência Primeiro de Março do Bradesco. O inconsciente ou o destino, porém, não o queria naquele rumo, cuja estréia foi um fracasso chapliniano. De camisa social e gravata (a ocasião em que esteve mais parecido com o pai), abaixou-se para pegar algo no chão. Sua calça rasgou de um lado ao outro. Ficou com tudo de fora. O chefe da seção, Fernando, emprestou-lhe o paletó, que atou à cintura para chegar ao banheiro. Enquanto um colega gentil costurava sua roupa, ele meditava entre pias e vasos sanitários. O lugar ficou concorrido, porque todos queriam rir do novato. Calça pronta, Bolão saiu do esconderijo completamente sem graça. Resolveu relaxar e acendeu um cigarrinho. Atirou o fósforo no lixo. Subitamente, o grito: "Fogo!" Quando ele percebeu, Fernando, o pobre chefe de seção, tentava apagar com o pé a lixeira em chamas. Tudo isso antes da hora do almoço, na primeira manhã de trabalho. Um homem longe de sua vocação pode ser um perigo. Felizmente, para ele e para o sistema financeiro, durou pouco.

substitute. Leci Brandão was auditioning her music at the Palácio do Samba, the new rehearsal space of the samba school, when Bolão came up onto stage and took charge of the surdo. It was great. At the start, the drums were silent. Waldomiro, with his head next to the speaker, whistle in his mouth, waited for the moment to give the entrance cue. All of a sudden, without the director's cue, the repique gave the call. Bolão, following the false command, began playing on the surdo. Half of the instruments began and half of them remained silent. Waldomiro left his place next to the loud speakers. In a rage, running clumsily, because he limped on one leg, he gave a "Mangueira lesson" to the repique player: a blow with a stick to the head of the violator. Bolão analyzed the situation and said to himself:

— Now it's me . . . I'm dead.

In fact, what happened next was that the mestre walked over in his direction. Looked right into his eyes and said:

— OK, you're correct. You can stay right there. . . . That son of a bitch is the one that gave the cue without being told!

Inside, totally scared, outside full of pride. With Waldomiro sitting on the examiner's bench, Oscar passed the surdo exam. Samba diplomas are a bit different.

There was only one time when he failed. In 1972, our bachelor of percussion fell in love and decided to get married. Hour after hour, there was Oscar the bank clerk, at Bradesco Bank. However, either unconsciously or by destiny, he didn't want to follow that path. His first day of work was a Chaplinesque disaster. Wearing shirt and tie (at the time he looked more like his father), he stooped down to pick up something off the floor. His pants ripped from one side to the other. Everything was visible. The section manager, Fernando, loaned him a coat, which he wore around his waist to the bathroom. While a kind co-worker sewed up his pants, he sat meditating in a stall. The place was lively because everyone wanted to laugh at the rookie. He decided to relax and lit up a cigarette. He threw

Em 1975, o Coisas Nossas. Foi assim. Eu era um cigano, a perambular com o violão debaixo do braço, afogando mágoas de amor em sambas de Noel, copos de aguardente e garrafas de cerveja. Durante dois anos, diariamente, bebi e toquei, do Vidigal a Botafogo, de Copacabana a Ipanema e Leblon. O botequim da dona Rosa ficava numa quina entre a Dias Ferreira, Venâncio Flores e Humberto de Campos. Era um ponto especial, porque a dona da casa gostava muito de ouvir *Último desejo*; quase tanto quanto eu de cantá-lo. Eu estava escondido no fundo, como sempre, quando um jovem mulato me disse ao ouvido:

— Fica aí, que eu vou chamar um amigo meu, que vai adorar isso.

Eu não tinha mesmo a menor intenção de me deslocar. O rapaz era Toninho Xereta, o primeiro cavaquinista do Coisas Nossas. O amigo era Oscar, que, da porta, ficou me observando de lado, com o instrumento na mão e o rosto sério, meio desconfiado. Confesso o júbilo que senti ao juntar minhas cordas à malemolência daquele pandeiro e à gostosura daquele cavaquinho. Quando o botequim de dona Rosa fechou, partimos, por sugestão de Bolão, para o Ferreira, na esquina da Humberto de Campos com João Lira. Não paramos mais. As portas desciam, nós permanecíamos dentro. O chão era lavado, baldes d'água atirados e nós firmes.

Tornamo-nos parceiros em composições e camaradas de encontros e sambas diários. Éramos, então, um bando de ciganos, ao qual se uniram meu irmão Aluisio e seu violão. Nós quatro e outros aliados (que abandonaram posteriormente a arte para levar uma "vida séria") fundamos o Conjunto Coisas Nossas, que estreou em 13 de outubro de 1975, num espetáculo na PUC com vinte composições de Noel Rosa, desde o início e para sempre o santo de nosso altar-mor.

Com o Coisas Nossas, Bolão teve acesso ao tesouro rítmico, melódico, harmônico e poético da música carioca das décadas de 1920 e 1930. As artes de Sinhô e Ismael Silva; o piano de

the match into the trash can. Suddenly he yelled: "Fire!" When he heard it, Fernando, the poor chief of the section, tried to put it out with his foot. All of this happened before lunch on the first day of work. A man far from his vocation can be dangerous. Happily for him and for the financial sector, this lasted only a short time.

In 1975, the Coisas Nossas. It was like this. I was a gypsy, I walked around with a guitar under my arm, resolving love quarrels with Noel Rosa sambas, shots of cane alcohol and bottles of beer. For two years, every day, I played and drank, for Vidigal to Botafogo, from Copacabana to Ipanema and Leblon. The bar of Dona Rosa was located between Dias Ferreira, Venâncio Florie and Humberto de Campos. It was a special location, because the Lady of the House liked to listen to the song Último desejo *(Last Desire), almost as much as I liked to sing it. I was hidden in the corner, as always, when a young mulatto said into my ear:*

— Stay there, I'm going to call a friend who will love this.

I didn't have the least intention of leaving. The young man was Toninho Xereta, the first cavaquinho player with Coisas Nossas. The friend was Oscar, who stood sideways by the door observing me, with an instrument in his hand and a serious look on his face, a bit suspicious. I confess the jubilation I felt upon adding my chords to the hard swing of that pandeiro and to the tasteful playing of that cavaquinho. When the Dona Rosa's bar closed, we left, at the suggestion of Bolão, for Ferreira's, on the corner of Humberto de Campos and João Lira. We didn't stop again. The doors closed, we stayed inside. The floor was mopped, buckets of water splashed, we sat firm.

We became partners in compositions and friends of encounters and daily sambas. We were a band of Gypsies, and then decided to add my brother and his guitar. We four and other partners (who later abandoned art to pursue more "serious" life styles) formed the Group Coisas Nossas, that debuted on the 13th of October of 1975, in a special event at the PUC (University) with 20 Noel Rosa compositions. Noel Rosa was, from the start as always, our patron saint.

Nonô; o regional de Benedicto Lacerda; os arranjos orquestrais de Pixinguinha. Nem imaginávamos que éramos herdeiros de tamanha riqueza. Fico contente por termos feito juntos essa viagem.

Um dia, nossos caminhos se separaram. Ele se encontrou com Perrone e Pinduca (o apelido de Luiz Anunciação). Estudou para entrar na Sinfônica; desistiu no último momento. Continuou em busca dos segredos da nossa percussão, para orgulho deste seu parceiro.

Oscar Luiz, para os registros oficiais, Oscar Bolão, para a música, Bolão, para as ruas, e Calois, para uns poucos familiares, "fez de tudo, menos sucesso", na imagem que cunhou para resumir sua jornada.

Quanto ao Dr. Annibal, com o tempo, seu coração amoleceu. Um pouco. As críticas perderam aquele tom puramente depreciativo da sentença do "tambor", à qual testemunhei no Alcazar. Ganharam um duplo sentido, um benefício da dúvida, um humor que dava oportunidade ao filho. Como quando o chamou para uma conversa:

– Faça o que quiser, mas faça direito.

Para mim, Dr. Annibal mudara. Tornara-se mais flexível e isto se refletia na ambigüidade de suas frases. Para Oscar, contudo, ficou a certeza de que o pai queria tão-somente reforçar seu desejo de vê-lo advogado.

> Sou doutor em samba
> Quero ter o meu anel
> Tenho esse direito
> Como qualquer bacharel

(*Doutor em samba*, Custódio Mesquita, 1933)

Rio de Janeiro, julho de 2000.

Carlos Didier
Músico e historiador

With the Coisas Nossas, Bolão had direct access to the rhythmic, melodic, harmonic, and poetic treasures of Rio de Janeiro's music from the 1920s and 1930s. The art of Sinhô and Ismael Silva; the piano of Nonô; the group Regional de Benedicto Lacerda; the arrangements and orchestrations of Pixinguinha. We didn't even imagine that we were the heirs to such richness. I am content that we made this journey together.

One day our paths went separate ways. He met Perrone and Pinduca (the nickname of Luis Anunciação). He studied in order to enter the symphony orchestra and turned it down at the last moment. He continued his search for the secrets of our percussion, and I am proud to be his partner in this.

Oscar Luiz in the legal registry, Oscar Bolão in the musical world, Bolão in the street, Calois to his close friends, "he has done everything, short of being famous," the image that was stamped to sum up his journey.

As for Dr. Annibal, with time, his heart softened. A little. His criticisms lost the tone of pure dislike that I witnessed at Alcazar when he said "drum". It took on double meaning, giving benefit of the doubt and a sense of humor that to his son. Like when he told him:

– Do whatever you want to do, but do it correctly.

For me, Dr. Annibal changed. He became more flexible and this is reflected in the ambiguity of his comments. For Oscar, nevertheless, remained the certainty that his father wanted to see his son become a lawyer.

> *I'm a doctor of samba*
> *I want to have my ring*
> *I have that right*
> *Like any bachelor*

(*from* Doutor em samba *by Custódia Mesquita, 1933*)

Rio de Janeiro, July 2000

Carlos Didier
Musician and Historian

DADOS BIOGRÁFICOS

Oscar Bolão
(Oscar Luiz Werneck Pellon, RJ, 6/2/1954)

Iniciou-se profissionalmente em 1974 no conjunto Coisas Nossas, realizando extensa pesquisa sobre a música brasileira dos anos 20 e 30, e em particular sobre a obra de Noel Rosa. Teve a formação orientada por Luiz Anunciação e Luciano Perrone, acumulando ao longo da carreira umaecletíssima experiência, trabalhando com artistas tão diversos quanto Marília Batista, Aracy de Almeida, Marlene, Emilinha Borba, Elizeth Cardoso, Miúcha, Ademilde Fonseca, Doris Monteiro, Cristina Buarque, Elza Soares, Zezé Gonzaga, Nara Leão e ainda Moreira da Silva, Roberto Silva, Nelson Cavaquinho, Monarco, Wilson Moreira, Nei Lopes, Nelson Sargento, Elton Medeiros, Braguinha, Lucio Alves, Walter Alfaiate, Lenine, Luis Melodia, Eduardo Dusek, Sérgio Ricardo, Jards Macalé e Zé Renato. Na década de 1990 foi contratado pela Rede Globo de Televisão para atuar nos programas *Estados Anísios de Chico City* e *Chico Anísio Show*. Em 2001 e 2002 foi o baterista do grupo de Ney Matogrosso no espetáculo *Batuque*, realizando inúmeras apresentações no Brasil e no exterior.

Ex-integrante da Orquestra de Música Brasileira, criada e regida por Roberto Gnattali, da Camerata Universidade Gama Filho, dirigida por Paulo Sérgio Santos, e da Orquestra de Cordas Brasileiras, Oscar Bolão é o baterista da Orquestra Brasileira de Sapateado, dirigida por Stela Antunes, e da Orquestra Pixinguinha, dirigida por Henrique Cazes, que tem, desde 1988, remontado os arranjos originais do mestre do choro. Integra o Novo Quinteto, grupo formado nos mesmos moldes do célebre Quinteto Radamés Gnattali e que tem se apresentado com arranjos inéditos do maestro. É, também, o baterista da Banda de Câmara Anacleto de Medeiros. Apesar de fortemente ligado aos estilos tradicionais de música brasileira, tem atuado em trabalhos de

BIOGRAPHICAL FACTS

Oscar Bolão
(Oscar Luiz Werneck Pellon, RJ, 6/2/1954)

Oscar Bolão made his professional debut in 1974 with the Coisas Nossas group carrying out an extensive research on Brazilian music from the 20's and 30's, particularly on the works of Noel Rosa. His training was supervised by Luiz Anunciação and Luciano Perrone and he accumulated an eclectic experience working with performers as diverse as Marília Batista, Aracy de Almeida, Marlene, Emilinha Borba, Elizeth Cardoso, Miúcha, Ademilde Fonseca, Doris Monteiro, Cristina Buarque, Elza Soares, Zezé Gonzaga and Nara Leão, besides Moreira da Silva, Roberto Silva, Nelson Cavaquinho, Monarco, Wilson Moreira, Nei Lopes, Nelson Sargento, Elton Medeiros, Braguinha, Lucio Alves, Walter Alfaiate, Lenine, Luis Melodia, Eduardo Dusek, Sérgio Ricardo, Jards Macalé and Zé Renato. In the 1990s he was contracted by Globo Television to perform in Estados Anísios de Chico City *and in the* Chico Anísio Show. *In 2001 and 2002, he was Ney Matogrosso's drummer during the* Batuque *tour, making numerous performances throughout Brazil and abroad.*

Former member of the Orquestra de Música Brasileira, created and conducted by Roberto Gnattali; of the Gama Filho University Camerata, directed by Paulo Sérgio Santos and of the Orquestra de Cordas Brasileiras [Orchestra of Brazilian Strings], Oscar Bolão is the drummer for the Orquestra Brasileira de Sapateado (Brazilian Tap Dance Orchestra), directed by Stela Antunes and the Orquestra Pixinguinha, directed by Henrique Cazes and has, since 1988, remounted original arrangements by the Master of Choro. He is part of the Novo Quinteto [New quintet], a group that follows the same format as the celebrated Quinteto Radamés Gnattali, which has played using exclusive arrangements by the maestro. Furthermore, he is the drummer for the Banda de Câmara Anacleto de Medeiros [Anacleto de Medeiros Chamber Band]. Although he has a strong link with traditional styles of

música contemporânea de autores como Ronaldo Miranda, Ricardo Tacuchian, Tato Taborda e Tim Rescala, que lhe dedicou duas peças: *Concerto para dois pandeiros e cordas* e *Drummer drama*, para bateria e bateria eletrônica.

É considerado o único seguidor do estilo de bateria brasileira criado por Luciano Perrone, fundamental a muitas obras de Radamés Gnattali. Por esse motivo, tem sido convidado a participar de eventos como a primeira audição da cantata *Operário em construção* e a execução de outras obras de Gnattali como o *Bate-papo a três vozes*.

Atua eventualmente como percussionista convidado da Orquestra Sinfônica Brasileira, Orquestra Pró-Música do Rio de Janeiro e Orquestra Sinfônica Nacional. Participou como músico e ator da montagem da ópera infanto-juvenil *A orquestra dos sonhos*, de Tim Rescala, e da opereta *A noiva do condutor*, de Noel Rosa. Já atuou com a Orquestra Jazz Sinfônica de São Paulo e, em fins de 1998, integrou, como baterista, a orquestra formada para as comemorações dos 190 anos do Banco do Brasil. Regida pelo pianista Nelson Ayres, a orquestra acompanhou artistas como Nana Caymmi, Elba Ramalho, João Bosco, Dominguinhos, Paulinho da Viola, Martinho da Vila e Moraes Moreira. Nesse mesmo período, esteve em Porto Alegre participando de um espetáculo em homenagem a Radamés Gnattali. Na oportunidade, foi executada a *Suíte retratos*, sendo solista o bandolinista Joel Nascimento. Em novembro de 2000, foi convidado pelo compositor Francis Hime a participar do naipe de percussão da orquestra formada especialmente para a primeira audição da sua *Sinfonia do Rio de Janeiro de São Sebastião*. Em sua trajetória profissional, Oscar Bolão tocou, também, com grandes instrumentistas como Altamiro Carrilho, Paulo Moura, Raul de Barros, Chiquinho do Acordeom, Leandro Braga, Wagner Tiso e Guinga.

É integrante dos grupos instrumentais dirigidos pelo saxofonista Carlos Malta Coreto Urbano e Pife Muderno, que obteve enorme sucesso em suas apresentações no festival de *jazz* de New Orleans em fins de abril de 2000, tendo

Brazilian music, he has worked with contemporary Brazilian composers such as Ronaldo Miranda, Ricardo Tacuchian, Tato Taborda and Tim Rescala who dedicated two pieces to him: Concerto para dois pandeiros e cordas *[Concert for two tambourines and strings] and* Drummer drama, *for drums and drum machine.*

He is considered the only follower of the Brazilian drumming style created by Luciano Perrone, crucial for many works by Radamés Gnattali. For this reason he has been invited to participate in events such as the first hearing of the cantata Operário em construção *[A construction worker under construction] and the performance of other works by Gnattali such as* Bate-papo a três vozes *[Chat in three voices].*

He occasionally performs as guest percussionist for the Orquestra Sinfônica Brasileira, for the Orquestra Pró-Música do Rio de Janeiro and the Orquestra Sinfônica Nacional. He participated, as both musician and actor, of Tim Rescala's opera "A Orquestra dos sonhos" [The dream orchestra], for children and teenagers, and the operetta "A noiva do condutor" [The Conductor's Fiancée], by Noel Rosa. He has played with the Orquestra Jazz Sinfônica de São Paulo and, towards the end on 1998, he took part in the orchestra formed in celebration of Banco do Brasil's 190th anniversary as a drummer. Conducted by pianist Nelson Ayres, the orchestra accompanied performers such as Nana Caymmi, Elba Ramalho, João Bosco, Dominguinhos, Paulinho da Viola, Martinho da Vila e Moraes Moreira. During this same period, he was in Porto Alegre taking part in a presentation in honor of Radamés Gnattali. At the event, the Suíte retratos *[Portraits suite] was played, with mandolinist Joel Nascimento as a soloist. In November 2000, he was invited by composer Francis Hime to be a part of the group of percussionists of the orchestra formed especially for the first hearing of the* Sinfonia do Rio de Janeiro de São Sebastião. *In his professional trajectory, Oscar Bolão has also played with outstanding musicians such as Altamiro Carrilho, Paulo Moura, Raul de Barros, Chiquinho do Acordeon, Leandro Braga, Wagner Tizo and Guinga.*

seu CD, inclusive, indicado ao Grammy latino desse mesmo ano. Integra o trio do clarinetista Paulo Sérgio Santos e tem feito inúmeros concertos com a pianista Maria Tereza Madeira, inclusive o *Samba em três andamentos*, de Radamés Gnattali. Em fins de 2000, participou da montagem do musical *Atlântida – o reino da chanchada*, que enfocava este período do cinema brasileiro. Em outubro de 2001, participou da gravação do CD patrocinado pelo Ministério da Cultura em comemoração à entrega da Ordem do Mérito Cultural com a Orquestra Sinfônica do Teatro Nacional de Brasília. Na oportunidade, integrou o naipe de percussão popular com mestres do samba como Gordinho, Trambique, Jaguara, Ovídio e Marcos Esguleba. Em julho de 2002, participou do festival Villa Celimontana Jazz, em Roma, acompanhando o saxofonista Paulo Moura, com o pianista americano Cliff Korman, o trombonista Radegundis Feitosa e o contrabaixista Iuri Souza. Nesse festival, atuou também no quarteto do músico e compositor Guinga, com Paulo Sérgio Santos no clarinete e Lula Galvão no violão e na guitarra.

Graças ao grande conhecimento da história musical brasileira, fruto de suas pesquisas, tem sido convocado a participar de inúmeros espetáculos biográficos sobre autores e intérpretes da nossa música, tais como: *Dolores*, sobre Dolores Duran; *Começaria tudo outra vez*, sobre Gonzaguinha; *Metralha*, sobre Nelson Gonçalves; *Meu Ary brasileiro*, sobre Ary Barroso; *Rosa*, sobre Noel Rosa; *Somos irmãs*, sobre Linda e Dircinha Batista; *Pixinguinha*; *Crioula*, sobre Elza Soares, e *Elis – estrela do Brasil*, sobre Elis Regina. Em janeiro de 2002, participou da série *Frevendo o frevo*, quando tocou ao lado de Mestre Duda, Sivuca, Mestre José Menezes, do cantor Claudionor Germano e do músico, cantor e dançarino popular Antonio Nóbrega.

Na área didática, Oscar Bolão estuda cada vez mais a adaptação de ritmos brasileiros, praticados originalmente com percussão, à bateria. Em 1998, 1999, 2000, 2001 e 2002, dirigiu as oficinas de percussão popular do 18º, 19º, 20º, 21º

He is part of instrumental groups directed by saxophonist Carlos Malta Coreto Urbano and Pife Muderno, which were a great hit at the New Orleans jazz festival in the end of April 2000. The group's CD was nominated for the Latin Grammy on that same year. He is a member of clarinetist Paulo Sérgio Santos' trio and has performed frequently with pianist Maria Tereza Madeira, including in Radamés Gnattali's Samba em três andamentos *[Samba in three tempos]. In the end of 2000 he took part in the musical* Atlântida – o reino da chanchada *[Atlântida – the kingdom of chanchada] that focused on this period of Brazilian cinema. In October 2001, he participated in the recording of a CD sponsored by the Ministry of Culture in celebration of the awarding of the Ordem do Mérito Cultural, with the Orquestra Sinfônica do Teatro Nacional de Brasília. He was part of the group of percussionists formed by samba masters Gordinho, Trambique, Jaguara, Ovídio and Marcos Esguleba. In July 2002, he participated in the "Villa Celimontana Jazz" festival in Rome, accompanying saxophonist Paulo Moura with American pianist Cliff Korman, trombonist Radegundis Feitosa and contrabassist Iuri Souza. During this same festival, he also performed with musician and composer Guinga's quartet with Paulo Sérgio Santos on clarinet and Lula Galvão on acoustic and electric guitar.*

Due to a vast knowledge of Brazilian music history amassed as a result of his research, he has been invited to participate in numerous biographi-cal musicals about composers and performers of Brazilian musical history such as, Dolores, *about Dolores Duran;* Começaria tudo outra vez, *about Gonzaguinha;* Metralha, *about Nelson Gonçalves;* Meu Ary brasileiro, *about Ary Barroso;* Rosa, *about Noel Rosa;* Somos irmãs, *about Linda and Dircinha Batista;* Pixinguinha; Crioula, *about Elza Soares and* Elis – estrela do Brasil, *about Elis Regina. In January 2002, he participated in the series* Frevendo o frevo *[Frevoing the frevo] playing side by side with Mestre Duda, Sivuca, Mestre José Menezes, singer Claudionor Germano and popular musician, singer and dancer Antonio Nóbrega.*

e 22° Festivais de Música de Londrina. Em janeiro de 2000, dirigiu as oficinas de pandeiro e bateria brasileira na 8ª Oficina de Música Popular Brasileira em Curitiba.

Entre participações em gravações com instrumentistas e intérpretes, como Elizeth Cardoso, Radamés Gnattali, Dorival Caymmi, Ney Matogrosso, Henrique Cazes e outros, destacam-se: *Sempre Nazareth*, com Maria Tereza Madeira e Pedro Amorim (Kuarup Discos); *Carlos Malta e Pife Muderno* (Rob Digital); *Tudo Coreto*, com Carlos Malta e Coreto Urbano (Rádio Mec); *Leva meu samba*, com Elizeth Cardoso e Ataulfo Alves Jr. (Eldorado); *Orquestra Pixinguinha* (Kuarup Discos); *Sempre Anacleto*, com a Banda de Câmara Anacleto de Medeiros (Kuarup Discos), e *Gargalhada*, com Paulo Sérgio Santos (Kuarup Discos).

In the didactic area, more and more, Oscar Bolão has studied the adaptation of Brazilian rhythms – originally practiced with percussion – on the drums. In 1998, 1999, 2000, 2001 and 2002 he directed the percussion workshops at the 18th, 19th, 20th, 21st and 22nd Londrina Music Festivals. In January 2000 he directed pandeiro and Brazilian drum workshops at the 8th Brazilian Popular Music Workshop, in Curitiba.

Among guest appearances in recordings with musicians and singers such as Elizeth Cardoso, Radamés Gnattali, Dorival Caymmi, Ney Matogrosso, Henrique Cazes and others, the following stand out: Sempre Nazareth *with Maria Tereza Madeira and Pedro Amorim (Kuarup Discos);* Carlos Malta e Pife Muderno *(Rob Digital);* Tudo Coreto *with Carlos Malta and Coreto Urbano (Rádio MEC);* Leva meu samba *with Elizeth Cardoso and Ataulfo Alves Jr. (Eldorado);* Orquestra Pixinguinha *(Kuarup Discos);* Sempre Anacleto *with the Banda de Câmara Anacleto de Medeiros (Kuarup Discos) and* Gargalhada *with Paulo Sérgio Santos (Kuarup Discos).*

BIBLIOGRAFIA / *BIBLIOGRAPHY*

As escolas de samba – o quê, quem, como, quando e por quê
Sérgio Cabral, Fontana, Rio, 1ª edição, 1974.

Noel Rosa, uma biografia
João Máximo e Carlos Didier, UNB, Brasília, 1ª edição, 1990.

Enciclopédia da música brasileira
Art Editora Ltda., São Paulo, 1ª edição, 1977.

Ritmos brasileiros e seus instrumentos de percussão
Edgard Nunes Rocca, EBM/Europa, Rio, 1ª edição, 1986.

A percussão dos ritmos brasileiros
Luiz Almeida da Anunciação, EBM/Europa, Rio, 1ª edição, 1993.

História do samba
Editora Globo S/A, Divisão de Fascículos e Livros.

Choro – do quintal ao Municipal
Henrique Cazes, Editora 34, São Paulo, 1ª edição, 1998.

Brazilian rhythms for drumset
Duduka da Fonseca e Bob Weiner, Manhattan Music, Inc., 1991.

O batuque carioca
Guilherme Gonçalves e Odilon Costa, Ed. Groove, 1ª edição, 2000.

DISCOGRAFIA / *DISCOGRAPHY*

Rio antigo e choros imortais – Altamiro Carrilho, EMI

Vibrações – Jacob do Bandolim, BMG/RCA

Tributo a Jacob – Joel Nascimento, Warner

Chorando de verdade – Joel Nascimento, Kuarup Discos

Pixinguinha – Coleção Raízes do Samba, EMI

Saracoteando – Grupo Água de Moringa, Rob Digital

Tudo dança – Zé da Velha e Silvério Pontes, Rob Digital

Mestres da MPB – Radamés Gnattali, Continental

Batucada fantástica – Luciano Perrone, Musidisc

Orquestra Brasília, Kuarup Discos

Orquestra Pixinguinha, Kuarup Discos

Sempre Anacleto – Banda de Câmara Anacleto de Medeiros, Kuarup Discos

Desde que o choro é choro – Henrique Cazes, Kuarup Discos

Os grandes sambas da história, BMG/RCA/Ed. Globo

Sambas-enredos de todos os tempos – Martinho da Vila, BMG/RCA/Ed. Globo

Martinho da Vila – Martinho da Vila, BMG/RCA

Elza Soares – Coleção Raízes do Samba, EMI

Elizeth Cardoso – Coleção Raízes do Samba, EMI

A arte negra de Wilson Moreira e Nei Lopes, EMI

O partido muito alto de Wilson Moreira e Nei Lopes, EMI

Portela, passado de glória – Velha Guarda da Portela, RGE

O fino do fino – Elis Regina e Zimbo Trio, Philips

Tamba Trio classics – Tamba Trio, PolyGram

Balançando – Milton Banana, EMI/Odeon

É samba novo – Edison Machado, Columbia/Sony Music

Jeito moleque – Zeca Pagodinho, BMG/RCA

Volta por cima – Roberto Silva, Universal

Gargalhada – Paulo Sérgio Santos Trio, Kuarup Discos

Arquivos de áudio *play-a-long* em MP3 estão disponíveis para *download* gratuito em:

vitale.com.br/downloads/audios/BTQEP.zip

ou através do escaneamento do código abaixo:

Obs.: Caso necessário, instale um software de descompactação de arquivos.

ÍNDICE FONOGRÁFICO / *TABLE OF TRACKS*

1. SAMBA

1.1 A percussão tradicional do samba / *The traditional percussion of samba*

Pandeiro / *Brazilian tambourine:*

Faixa / *Track* 1 – ex. 1
Faixa / *Track* 2 – ex. 4
Faixa / *Track* 3 – ex. 6
Faixa / *Track* 4 – ex. 9

Surdo:

Faixa / *Track* 5 – ex. 1
Faixa / *Track* 6 – ex. 3
Faixa / *Track* 7 – ex. 7
Faixa / *Track* 8 – ex. 10
Faixa / *Track* 9 – ex. 17
Faixa / *Track* 10 – ex. 23

Tamborim:

Faixa / *Track* 11 – ex. 1
Faixa / *Track* 12 – três tamborins / *three tamborins*

Cuíca (tocada por / played by Fabiano Salek):

Faixa / *Track* 13 – ex. 1
Faixa / *Track* 14 – ex. 6
Faixa / *Track* 15 – ex. 12

Agogô:

Faixa / *Track* 16 – ex. 1
Faixa / *Track* 17 – ex. 6

Reco-reco:

Faixa / *Track* 18 – ex. 4 (*legato*)
Faixa / *Track* 19 – ex. 4 (*staccato*)
Faixa / *Track* 20 – ex. 10
Faixa / *Track* 21 – ex. 13

1.2 O repique de anel / *The ring repique*

Faixa / *Track* 22 – ex. 1
Faixa / *Track* 23 – ex. 3
Faixa / *Track* 24 – ex. 4

1.3 Pagode: uma nova instrumentação / *Pagode: a new instrumentation*

Tantã:

Faixa / *Track* 25 – ex. 1

Repique de mão / *Hand repique:*

Faixa / *Track* 26 – ex. 1
Faixa / *Track* 27 – ex. 5
Faixa / *Track* 28 – ex. 8

1.4 A percussão das escolas de samba / *Samba schools percussion*

Surdos de marcação / *Marking surdos:*

Faixa / *Track* 29

Surdo de corte / *Cutting surdo:*

Faixa / *Track* 30 – ex. 2

A marcação da Mangueira / *Mangueira's marking rhythm:*

Faixa / *Track* 31

Caixa / *Snare:*

Faixa / *Track* 32 – ex. 1
Faixa / *Track* 33 – ex. 3

Repique:

Faixa / *Track* 34 – ex. 2
Faixa / *Track* 35 – ex. 6

Tamborim:

Faixa / *Track* 36 – ex. 1

Chocalho:

Faixa / *Track* 37 – ex. 1

Preparações / *Beginnings:*

Faixa / *Track* 38 – ex. 1
Faixa / *Track* 39 – ex. 3

Finalização / Ending:

Faixa / *Track* 40

O ritmo básico das escolas de samba / *The basic rhythm of the samba schools:*

Faixa / *Track* 41

1.5 A bateria no samba / *Drum set in samba*

Seção / *Section 1*(pg. 73):

Faixa / *Track* 42 – ex. 6
Faixa / *Track* 43 – ex. 9

Seção / *Section* 2 (pg. 75):
Faixa / *Track* 44 – ex. 1

Seção / *Section* 3 (pg. 76):
Faixa / *Track* 45 – ex. 1

Seção / *Section* 4 (pg. 77):
Faixa / *Track* 46 – ex. 1

Seção / *Section* 5 (pg. 79):
Faixa / *Track* 47 – ex. 1

Pedal duplo / *Double pedal:*
Faixa / *Track* 48 – ex. 1
Faixa / *Track* 49 – ex. 4
Faixa / *Track* 50 – ex. 7

Samba cruzado 1 / *Crossed samba 1:*
Faixa / *Track* 51 – ex. 1
Faixa / *Track* 52 – ex. 2

Samba cruzado 2 / *Crossed samba 2:*
Faixa / *Track* 53 – ex. 12

Samba cruzado 3 / *Crossed samba 3:*
Faixa / *Track* 54 – ex. 23

Surdo e bumbo / *Low tom and bass drum:*
Faixa / *Track* 55 – ex. 1

Surdo e caixa / *Low tom and snare:*
Faixa / *Track* 56 – ex. 1

Frases combinadas / *Combined phrases:*
Faixa / *Track* 57 – ex. 1

1.6 Partido-alto

Pandeiro / *Brazilian tambourine:*
Faixa / *Track* 58 – ex. 1
Faixa / *Track* 59 – ex. 4

Adaptação à bateria / *Adaptation to the drum set:*
Faixa / *Track* 60 – ex. 5

1.7 Samba-canção

Faixa / *Track* 61 – ex. 6

1.8 A batida da bossa nova / *The bossa nova beat*

Tocando com escovas / *Playing with brushes:*

Faixa / *Track* 62 – ex. 1

2. CHORO

2.1 A acentuação do choro / *The accentuation of choro*

Pandeiro / *Brazilian tambourine:*

Faixa / *Track* 63 – ex. 1
Faixa / *Track* 64 – ex. 5

Caixeta / *Wood-block:*

Faixa / *Track* 65 – ex. 1

2.2 A bateria no choro / *Drum set in choro*

Tocando com escovas / *Playing with brushes:*

Faixa / *Track* 66 – ex. 6

Tocando com baquetas / *Playing with sticks:*

Faixa / *Track* 67 – ex. 1

3. MAXIXE

Bumbo e pratos de choque / *Bass drum and high-hat:*

Faixa / *Track* 68 – ex. 3
Faixa / *Track* 69 – ex. 8
Faixa / *Track* 70 – ex. 9

Tocando com baquetas / *Playing with sticks:*

Faixa / *Track* 71 – ex. 12

Tocando com escovas / *Playing with brushes:*

Faixa / *Track* 72 – ex. 19

Pandeiro / *Brazilian tambourine:*

Faixa / *Track* 73 – ex. 4

4. MARCHINHA

Bumbo e pratos de choque / *Bass drum and high-hat:*

Faixa / *Track* 74 – ex. 3

Caixa / *Snare:*

Faixa / *Track* 75 – ex. 5

Condução / *Basic cymbal grooves:*

Faixa / *Track* 76 – ex. 19

Pandeiro / *Brazilian tambourine:*

Faixa / *Track* 77 – ex. 4

5. POLCA

Bumbo e pratos de choque / *Bass drum and high-hats:*

Faixa / *Track* 78 – ex. 2

Caixa / *Snare:*

Faixa / *Track* 79 – ex. 5
Faixa / *Track* 80 – ex. 8
Faixa / *Track* 81 – ex. 10

Pandeiro / *Brazilian tambourine:*

Faixa / *Track* 82 – ex. 5
Faixa / *Track* 83 – ex. 7

6. VALSA BRASILEIRA / *BRAZILIAN WALTZ*

Tocando com escovas / *Playing with brushes:*

Faixa / *Track* 84 – ex. 2
Faixa / *Track* 85 – ex. 4

Tocando com baquetas / *Playing with sticks:*

Faixa / *Track* 86 – ex. 2
Faixa / *Track* 87 – ex. 4
Faixa / *Track* 88 – ex. 6

Pandeiro / *Brazilian tambourine:*

Faixa / *Track* 89 – ex. 4
Faixa / *Track* 90 – ex. 8

PARTE II / O SAMBA DE LUCIANO PERRONE / *LUCIANO PERRONE'S SAMBA*

Faixa / *Track* 91 – ex. 1
Faixa / *Track* 92 – ex. 3
Faixa / *Track* 93 – ex. 5
Faixa / *Track* 94 – ex. 6
Faixa / *Track* 95 – ex. 7
Faixa / *Track* 96 – ex. 8
Faixa / *Track* 97 – ex. 9
Faixa / *Track* 98 – ex. 12